行政许可法理论与实务

中国青年出版社

(京）新登字 083 号

图书在版编目（CIP）数据

行政许可法理论与实务/江必新编著. -北京：中国青年出版社，2004

ISBN 7-5006-5781-1

Ⅰ. 行… Ⅱ. 江… Ⅲ. 行政许可法—中国

Ⅳ. D922.11

中国版本图书馆 CIP 数据核字(2004)第 032347 号

*

中国青年出版社出版 发行

社址：北京东四 12 条 21 号 邮政编码：100708

网址：www.cyp.com.cn

编辑部电话：（010）64053485 邮购部电话：（010）64052011

北京瑞德印刷有限公司印刷 新华书店经销

*

850 × 1168 1/32 11.5 印张 2 插页 260 千字

2004 年 5 月北京第 1 版 2004 年 5 月北京第 1 次印刷

定价：19.30 元

本图书如有任何印装质量问题，请与出版处联系调换

联系电话：（010）64033570

雄狮书店：（010）84039659

自 序

《中华人民共和国行政许可法》的出台，不仅为行政许可提供了一套目前世界上绝无仅有的法律规范，而且创新了行政管理的思路和机制；不仅为建构法治政府铺下了一块厚重的奠基石，而且升华了一种治国安邦的理念；不仅设定了行政许可法律关系主体之间的权利义务关系，而且重新定位了公仆和主人各自的法律地位；不仅为成千上万的市场主体松绑，而且为市场经济开辟了无限的市场。总之，它创造了一种活力，创造了一种生机，创造了一种希望……。

然而，梦境愈是美好愈难于兑现，法律愈是完美愈难于实施。法律不能仅仅写在纸上，它必须写在人民大众的心里。法律不能仅仅靠执法者强制推行，人民才是法律得于实施的真正动力。尽管法律必须有一种"自足"的本能——自我实现的能力，但有知法懂法的国民参与，良法才能真正给国民带来福祉。

正是这种责任感驱使我对《行政许可法》进行潜心的研究和探讨，也正是这种法律人的"自觉"，诱使我对《行政许可法》进行了带有明显"自我意识"的诠释和解读。如果它能引起人们对行政许可法的更深层次的关注，引起专家学者对行政许可法律问题更深入的探讨，引起行政执法人员和行政审判人员对行政许可法实施中可能遇到的问题的更成熟的思考，使所有关注《行政许可法》的人成为促进该法实施的积极力量，我将如愿以偿！

在这种诠释和解读中，事实充分吸收了学术界已有的研究成果，但细心的读者会发现本书有许多地方表达了作者自己的观点，尽管这些观点不一定完全成熟。

中国青年出版社的领导和责编们在本书的出版过程中表现出了强烈的事业心，没有他们辛勤的劳动，本书不可能在如此短暂的时间内得于付梓，他们的责任感给我留下了极为深刻的印象。

江必新

2004年5月9日于北京东铁营

目 录

第一章 行政许可法概述

一、行政许可概说

(一)行政许可的概念

就汉字的字面意义而言,许可即允许、允诺之意,是指一方允许另一方做未经允许即是违法或侵权的事情。英美法中,许可和许可证的用词都是一个:Licence。行政许可在经济学中一般被认为是政府规制或者政府行政规制的一种方法。[①]但在行政法和行政法学中,最不统一的莫过于行政许可的概念。

首先,各国实定法的规定不尽一致。日本的行政程序法将这类行为称为“许认可等”,作为对申请的处分行为,包括申请行政机关作出许可、认可、执照和其他赋予自己一定利益的行为。在单行法律中使用许可、特许、执照、承认、认定、指定、登录、登记、同意、申报等概念。在美国,“许可证包括机关核发的执照、证书、批准书、注册证书、章程、成员资格证书、法定豁免或其他形式的许可文书的全部或一部。”“核发许可证则包括行政机关批准、延续、拒绝、吊销、暂停、废止、收回、限制、修改、变更许可证的活动,以及为许可证规定一定条件的活动。”[②]美国1970年《各州标准行政程序法》第一条规定:“许可”包括所有或一部分行政机构有允许、证明、特许或为法律所规定类似的权利。

在英国,表述行政许可的法律用语主要有许可、许可证、特许、特许状、证明、执照、注册登记等,“许可是对要不然便被限制、禁止或非法的事情的允许。”[3]在德国,行政程序法使用“许可”概念。在奥地利,行政许可的法律用语有允许、许可、批准、特许、准许等。

其次,国外学者们的归纳和概括也不尽相同。德国行政法中,行政许可是指对法律禁止的解除,而批准特定的行为或者特定的计划的行为[4]。在日本行政法学中,许可和认可是结合在一起的,统称为许认可,“是指行政机关在具备特定的法定要件时作出的具有解除由法律、法规设定的一般性禁止(不作为义务)的法律效果的行为”。[5]“是指在特定的情况下解除基于法令的一般性禁止(不作为义务),使其能够合法地从事特定行为的行为”。[6]韩国学者们普遍认为,行政许可系指行政主体在特定的条件下解除一般的禁止,使相对人恢复一种自由地从事某种行为状态的行政行为。[7]

最后,国内学者的看法也不尽一致。大体上有以下几类:

一是认为行政许可是使相对人获得权利、权能、资格或可以进行某种活动的行为。如,行政许可是指行政主体对相对人的申请请求表示同意,从而使申请人获得权利或权能的处理行为。[8]行政许可是行政机关根据相对人的申请,依法准许相对人从事某种活动的决定。[9]行政许可行为是指行政主体依法对行政相对人的申请进行审查,并同意赋予相对人具有某种权利或权能的行政行为。[10]行政许可是指行政主体针对行政相对方的申请,依法决定是否赋予行政相对方从事某种活动或实施某种行为的权利和资格的一种法律制度,包括有准许或者不予准许两种具体的行为方式。[11]概括而言,行政许可是行政机关根据相对人的申请,作出决定允许相对人做某事,行使某种权利,获得某种资格和能力的行为。[12]行政许可是行政机关根据相对人的申请,以书面证照或其他方式允许相对人从事某种行为,确认某种权利,授予某种资格和能力的行为。[13]另一种观点认为:行政许可是指行政主体依据行政相对人的申请,依法赋予特定的行政相对人拥有可以从事为法律一般禁止的权利的资格的法律行为。认为行政许可是一种行政赋权行为,其存在前提以"禁止义务"的存在为前提,其内容是直接赋予相对人从事某种活动的权利和资格。[14]

二是认为行政许可是解除一般禁止的行为。行政许可是行政机关根据管理相对人的申请,依法赋予其从事某种法律所禁止的事项的权利和资格的行为。[15]行政法学上讲的许可通常指行政机关根据当事人的申请,在一定条件下解除禁止,准许个人或组织从事某种活动的一种行政行为。[16]行政许可是行政主体根据行政相对人的申请,依法赋予符合法定条件的行政相对人从事某种为法律一般禁止事项的权利和资格的一种行政行为。[17]行政许可是由法律、法规设定一般性禁止的制度,是行政机关依据公民、法人或者其他组织的申请准予其从事法律、法规作一般性禁止的事项或活动的行政行为,是行政机关依法对公民、法人或者其他组织的行为进行法律控制的行政法律手段。[18]行政许可是行政机关根据相对人的申请,以书面证照或者其他方式允许相对人从事某种行为,确认某种权利,授予某种资格和能力的行为。认为行政许可的主体是行政机关,行政许可的目的是为了实施行政管理,内容是国家一般限制或者禁止的活动,许可的事项必须有法律的明确规定。[19]我们认为,行政许可是指行政主体依公民、法人或其他组织的申请,通过颁发许可证、执照或批准、登记、认可等方式,准予其从事法律、法规作一般禁止的事项或活动的行政行为,同时又是国家对社会生活进行调控的一种行政法律制度。[20]

三是认为行政许可是一个不断发展的概念。如,行政许可的概念在行政法学研究中,经历了一个从狭义到广义的发展过程。狭义的行政许可是指国家行政机关对一般禁止的行为,对于特定人或关于特定事解除其禁止的行为……。广义的行政许可则不仅指对禁止的解除,还包括使管理相对人获得某种资格,行使某项权利等更为广泛的内容。因此,现代行政法学所研究的行政许可是指,行政机关根据行政管理相对人的申请,依据法律、法规的规定,通过颁发证明或批准、登记、认可等方式,允许其从事某项活动,行使某项权利,获得某种资格和能力的具体行政行为。[21]

笔者认为,之所以对行政许可的概念存在如此多的分歧,主要有如下几个方面的原因:一是不同国家纳入行政许可规则调整的范围不同,不同国家的行政许可所包括的类型和内容很不一样,其概念不可能完全相同;二是学者们对行政许可的性质的看法存在分歧,而对性质存在分歧的一个重要原因也是因为不同国家的行政许可所涵盖的范围不同所形成的;三是不同学者观察问题的角度不同,或强调的侧重点不同(在这个意义上,严格说来不是一个分歧问题)。

我国《行政许可法》第二条根据我国行政许可所涵盖的类型,将行政许可定义为"行政机关根据公民、法人或其他组织的申请,经依法审查,准予其从事特定活动的行为"。根据以上规定,把握我国行政许可的概念,应注意以下几个要点:

第一,行政许可的行为主体是行政主体。一般的社会团体、自治协会向其成员发放成员证或活动证等许可性证书或资格证书的行为,因其不具有行使公权力的性质,因此不能称为行政许可,只能作为一种内部的管理手段。公民法人之间允许他人从事某种行为也不能称为行政许可,只能是民事许可。

第二,不作为义务的设定是行政许可存在的前提。不作为义务的设定,是指不经过个别批准、认可或资质确认行为人便不能有所作为或从事某项活动。没有不作为义务的事先或一般规定,行政许可就失去了存在的必要。因为如果没有不作为义务的设定,相对人不需许可即可从事某种行为或活动,而根本无须申请许可了。这种"准予相对人从事特定活动",不是对相对人的赋权,也不是一种施舍,更不是一种可以随意处置的权力,而是行政主体的一种责任。行政机关有责任为符合条件者解除不作为义务,为许可申请人实现其权利提供相关服务。比如,相对人提出许可申请,行政机关依法必须受理并在法定时间内作出批准或者不批准的答复;对已经批准发给许可证的,行政机关即应保护被许可人的合法权益,并承担对被许可人履行义务进行监督的责任;不履行或不积极履行这些职责的,就是失职。

第三,行政许可是依申请的行政行为。相对方的申请是行政机关发放许可证的前提和条件,因为作为行政许可相对方的公民、法人或者其他组织要获得某种不作为义务的解除或获得某种资源、行使某种权利,就必须具备相应法律、法规规定的条件,并向行政主体提出申请。从这个意义上来说,相对方的行为具有主动性,行政机关的行为具有被动性。对于依申请的行政行为,行政机关实施必须以相对人申请为前提,相对人没有提出申请,即使其符合法定许可条件,行政机关未给予其许可亦不构成"不作为",相对人不能向法院提起"不作为"诉讼。

第四,行政许可行为是一种要式行政行为。行政许可除了要遵循一定的法定程序,还应以正规的文书、格式、日期、印章等形式予以批准。行政机关作出准予行政许可的决定,需要颁发行政许可证件的,应当向申请人颁发加盖印章的许可证、执照或者其他许可证书;资格证、资质证或者其他合格证书;批准文件或者证明文件等。

第五,行政许可行为是一种外部管理行为。行政许可是一种管理性行为和外部行政行为。管理性的主要特点是单方面性,公民、法人和其他组织有违行政机关依法作出的管理性行为即构成违法。因此,不具有管理性行为特征的行为,即使冠以审批、登记等名称,也不是行政许可。比如,行政机关以出资人的身份对国有资产处置事项的审批(特别是随着国有资产管理体制的改革,由国有资产管理委员会履行出资人的职责后,这类审批行为不再具有行政许可的性质)。再如,行政机关为确认民事财产权利和民事关系的登记,如产权登记、抵押登记、特定身份登记等都不是《行政许可法》所称的行政许可。外部行政行为是对外部管理对象即公民、法人和其他组织作出管理行为。因此,行政机关对其内部事务的审批(如对公务员出差、请假、职务任免等的审批),或者按照隶属关系由上级行政机关对下级行政机关有关事项的审批(如对下级行政机关请示、公文等的审批)都不是《行政许可法》所称的行政许可。也正因为如此,《行政许可法》第三条规定,有关行政机关对其他机关或者对其直接管理的事业单位的人事、财务、外事等事项的审批,不适用本法。

第六,行政许可行为是对特定活动的事前控制。行政许可作为一项重要的行政权力和管理方式,对维护公民人身财产安全和公共利益,加强经济宏观管理,保护并合理分配有限资源等,都有重要作用。行政许可的主要功能是控制危险、配置资源、证明或者提供某种信誉、信息。除了国家作为所有权人实施的许可外,行政许可本质主要表现为对相对人是否符合法律、法规规定的权利资格和行使权利的条件的审查核实,符合法定资格或者条件的,就准予从事某种特定活动。

第七,行政许可行为是一种授益性的行为。行政许可与行政处罚和行政征收等行政行为不同。后者是基于法律对行政相对人权益的一种剥夺和限制,是施加负担的行为。而前者是赋予、认可行政相对人某种权利和资格,准予当事人从事某种活动的行为,总的说来是对申请人有利的行为。应当注意的是,授益与授权是有区别的。强调行政许可是一种授益行为,在于强调行政许可行为必须遵守授益行为的一般规则,如信赖保护规则等。

(二)行政许可的性质

行政许可的性质问题是一个最具争议的问题。对行政许可概念的不同定义,在很大程度上也是由于对行政许可性质的不同认识引起的,定义的不同在很大程度上是对性质认识不同的反映而已。

1. 对行政许可性质的不同认识

关于行政许可的性质,比较有代表性的主要有以下几种:

一是"赋权说"[22]。这一观点的核心是行政主体赋予相对人某项权利或某种资格,因此行政许可是一种赋权行为。如"行政许可是行政主体应行政相对方的申请,通过颁发许可证、执照等形式,依法赋予行政相对方从事某种活动的法律资格或实施某种行为的法律权利的行政行为"。[23]"行政许可是行政机关根据管理相对人的申请,依法赋予其从事某种法律所禁止的事项的权利和资格的行为"[24]。"许可是使权利的行使成为可能的一种行政行为。从一般意义上讲,许可是命令行为的一种形式,涉及人们的具体利益关系"[25]。"行政许可的特征是赋予相对人从事某种特定行为的自由和权利,是一种权利性行政处理决定"[26]。许可是行政机关允许相对人从事某种活动,授予他具有某种权利的行为,即许可是赋权行为。相对人本没有这项权利,只是因为行政机关的允诺和赋予,才获得该项一般人不能享有的特权[27],等等。

二是“解禁说”[28]。这一学说的核心内容是将行政许可看做是对法律一般禁止事项的解除。台湾学者林纪东认为:“应受许可的事项,在没有这种限制以前,是任何人都可以作为的行为,因为法令规定的结果,其自由受到限制,所以许可是自由的恢复,即不作为义务的解除,并非权利的设定。”[29]又如“行政许可是由法律、法规设定一般性禁止的制度的解除,是行政机关依据公民、法人或者其他组织的申请准予其从事法律、法规作一般性禁止的事项或活动的行政行为,是行政机关依法对公民、法人或者其他组织的行为进行法律控制的行政法律手段”[30]。类似的看法还有,行政许可是行政主体依相对人申请,在一定条件下解除法律的一般禁止,允许相对人从事该一般禁止的行为的行政行为[31],等等。

三是“折衷说”。这一观点综合以上两种学说,认为行政许可的性质兼具赋权性与解禁性。如:“行政许可既是对相对人禁止义务的免除,也是对相对人权利、权能的赋予”[32]。“从表面上看,许可的确表现为政府赋予相对人某种权利,称之为赋权行为未尝不可,但从根本上看,许可不仅是国家处分权力的表现形式,而且是对原属公民、法人或其他组织某种权利自由的恢复,是对特定人解除普遍禁止的行为”[33]。“行政许可的性质可从两个方面加以理解:第一,从表面上看,许可是对不符合条件的或未申请人的普遍禁止……许可是禁止性行为,是限制公众自由权利的行为。第二,就实质而言,行政许可是恢复申请人自由,赋予其某种行为自由和能力的行为……不许可并不是剥夺申请人自由或权利的一种形式,而是保证公众利益和符合条件申请人权益的重要手段”[34]。“行政许可的性质表现在两个方面。一方面,从行政主体的角度看,行政许可表现为政府赋予管理相对人某种行为资格或能力,是行政主体的行政行为,因而使其具有赋权行为的性质；另一方面，从管理相对人的角度看，行政许可实质上是解除了某种普遍禁止，恢复了被许可人的某种行为自由，使其具备了解禁行为的性质”[35]。

四是“控权与赋权双重性质说”。“行政许可制度的性质与其说是单一的权利，不如说它是以控制某类特别权利及资格的享有为主导兼具赋予该类权利及资格的双重性质”[36]。

五是“解禁与确权双重性质说”。如“相对人申请许可所获得的权利，无论是一般权利还是特许权，对一般人都是普遍限制或禁止的，非经允许从事这种活动行使这种权利是违法或受限制的。行政机关仅是有条件地向符合条件的申请人解除禁令或确认其权利。在绝大多数情况下，许可是保证这种权利得以实现的主要手段”[37]。

六是“形成说”。如“许可是使权利的行使成为可能的一种形成行为”[38]。

七是“证权说”。行政主管机关执行的行政许可行为（主要表现为审查、核准、发给许可证、执照等等），是对申请人是否具备法律、法规规定权利的资格和行使权利的条件的审核，合格者，给予行使权利的合法性证明（许可证）。它不是“赋权”行为，只是验证其资格与条件，也许勉强可称之为“证权”行为。[39]

八是“限制规范与赋权说”。如“行政许可的设立是为了规范某类权利的行使，如果不进行限制，放任某些权利的行使，则势必影响到其他人的合法权益以及社会公共利益，比如行医资格。因此行政许可的主要目的在于规范、控制某些领域的行为与活动。同时对于某些权利而言，也具有创设性质，无许可则无此项权利。因此，可以说，行政许可是一种以限制、规范某类权利或资格的享有为主导，兼具赋权性的行政行为和法律制度。”

九是“审查核实说”。该说认为：除了国家作为所有权人实施的许可外,行政许可本质主要表现为对相对人是否符合法律、法规规定的权利资格和行使权利的条件的审查核实,符合法定资格或者条件的,就准予从事某种特定活动。这种“准予”,不是对相对人的赋权,更不是高兴就给,不高兴就不给的一种施舍。这样认识和把握行政许可的性质,表明行政许可对行政机关来说不是一种可以随意处置的权利,而是一种责任。行政机关有责任为许可申请人实现其权利提供相关服务。”

十是“多重性质说”。杨解君先生认为,行政许可的性质并不是单一的,它具有多重性。具体包括:行政许可是一种核准行为,行政许可是一种羁束行政行为,行政许可是一种授益性行政行为。[40]

2. 如何界定行政许可的性质

从行政法学的角度看,研究行政许可的性质仍然是重要的。因为,不同性质的行政行为应当受不同规则的调整。

笔者认为,要准确地判断行政许可的性质,必须对我国的行政许可所包括的所有类型进行具体的分析,并在此基础上进行综合判断。

对直接涉及国家安全、公共安全、经济宏观调控、生态环境保护以及直接关系人身健康、生命财产安全等特定活动所设定的许可(通常被称为一般许可),其性质与其说是赋予权利,不如说是对符合条件者的不作为义务的解除。

对有限自然资源开发利用、公共资源配置以及直接关系公共利益的特定行业的市场准入等设定的许可(通常称为特许),其性质既可以确定为赋权,因为任何个人或组织并不先天当然享有对国有财产和公共资源的所有权和经营权,也可以确定为对符合条件者的不作为义务的解除,但不能确定为权利或自由的恢复。

对提供公众服务并且直接关系公共利益的职业、行业，需要确定具备特殊信誉、特殊条件或者特殊技能等资格、资质的事项所设定的许可(通常被称为认可)，其性质主要属于资格或能力的确认，但也可以视为对符合条件者的不作为义务的解除。

对直接关系公共安全、人身健康、生命财产安全的重要设备、设施、产品、物品，需要按照技术标准、技术规范，通过检验、检测、检疫等方式进行审定的事项所设定的许可(通常称为核准)，其性质既属于对物的安全性的确认，也属于对符合条件者的不作为义务的解除，但并不宜确定为权利的恢复。

对企业或者其他组织的设立等，需要确定主体资格的事项所设定的许可(通常称为登记)，其性质既属于对主体资格的审核，也属于为便于监管而采取的注册措施，也可以视为是对符合条件者的不作为义务的解除。

综上所述，从我国目前行政许可所包括的类型看，并非所有的类型都具有赋权的性质，只有特许可以视为一种赋权行为；如果仅从赋予权利和资格的作用看，完全可以通过宪法、法律来赋予，而不必由行政许可来重复赋予；有些权利和资格确实是经由行政机关赋予的，比如开采国有矿产资源的权利，很难说这是每个人生来就有的权利；也并非所有的行政许可均属于权利或自由的恢复，只有当在法律、法规、规章在设定许可之前即当然拥有权利或自由的情况下才可以如此定性；既然不是所有的类型均具有赋权性质或恢复权利和自由的性质，折衷说、控权与赋权双重性质说、解禁与确权双重性质说、证权说也都丧失了基础。但是所有的类型均可以定性为对符合条件者的不作为义务的解除。正是在这个意义上，笔者认为，行政许可的一般性质是对符合条件者的不作为义务的解除。

3. 许可行为性质的多元性

将行政许可的性质确定为“对符合条件者解除不作为义务”,具有诸多的优越性。

第一,符合我国《行政许可法》的规定。我国的《行政许可法》第二条在给行政许可下定义的时候,只表明行政许可是“准予其从事特定活动的行为”,表面上看似乎是回避了行政许可的性质,但综合整个法律来看,笔者所主张的性质——对符合条件者解除不作为义务,与《行政许可法》的规定是协调的。首先,《行政许可法》在第十二条第二项作了“赋予特定权利”的表述,而在其他项中则使用“批准”、“确定”、“审定”等概念。表明立法者承认有一部分行政许可具有赋权性质,而大多数行政许可不具有赋权性质。其次,“经依法审查,准予其从事特定活动”的表述,与“对符合条件者解除不作为义务”的表述是完全对应的。

第二,强调解除不作为义务的前提是符合条件,具有诸多积极价值。例如,有利于克服申请人采用不正当手段获得许可,把精力放在积极创造条件方面;有利于克服行政许可实施主体把许可当成对申请人“恩赐”的观念,把精力放在对条件的审查和事后的监督上;也有利于提高行政许可的功能。

还应当特别指出的是,赋权、解禁或对符合条件者的不作为义务的解除只是确定行政许可性质的一个角度。行政许可可以从不同角度定性。以下几个视角是具有法律意义的:

行政许可是一种法律行为。这种定性意味着行政许可不属于事实行为,行政许可行为的成立、生效、撤销、撤回、变更等均应遵守行政法律行为的基本规则。

行政许可是一种授益行为。这里的授益行为是相对负担行为而言的。授益行为的结果对申请人有利或为申请人所追求或期望。当然在某些情况下,具有授益或负担双重性质。在行政行为的变更或撤回等方面,应当适用授益行为的有关规则,如信赖保护规则。

行政许可是一种规制行为。行政许可从其设立的本意来看，应该是以限制某类权利和资格的任意享有和自由运用为主导的。国家一旦对某一事项实施许可制度，就意味着国家将这一事项纳入了受限制的范围。[41]

行政许可也是一种形成行为。许可决定的生效是形成新的行政法律关系的充分条件，将产生一系列的权利和义务关系。

二、我国的《行政许可法》及其立法目的

《行政许可法》有广义和狭义之分。狭义的《行政许可法》是指独立的行政许可法典，在我国特指2003年8月27日第十届全国人民代表大会常务委员会第四次会议通过、同日第七号主席令公布的《中华人民共和国行政许可法》(以下简称《行政许可法》)。广义的《行政许可法》是指有关行政许可的法律规范的总和，即除《行政许可法》以外，还包括其他单行法律、法规和规章中有关行政许可的规范。由于行政许可现象千差万别，实施程序各异，世界主要国家均没有对行政许可进行统一立法，大都通过单行法或在行政程序法中予以调整和规范。中国制定颁布《行政许可法》，应当说是世界行政法发展史上的一大创举。

我国《行政许可法》第一条确定了《行政许可法》的立法目的。根据该条的规定，《行政许可法》的立法目的有四个方面：(1)规范行政许可的设定和实施；(2)保护公民、法人和其他组织的合法权益；(3)维护公共利益和社会秩序；(4)保障和监督行政机关有效实施行政管理。

(一)规范行政许可的设定和实施

"规范"，作为名词(英文的表述是 standard)，意为标准、规格、统一的行为规则或要求等，如法律规范、纪律规范、道德规范

等;作为动词(英文的表述是 standardize),指以确定的、有约束力的规则或要求统一人们的行为,使人们的行为合于一定的标准、不逾越一定的界限,如规范行政行为、规范民事行为、规范社会交往行为等[42]。这里所讲的"规范行政许可的设定和实施",自然是指以法律规范行政许可行为,行政许可行为既包括立法机关(作为最高国家立法机关的全国人大及其常委会、作为最高行政立法机关的国务院、作为地方立法机关的省级人大及其常委会、作为地方行政立法机关的省级人民政府)的设定行政许可行为,也包括有权机关规定行政许可的行为,还包括行政机关的实施行政许可的行为,同时也包括一般公民、法人和其他组织参与设定行政许可行为以及作为行政许可申请人、被许可人或行政许可其他利害关系人的公民、法人和其他组织参与实施行政许可的行为。

所谓行政许可设定权,就是创设公民、法人或者其他组织从事某些特定的活动,需要事先经行政机关批准的权力。所谓行政许可的实施就是指什么样的行政机关、按照什么样的程序,可以批准或者不批准公民、法人或者其他组织的行政许可申请。之所以我国《行政许可法》将"规范行政许可的设定和实施"作为首要目的,一方面是因为行政许可的设定和实施是一项重要的行政权力,是行政机关依法管理社会政治、经济、文化等各方面事务的一种事前控制手段,在我国行政管理中被广泛运用,对行政许可设定和实施进行规范,是任何行政许可法律制度都必须解决的问题;另一方面,从实际情况看,行政许可对行政机关实施行政管理,维护公共利益和社会秩序,保护公民、法人和其他组织的合法权益,起到了积极作用,但在行政许可的设定和实施方面,也还存在不少问题,亟须加以规范。这些问题主要是:需要行政许可的事项范围不清,不少已经设定了行政许可的事项实际上是政府不该管、管不了也管不好的事，或者属于通过转变政府职能、强化事后监督能够解决的事，妨碍了市场机制在资源配置中的基础性作用的发挥，影响了公民、法人和其他组织的自主性、积极性；行政许可设定权不明确，有些乡政府、县政府在设定行政许可，一些行政机关的内设机构在设定行政许可，一些行业组织和事业单位也在设定行政许可，致使行政许可事项不断增加，有的行政许可甚至没有任何依据，一些地方和部门利用行政许可搞地方封锁、行业垄断，妨碍了市场开放和公平竞争，经济发展的成本不断提高，有些部门和单位设定的行政许可，实际上是为了借许可权寻租，严重阻碍了经济和社会的发展，妨碍了公民、法人或者其他组织的创造性和积极性；过去由于行政许可的实施程序没有统一立法，行政许可审批的办理，在不同地区、不同部门，有很大的差异，行政许可没有明确的条件、标准、时限等程序性的规范，环节过多、手续繁琐、时限过长，有些审批程序不公开、不公平，成为腐败的温床；有些审批程序非常繁琐，不利于老百姓办事[43]；“重许可、轻监管”或者“只许可、不监管”的现象相当普遍，市场进入很难，而一旦进入却又无人监管；有些行政机关受利益驱动，利用行政许可乱收费，不少企业、个人为了取得行政许可，还要给好处、托关系，助长了腐败现象的蔓延，从某种意义上说，行政许可已经成了一个腐败源；行政机关实施行政许可，往往只有权力、没有责任，缺乏公开、有效的监督制约机制。总之，现行行政许可制度在一定意义上已成为深化行政管理体制改革、促进政府职能转变、完善社会主义市场经济体制、从源头上预防和治理腐败的体制性障碍。因此，改革行政审批制度，促进社会主义市场经济的发展，首先必须从源头上解决行政审批过多过滥的问题。正是为了适应这一客观要求，《行政许可法》在立法宗旨上，开宗明义地要规范行政许可的设定和实施。

《行政许可法》在规范行政许可的设定上，主要从四个方面入手：一是规范行政许可的设定范围，明确了可以设定行政许可的主要事项；二是规范设定行政许可的主体，严格限制和减少设定主体[44]；三是严格设定程序，要求设定许可必须充分听取各方面的意见，并进行充分的可行性论证；四是建立行政许可评估制度，尽可能减少行政许可的设定。这对从源头上治理行政审批过多过滥的现象具有重要意义。行政许可立法，一方面要减少行政审批，另一方面要简化行政审批程序。实施行政许可，要做到公正、公开，公布许可条件，禁止暗箱操作；一个行政机关实施行政许可涉及机关内部几道环节的，应当"一个窗口"对外；依法需要几个部门许可的，要集中统一办理，尽量减少多头审批；决定行政许可，行政机关应当听取当事人的意见，不予许可的要说明理由等。这样一些制度确立起来，对保障行政许可的正确、高效实施，具有重要作用。

（二）保护公民、法人和其他组织的合法权益

国家行政机关在国家机构中是机关最大，工作人员最多，管理的范围和涉及的领域最广，同公民关系最为密切的机关，在行使职权时也最容易侵害行政相对人的合法权利，或因为种种原因与相对人发生纠纷。就行政许可的实施而言，行政机关可以批准或者不批准行政许可申请人的申请，可以撤销、吊销、注销或撤回已经颁发的行政许可，可以采取种种行政措施或行政处罚对被许可人进行种种监管等。这些权力如果运用不当，都有可能侵犯被许可人的合法权益。因此，《行政许可法》在设计有关制度和程序的时候，一个重要的指导思想就是要保护公民、法人或者其他组织的合法权益。为了实现这一目的，《行政许可法》作了如下几个方面的规定：行政许可的设定和实施，应当依照法定权限、范围、条件和程序；应当遵循公开、公正、公平的原

则;应当遵循便民的原则;公民、法人或者其他组织对行政机关实施行政许可,享有陈述权、申辩权;公民、法人或其他组织对行政机关实施行政许可的行为有权申请行政复议或者提起行政诉讼;申请人或被许可人的合法权益因行政机关违法实施行政许可受到损害的,有权依法要求赔偿;公民、法人或者其他组织依法取得的行政许可,受法律保护,行政机关不得擅自撤销,否则要依法承担赔偿或补偿。这些都是保护公民、法人或者其他组织合法权益的直接体现。

(三)维护公共利益和社会秩序

在近、现代国家中,行政被定义为公共事务的管理活动,因此行政必须将公共性贯彻其中,即必须以实现公益为目的[45]。按照古德诺的政治、行政二分说的观点,政治是国家意志的表达,行政是国家意志的执行。由此看来,执行国家的意志是行政的基本目的。在民主国家,国家意志是通过代议制等民主程序所集合起来的人民意志的反映,因此,执行国家意志的行政行为可以看做是人民意志的执行,其所代表的利益应该是整个社会的公共利益。

维护公共利益和社会秩序是人民授权政府履行公共管理职责的基本动因之一。行政机关只有切实维护公共利益和社会秩序,才能真正并且从根本上保护公民、法人和其他组织的合法权益,才能不辜负人民的期望、不失自己的职守。

行政权力是一种公共权力,通过维护和实现公共利益以保障个人的权利和利益的实现,是其根本出发点和归宿。行政许可直接关涉公共安全、公共利益和公共秩序,更需要重申和强调其公共性。国家之所以要对某些行政相对人的行为设定一般禁止,其主要目的在于防范公益上的危险,抑制侵害公共利益的因素,防止个人或组织行为的负的外部性。[46]

"公共利益",在本质上是非人格化的利益,其主体和所惠及的对象是非特定的多数人。在实践中,部门的利益、特定单位的利益往往都以公共利益的面目出现,因此应当注意区分公共利益与小集团利益,尤其要注意从制度上防止以公共利益为名、谋取小集团私利之实。"社会秩序"亦称"公共秩序",是指维护社会公共生活所必需的秩序,包括生产秩序、工作秩序、教学科研秩序、交通秩序、公共场所秩序、群众生活秩序等。

从行政许可的性质看,它是对符合条件的人解除不作为义务的一种行政行为,而作为行政许可前提的不作为义务的设定,在很大程度上是为了实现公共利益、维护公共秩序。个人权利与社会公益之间具有一定的张力,如何协调二者关系,是行政许可所必须解决的问题。

公共利益和公共秩序在一定程度上构成限制权利和自由的正当理由。经济学家诺思和托马斯曾经指出,政府主要是一种将保护和公正出售给其选民的制度协定,政府的主要职能就在于提供秩序和公正。[47]某种行为如对他人或社会不构成危险,就不能对行为主体设定不作为义务,设定行政许可。例如,有些不直接涉及公民人身健康和社会安全的产品和服务完全没有必要采用行政许可制度加以管理,行政机关为了管理上的便利而对之实施许可,虽然从管理角度方便了行政机关,却增加了一块普通人的行为禁区,剥夺了多数人在这一领域的行动自由。因此,只有那些关系公共利益和公共秩序的特殊危险性行为和经营活动,如食品、药品生产,刻铸印字业,爆炸物品、危险化学品的生产、运输、销售,重要自然资源的开发、利用和保护,城市规划和环境保护等才能够实行许可制度。只有那些关系到公民、法人的生命、财产、自由、健康利益的特殊职业和专门行业才能设置行政许可制度,如对驾驶员、医生、律师的许可和管理是必要的。

可见,公共利益和公共秩序同时也是防止滥设许可、滥用行政许可权的根据和理由。

行政许可是一把“双刃剑”:一方面,它是行政管理中不可缺少的行政管理手段;另一方面,行政许可运用不当,也会损害公民、法人或者其他组织的权益。因此,必须把两方面有机地结合起来。应当说,将保护公民、法人和其他组织合法权益和保障行政机关有效实施行政管理有机地结合起来,其结合点就是维护公共利益和社会秩序。公共利益和社会秩序并不脱离公民的权利和行政机关的管理而单独存在,而是通过它们体现出来。尽管自法治国转向福利国以来,现代社会政府职能日益扩大,越来越多地干预到私人的生活中来,但是政府却不能背离其提供秩序和公正的基本目的——最大限度地保障个人的财产与自由。政府不能任意限制公民、法人和其他社会组织的人身、财产与自由,只有当相对方的行为对社会经济生活具有潜在的危险性以及对他人的人身、财产和社会公共利益形成损害或者威胁时,政府才能介入市场和社会运行,由法律设定普遍的不作为义务——对符合条件者解除不作为义务,即对符合条件者给予许可。

(四)保障和监督行政机关有效实施行政管理

《行政许可法》的另一目的就是保障和监督行政机关有效实施行政管理。这一目的包括两个方面的含义:一是保障行政机关依法行使职权,二是监督行政机关依法履行职责。《行政许可法》体现了保障与监督并举的宗旨。一方面,赋予国务院和省级人民政府一定的行政许可设定权,这样可以方便他们及时运用行政许可进行管理;规定行政许可的实施机关和实施程序,保障行政机关依法实施行政许可;赋予行政机关监督检查权,保障了行政机关对行政许可的监管;规定违反行政许可管理的法律责任,保障了行政机关的处罚手段等。另一方面,监督行政机关实施行政管理，如在行政许可的实施过程中，规定了行政机关的具体责任；公民可以提请行政复议和行政诉讼；上级行政机关、监察机关等可以监督行政机关实施行政许可的行为；行政机关及其工作人员违法实施行政许可要承担法律责任等。

上述四项目的可以分为两个层次：前一项为直接目的；后三项为间接目的。立法者欲通过“规范”实现“保护”、“维护”及“保障和监督”三项目的。“保护”、“维护”、“保障和监督”这三项目的也不是同一个层次的：保护公民、法人和其他组织的合法权益是根本目的，维护公共利益和社会秩序，保障和监督行政机关有效实施行政管理必须服从于保护公民、法人和其他组织的合法权益这一根本目的。离开了保护公民、法人和其他组织合法权益的根本目的，再好的社会秩序，再有效的行政管理也没有意义。《行政许可法》要协调各种不同利益群体的人们的利益，既要强调保护公民、法人和其他组织（主要指作为行政相对人的公民、法人或其他组织）的合法权益，又不能忽视保障和监督行政机关有效实施行政管理，维护公共利益（包括国家利益、社会利益，以及作为一般社会公众的公民、法人或其他组织的利益）和社会秩序。但是，在某些场合，《行政许可法》的四项立法目的之间，特别是“保护”与“维护”、“保障”之间，也会产生矛盾：管理得到了有效的“保障”，秩序却未能得到有力的“维护”，秩序得到了有力的“维护”，公民、法人或其他组织的权益却未必能得到切实的“保护”。在特定行政许可法律关系中，作为行政相对人的公民、法人或其他组织的权益可能与社会公共利益，与作为一般社会公众的公民、法人或其他组织的权益发生一定的冲突。在这种情况下，片面强调“保护”作为特定行政许可法律关系中行政相对人的公民、法人或其他组织的权益，忽视社会公共利益是不妥的，但片面强调“维护”社会公共利益，忽视特定相对人的权益同样也是不对的。因此，无论设定行政许可，还是实施行政许可，都必须全面、深入地理解《行政许可法》四项立法目的之间的辩证统一关系，既不应将这四项目的并列起来，也不应将它们割裂开来，片面强调某一项或某几项目的，而忽视其他目的。[48]

三、《行政许可法》的基本原则

《行政许可法》的基本原则是贯穿于行政许可制度始终，设定和实施行政许可所必须遵守的基本准则，是《行政许可法》的基础性规范和抽象准则，其他具体规则和规范都以其为基础而产生。《行政许可法》的基本原则体现着行政许可制度的基本法理、精神及价值观念，从宏观上指导着行政许可的立法、执法以及守法各个阶段和整个过程。我国《行政许可法》第四条至第十条分别规定了行政许可的基本原则。

(一)合法原则

合法原则是行政法治的最原始和最基本的含义，是建设法治政府最起码的要求。合法性是行政权力获得正当性、获得其作为国家权力的权威与强制的一个重要基础。行政许可是行政机关的一项非常重要的行政职权，也是一项重要的行政规制手段，因此，合法性原则对于行政许可具有十分重要的意义。

合法原则是依法治国和社会主义法治等宪法原则在行政许可领域的具体实现和展开。在法治社会，行政行为不仅要合理，而且要合法。许可制度的合理性可以来自经济学、社会学的解释，它的合法性应来自立法机关的同意。许可合法原则也关系到行政许可能否在公众中树立权威，获得根深蒂固的合理性。

《行政许可法》第四条对行政许可合法原则作了明确规定：设定和实施行政许可，应当依照法定的权限、范围、条件和程序。在我国，“法定”的“法”，包括法律、法规、规章。在各种形式的法的数量上,法规、规章的数量远远超过法律,但在法的效力上,法律的效力高于法规、规章;在法规、规章的规定、内容与法律相冲突时,法律应成为准则,执法机关应适用法律而不应适用与法律相抵触的法规、规章,除非法律对相应法规、规章有特别的授权。

行政许可合法原则具体包括以下具体内容:

1. 设定行政许可必须合法

要实现行政许可的法制化,首先必须使行政许可的设定规范化、制度化。

一是设定行政许可必须在法律所规定的范围之内。

行政许可是一把双刃剑,具有二重性。为此,严格限定行政许可的范围就具有特殊的意义。行政许可范围过小,不利于公共利益的维护;范围过大,又会过多地限制国民的自由,增加权力寻租的机会。因此,行政许可的范围必须由法律作出明确的合理的规定。有权设定行政许可的机关,不是对任何事项都可以设定行政许可,而应当严格按照《行政许可法》规定的设定行政许可的范围设立行政许可。无论是国务院制定行政法规,还是地方人大及其常委会制定地方性法规,甚或是全国人大及其常委会制定法律,都只能就法律(即《行政许可法》第十二条)规定的事项设定行政许可,超越法定许可事项范围设定的行政许可无效。根据《行政许可法》第十二条和第十三条的规定,设定行政许可的范围是:直接涉及国家安全、公共安全、经济宏观调控、生态环境保护以及直接关系人身健康、生命财产安全等特定活动,需要按照法定条件予以批准的事项;有限自然资源的开发利用和有限公共资源的有效配置以及直接关系公共利益的特定行业的市场准入等需要赋予特定权利的事项;提供公众服务并且直接关系公共利益的职业、行业,需要确定具备特殊信誉、特殊条件或者特殊技能等资格、资质的事项;直接关系公共安全、人身健康、生命财产安全的重要设备、设施、产品、物品，需要按照技术标准、技术规范，通过检验、检测、检疫等方式进行审定的事项；企业或者其他组织的设立等需要确定主体资格的事项；法律、行政法规规定可以设定行政许可的其他事项。对属于这六个方面的事项，如果通过公民、法人或者其他组织能够自主决定的，通过市场竞争机制能够有效调节的，通过行业组织或者中介机构能够自律管理的，或者通过行政机关采用事后监督及其他行政管理方式能够解决的，也不要设定行政许可。

二是行政许可必须由法定的机关在法定的权限范围内设定。

权限是权力的界限与范围，规范一项权力，必须首先确定其权力的边界。权限的设定不仅可以制约权力，而且可以避免权力冲突和降低管理成本。行政许可设定的权限不仅关系到如何合理规范控制行政许可，而且涉及国家权力的配置问题。要合理控制行政许可，首先应当确定哪些法律规范可以设定行政许可，哪一级国家机关有权设定行政许可，不同层级的法律规范的行政许可设定权如何划分等，这都必须通过明确许可设定权限来解决。对于依法可设定行政许可的事项，设定机关在设定行政许可时，还必须遵守《立法法》规定的立法权限，包括行政法规、地方性法规、规章等的制定权限[49]以及《行政许可法》规定的行政许可设定权限[50]，超越法定许可设定权限设定的行政许可无效或将被有权机关撤销[51]。根据《行政许可法》第十四条、第十五条、第十七条的规定，法律可以设定行政许可；尚未制定法律的，行政法规可以设定行政许可，必要时，国务院的决定也可以设定行政许可；尚未制定法律、行政法规的，地方性法规可以设定行政许可；尚未制定法律、行政法规和地方性法规的，因行政管理需要，确需立即实施行政许可的，省级人民政府的规章可以设定临时性的行政许可;除此之外的其他规范性文件一律不得设定行政许可。权限法定也首先是设定行政许可的主体法定。从行政许可的设定机关来看,有权设定行政许可的机关只能是全国人大及其常委会,国务院,省、自治区、直辖市人大及其常委会,有权制定地方性法规的较大的市的人大及其常委会,有权制定地方政府规章的省级人民政府。违反这些规定,超越权限设定的行政许可一律无效。

三是行政许可的设定必须符合法定的原则和内容。

即使是有权设定行政许可,也要坚持法律所规定的基本原则,遵循经济和社会发展规律,体现政企分开、政事分开,充分发挥市场机制在资源配置和结构调整中的基础性作用,有利于发挥公民、法人和其他组织的积极性、主动性,有利于维护公共利益和社会秩序,有利于促进经济、社会和生态环境协调发展。此外,设定行政许可,还必须明确规定法律要求必须规定的内容,即应当规定行政许可的实施机关、条件、程序、期限等内容。

四是行政许可应该依照法定的程序设定。

突出程序合理性和程序正义是现代法治的一个重要特点,从某种意义上讲,程序构成了法治的核心内容。设定行政许可属于一种立法行为,应该严格遵循相应的立法程序,包括《立法法》、《行政法规制定程序条例》、《规章制定程序条例》以及《行政许可法》规定的相应程序,如《行政许可法》第十九条规定的起草听证、论证程序和第二十条规定的对已设定许可的评价程序。设定主体违反法定程序设置许可的,将被有权机关根据相应法律、法规撤销。

由于行政许可可以由不同层级的规范设定,因此不同层级的行政许可设定应遵循不同的立法程序、期限、时效等,但是都必须遵循一些共同的程序规范,如提出草案、审议、通过、公告等程序。另外,《行政许可法》第十九条还专门规定:起草法律草案、法规草案和省、自治区、直辖市人民政府规章草案,拟设定行政许可,起草单位应当采取听证会、论证会等形式听取意见,并向制定机关说明设定该行政许可的必要性、对经济和社会可能产生的影响以及听取和采纳意见的情况。

2. 实施行政许可必须合法

如果说行政许可设定主要不是由行政机关来进行的,那么实施行政许可则主要是由行政机关来完成的。行政机关在具体实施行政许可时,有着更大的自由裁量的空间,因此必须严格规范行政许可的实施行为。

首先,实施行政许可应该遵守法定的权限。行政许可的实施机关必须是具有法定许可权的行政机关或法律、法规授权的其他组织。行政许可权也不得随便委托于人,只能在有法律、法规或规章的明确规定的情况下,在委托机关的权限范围内委托给行政机关。《行政许可法》第二十二条、第二十三条规定,行政许可由具有行政许可权的行政机关在其法定职权范围内实施;法律、法规授权的具有管理公共事务职能的组织,在其法定授权范围内,以自己的名义实施行政许可。在我国,哪些行政机关或者组织可以作为行政许可的主体,各个主体的权限范围有多大,一般都有单行法律、法规规定。因此,实施行政许可应当严格依照这些法律、法规规定的权限范围,不得越权、不得滥用权力。实施行政许可必须在法律规定的职权范围内进行,不得越权许可,禁止无权许可。

其次,实施行政许可必须遵循法定的种类。行政机关实施行政许可,只能就依法已经设定的许可种类实施,不能增加新的项目,否则,就等于非法设定许可。

再次,实施行政许可必须遵守法定的条件。实施行政许可的条件一般都是由单行法律、法规和规章规定[52],《行政许可法》对行政许可实施的条件作了原则性规定。严格按照这些条件实施行政许可,是确保行政许可合法、公正的关键。违反法定条件实施行政许可,构成实体上违法。针对由于法律、法规、规章对实施行政许可的条件规定不明确造成实施行政许可的随意性,《行政许可法》第十八条还特别规定,设定行政许可,应当明确规定行政许可的实施条件。对行政管理相对人提出的申请,决定是否准予许可,应当按照法律、法规规定的条件。对符合条件的要依法准予许可;对不符合条件的,应当决定不予许可。有数量限制的行政许可,两个或者两个以上申请人的申请均符合法定条件和标准的,行政机关应当根据受理行政许可申请的先后顺序作出准予行政许可的决定。总之,准予或不准予行政许可都必须严格依据法律规定的条件,既不能法外自设门槛,也不能随意放宽条件。

最后,行政许可还必须遵守法定的程序。《行政许可法》第四章专章规定了实施行政许可所要遵循的程序,从行政许可的申请、受理、审查、决定,到行政许可的期限、变更、延续,都作了较详细的规定。既有一般规则[53],也有特别规则[54]。行政机关实施行政许可,无疑应遵循这些程序。但是,就行政许可程序而言,除了《行政许可法》规定的程序外,其他有关法律、法规和规章可能还就某种特定许可规定了专门程序[55]。这些程序只要符合《行政许可法》的原则、精神,不违反《行政许可法》的明确规定,行政机关在实施相应行政许可时亦必须遵循。否则,亦构成行政违法。对于实施行政许可的程序,法律规定有的是强制性的,有的是指导性和可裁量性的。对于强制性的程序,行政机关必须遵循,违反这些规定,就构成程序违法;而对于指导性和可裁量的程序,行政机关则应根据法律的目的,选择最便民、最有效率的程序实施;有些便民的程序即使尚未法定,只要符合法的原则、精神,不违反法的明确规定,在一定范围、一定时间内试行也是应该允许的。

3. 被许可人和其他行政相对人必须依法履行相应义务

国家机关必须守法,这是毫无疑义的。被许可人和其他行政相对人也必须履行法律所规定的义务。例如,依法取得的行政许可,除法律、法规规定依照法定条件和程序可以转让的外,不得转让;申请人申请行政许可,应当如实向行政机关提交有关材料和反映真实情况,并对其申请材料实质内容的真实性负责;申请人不得以欺骗、贿赂等不正当手段取得行政许可;被许可人不得涂改、倒卖、出租、出借行政许可证件,或者以其他形式非法转让行政许可的,不得超越行政许可范围进行活动;取得特定许可的被许可人应当依法履行开发利用自然资源义务或依法履行利用公共资源义务;取得直接关系公共利益的特定行业的市场准入行政许可的被许可人,应当按照国家规定的服务标准、资费标准和行政机关依法规定的条件,向用户提供安全、方便、稳定和价格合理的服务,并履行普遍服务的义务,未经作出行政许可决定的行政机关批准,不得擅自停业、歇业;公民、法人或者其他组织未经行政许可,不得擅自从事依法应当取得行政许可的活动;等等。

(二)公开原则

行政公开,是指将行政权力运行的依据、过程和结果向相对人和公众公开,使相对人和公众知悉。行政公开的目的在于增加行政的透明度,加强公众对行政的监督,防止行政腐败,保护公民的合法权益。

行政公开是现代社会行政活动所遵循的一项基本原则,具有重要意义。第一,行政公开可以实现公民的知情权,满足公民对信息的需要。在现代社会,公民有权了解政府的活动,而政府对其制定的政策、规章以及作出的具体决定,有义务向公众公开,接受公众的监督。第二,行政公开,有利于公民对行政事务的参与,增强公民对行政机关的信赖。知情权是公民实现其政治权利及其他相关权利的前提条件。公民只有在充分、确实了解政府活动的基础上,才能有效参与国家事务和社会事务的管理。在现代社会,行政机关活动的一个重要的变化是,行政行为从命令式向社会管理和社会服务职能的转变,行政机关的任务需要公民的合作才能完成。行政公开通过加强行政机关与公民之间的沟通和了解,促进了公民对行政的参与,有助于维护公民对政府的信赖。第三,行政公开有利于加强对行政机关的监督,防止行政腐败。行政公开是监督行政机关的一条非常重要的途径,所谓阳光是最好的防腐剂。如果将政府的规章、政策以及行政活动的过程和结果予以公开,使公众有权知悉和公开评论,可以有效地防止行政专断和腐败。许多国家的行政程序法都规定了情报公开制度[56]。行政公开最为突出的意义在于其对权力的制约,权钱交易、权力寻租等腐败行为都是在暗箱之中操作出来的。信息不对称、行政不公开使得行政权更容易腐败。而公开透明的行政将政府行为完全置于公众监督之下,形成一种多方参与的控权机制,有效地制约着权力的恣意。第四,行政公开是民主政治的基础[57]。有充分的知情,才有充分的民主。而只有有效的行政公开,公民才有充分的知情。公民的知情权是一项宪法性权利,正是它构成了行政公开的法理基础,而行政公开则有助于民主的形成并构成其重要内容之一。正是由于公开的极端重要性,使其在现代法治国家中占有十分重要的地位[58]。

行政许可公开原则是行政公开原则的具体化。行政许可行为关联着较大的经济利益,本身存在着非常大的异化可能,如果搞暗箱操作,行政腐败更是不可避免。因此,公开原则对于行政许可而言,尤为重要。过去审批领域出现的种种弊端都不同程度地与许可不公开有着密不可分的关系。《行政许可法》第5条明确规定了行政许可的公开原则。行政许可公开原则至少包括以下几个方面的内容:

1. 设定行政许可的过程公开

设定行政许可的过程是一个立法的过程。制定法律、法规、地方政府规章都必须依照相应的立法程序,公开进行。从设定行政许可的必要性、可行性,到行政许可可能产生效果的评估,都要广泛听取意见,允许并鼓励公众评论,真正做到广集民意。起草法案之前应先行公布相关信息和法案,广泛征求和听取相对人的意见,必要时应组织听证会与论证会。此外,关于行政许可的法案通过之后应该公布,及时公告公民、组织知悉。[59]凡是行政许可的规定都必须公布,未经公布的,不得作为实施行政许可的依据。

2. 实施行政许可的过程公开

实施行政许可是指行政机关根据事先制定并公布的许可标准,对相对人的申请进行审查,作出准予或不准予许可的行为。从广义的角度理解,行政许可的实施还应包括行政许可的监督过程,监督是许可实施的自然延续,没有监督,许可可能会偏离甚至背离设定许可的初衷。行政许可的实施直接决定着相对人权益能否得到实现,整个过程的公开可以有效防止许可权力的滥用和武断,保障相对人的合法权益。

首先,实施行政许可的主体应当公开。

其次,与行政许可有关的事项应当公布。行政许可的条件是行政机关据以作出许可或不许可的标准,公开这些条件,可以对公民起到有效的指引、评价、预测、规范等作用,使之根据自身情况合理申请，提高行政效率同时也能对其形成有效制约。行政许可的条件、标准、依据等要在办公场所张贴或以其他形式公开，使公众知晓，不允许在行政许可的实施条件上搞“模糊战术”。《行政许可法》第三十条规定，行政机关应当将法律、法规、规章规定的有关行政许可的事项、依据、条件、数量、程序、期限以及需要提交的全部材料的目录和申请书、示范文本等在办公场所公示。申请人要求行政机关对公示内容予以说明、解释的，行政机关应当说明、解释，提供准确、可靠的信息。

再次，行政许可的实施过程要公开进行。行政许可实施的程序，包括申请、受理、审查、听证、决定、检查等程序都应当是具体、明确和公开的。从受理相对人的申请起，行政机关就必须公开其所实施的许可行为。法律、法规、规章规定实施行政许可应当听证的事项或者行政机关认为需要听证的其他涉及公共利益的重大行政许可事项，应当向社会公布，并举行听证。行政许可事项涉及第三人的，应当告知第三人。说明理由、申辩、听证、告知等程序制度在这一过程中占有显著的位置，对于行政许可的公开有着重要的意义。

最后，行政许可的结果也必须公开，准予许可的行政决定，应当予以公开，公众有权查阅。

行政许可公开原则并不是绝对的公开，当行政许可涉及国家秘密、商业秘密或个人隐私时，不适用公开原则。

(三)公平、公正原则

任何一项法律制度的权威性并不完全在于它是由国家强制力保证实施的，权威性的最深厚的基础在于合理性，而合理性则主要来源于公平、公正。古罗马的凯尔苏斯曾把法定义为：法是善和公正的艺术[60]。法律制度从一开始就被寄予了公正的期望，甚至被认为其本身就是公正的化身。在行政法领域，行政合理性原则是与合法性原则并行的两大基本原则,合理性原则的主要内容就是公平与公正。公平、公正原则是行政合理性原则在行政许可领域的表现,也是合法性原则的必要补充。行政许可制度要获得持久的合理性,其本身必须是公正的,而且其运行也必须恪守公正原则。行政许可公平、公正原则对于约束政府行为、平等保护相对人权益有着重要的意义。

公平与公正是两个既有联系、又有区别的概念。无私谓之公;无偏谓之正;无颇谓之平。公平相对于歧视、相对于不平等而言,其最重要的价值是保障法律面前人人平等和机会均等,同样情况同样对待,防止身份歧视、性别歧视、种族歧视和其他歧视[61]。公正是相对于偏私、偏袒而言,公正的最重要的价值是维护程序正义,防止因亲情、友情和其他利害关系产生偏向性和损害公职的中立性。

因此,要做到公平、公正,必须处理好两组关系:一是国家、社会公共利益与个人、法人等个体利益的关系;二是申请人、被许可人与其他公民和组织的关系。从第二组关系看,许可的公正主要体现在两个环节,即许可条件的公正与许可程序的公正。两个环节的公正与否关系到被许可的相对人与被拒绝许可的相对人是否同等对待。这一对行政许可公正性问题的研究对我们有较大的启发意义,它指出了行政许可涉及的两组具有实质意义的关系,恰当处理好这两组关系,也就做到了行政许可的公平、公正。

公平、公正原则不仅应当体现在行政许可的设定过程中,而且应当体现在行政许可的实施过程中。

要求设定行政许可体现公平、公正的原则,实质是要求立法也要体现公正、公平的原则。设定行政许可体现公平、公正的要求,必须做到以下几点:首先,所设行政许可应当是国家有必要实行事先控制的事项与领域。因为行政许可制度在哪个领域实施,就会在哪个领域制约一般人已实际具有的权利和自由,因此,必须合理划分许可权力与公民个人的自由的界限,行政许可的范围大小直接关系到行政许可本身是否具有公正性,过分限制公民自由的行政许可制度一定不是公正的制度,但是根本损害社会公共利益的许可制度也是不公正的。设定行政许可,要遵循经济和社会发展规律,有利于发挥公民、法人或者其他组织的积极性、主动性,维护公共利益和社会秩序,促进经济、社会和生态环境协调发展。不需要设定行政许可的事项,坚决不设定。其次,制定有关行政许可的法律、法规、规章等规范性文件必须依照正当的程序进行。再次,要合理规定颁发许可的条件和标准。这种条件和标准应是客观的,是从事许可行为所应当具备的。与从事许可行为不相关的条件和标准,就不应当规定[62]。最后,要规定和设计公平、公正的程序。这种程序既要保护申请人的合法权益,也要维护第三人的合法权益,同时也要便于行政机关工作,提高办事效率。

实施行政许可要遵守和贯彻公平、公正原则,必须做到以下几点:第一,符合法定条件和标准的,申请人有依法获得行政许可的平等权利,行政机关不得实行歧视性待遇。不得因个人身份、外表、行政机关的好恶而给予不同的待遇。符合条件和标准的要准予许可,不符合条件的不能颁发许可。有数量限制的行政许可,两个或者两个以上申请人的申请均符合法定条件和标准的,除法律、行政法规对优先顺序另有规定的除外,行政机关应当根据受理行政许可申请的先后顺序作出准予行政许可的决定。第二,行政机关工作人员在办理行政许可的过程中,必须在申请人和利害关系人之间和竞争者之间保持职务上的中立,不得与申请人和利害关系人进行私下接触,不得接受申请人的宴请、财物或者获取其他利益。严禁"人情许可"和"关系许可"。第三，行政机关在审查行政许可申请的过程中，必须严格遵循正当程序规则，当回避的必须回避；当事先听取意见的要事先听取意见；发现行政许可涉及第三人利益的，应当告知第三人；当事人要求听证的，应当举行听证，听取申请人、利害关系人的陈述和申辩。第四，行政机关在作出行政许可决定时，如涉及自由裁量权的运用，应当严格遵循自由裁量权的行使规则，考虑应当考虑的因素，避免不相关的因素的干扰等等。

（四）效率原则

《行政许可法》第六条规定，实施行政许可，应当遵循便民的原则，提高办事效率，提供优质服务。立法机关之所以将缩短行政许可时间，提高行政许可效率作为一个重要的价值取向予以规定，主要是基于以下几个方面的原因：

首先，现代行政不仅被要求是合法的行政、合理的行政，公平、公正的行政，而且要求是高效的行政，要求在合法性、合理性与效率之间保持适当的平衡。十九世纪以前，效率问题很少受到立法的关注。二十世纪初以后，世界各国的立法都纷纷将效率作为一个重要的价值取向。

其次，就我国而言，要在经济全球化、多极化的今天全面建设小康社会，任务相当艰巨。尤其是我国人口多，底子薄，要赶上国外发达国家，不讲求效率不行。

再次，以往有的行政机关实施行政许可不讲求效率，拖的时间太长，影响到外来投资信心和经济的发展，与市场经济不相容。

《行政许可法》为了尽可能地缩短行政许可时间，提高行政许可效率，共计规定了五项制度：

1. 集中行使许可权制度。《行政许可法》第二十五条规定，经国务院批准，省、自治区、直辖市人民政府根据精简、统一、效能的原则，可以决定一个行政机关行使有关行政机关的行政许可权。这一点与《行政处罚法》基本相同，但必须由省一级人民政府作出决定且经国务院批准，才能集中行使许可权。

2. 统一办理许可制度。《行政许可法》第二十六条规定，行政许可需要行政机关内设的多个机构办理的，该行政机关应当确定一个机构统一受理行政许可申请，统一送达行政许可决定。行政许可依法由地方人民政府两个以上部门分别实施的，本级人民政府可以确定一个部门受理行政许可申请并转告有关部门分别提出意见后统一办理，或者组织有关部门联合办理、集中办理。[63]

3. 电子政务制度。这里所说的电子政务制度指通过计算机网络进行行政管理，作出行政许可的制度。《行政许可法》第三十三条规定，行政机关应当建立和完善有关制度，推行电子政务，在行政机关的网站上公布行政许可事项，方便申请人采取数据电文等方式提出行政许可申请；应当与其他行政机关共享有关行政许可信息，提高办事效率。最近国务院正草拟电子签章的行政法规，为电子政务的推广打下基础。

4. 建立当场作出决定制度。行政许可法较过去的法律更强调当场作出决定，特别是那些只要求作形式审查而不要求作实质审查的许可，尽可能地要当场作出决定。《行政许可法》第三十四条第二款规定，申请人提交的申请材料齐全、符合法定形式，行政机关能够当场作出决定的，应当当场作出书面的行政许可决定。第五十六条规定，实施本法第十二条第五项所列事项的行政许可，申请人提交的申请材料齐全、符合法定形式的，行政机关应当当场予以登记。需要对申请材料的实质内容进行核实的，行政机关依照本法第三十四条第三款的规定办理。

5. 期限制度。过去在行政审批的实践中，有的由于没有时限上的要求,申请人递交的行政许可申请,迟迟得不到答复,有的甚至是石沉大海,杳如黄鹤。既影响当事人的权益,也影响经济社会的发展,助长官僚主义作风。《行政许可法》对行政机关实施行政许可的主要行为都设定了期间。《行政许可法》第四十二条规定,除可以当场作出行政许可决定的外,行政机关应当自受理行政许可申请之日起二十日内作出行政许可决定。二十日内不能作出决定的,经本行政机关负责人批准,可以延长十日,并应当将延长期限的理由告知申请人。但是,法律、法规另有规定的,依照其规定。依照本法第二十六条的规定,行政许可采取统一办理或者联合办理、集中办理的,办理的时间不得超过四十五日;四十五日内不能办结的,经本级人民政府负责人批准,可以延长十五日,并应当将延长期限的理由告知申请人。第四十三条规定,依法应当先经下级行政机关审查后报上级行政机关决定的行政许可,下级行政机关应当自其受理行政许可申请之日起二十日内审查完毕。但是,法律、法规另有规定的,依照其规定。第四十四条规定,行政机关作出准予行政许可的决定,应当自作出决定之日起十日内向申请人颁发、送达行政许可证件,或者加贴标签、加盖检验、检测、检疫印章。另外,对于行政机关作出行政许可决定,依法需要听证、招标、拍卖、检验、检测、检疫、鉴定和专家评审的,所需时间不计算在本节规定的期限内。行政机关应当将所需时间书面告知申请人。《行政许可法》还规定,行政机关在法定期限内不能办结的,要承担违法的责任。对于被许可人申请延续的,如果行政机关逾期不作答复的,就视为行政机关已经准予延续。有了这样的压力和责任,必然会推动行政机关的审批效率。

(五)便民原则

根据《行政许可法》第六条的规定,便民也是《行政许可法》

的一个基本原则。便民之所以成为《行政许可法》的一个重要价值追求,原因在于:

一是服务行政、给付行政是现代行政很重要的一个方面。二十世纪前,行政行为主要表现为管制行为,服务行为很少。进入到二十世纪特别是二十世纪八十年代以来,服务行政在国外发达国家日益突出,有人甚至主张将企业与顾客之间的关系引进到行政管理领域,要求行政主体提供更多的服务,以改善行政主体与行政相对人之间的关系。这是现代行政管理制度改革的一个大趋势。现代国家与行政都已经融入了深厚的"服务"观念。行政机关的角色已经悄然发生转变,从过去的管理者向服务者转变,行政职能由过去的社会管理逐渐向提供公共服务转型,服务行政成为现代行政的潮流。

二是出台《行政许可法》正值党中央提出"执政为民"指导思想这个大背景,许可法要求行政机关为人们提供更多更优质的服务,正是贯彻"执政为民"宗旨的要求。

三是长期以来,有的行政机关特权思想严重,高高在上,将行政许可作为一种给老百姓的恩赐,在实施过程中只考虑行政管理的方便而不考虑相对人的方便,人民群众反映很强烈。

为了贯彻便民原则,《行政许可法》共设计了以下十七项制度:(1)集中行使行政许可权制度。即《行政许可法》第二十五条规定,上文已讲到,这里不再重复。(2)统一办理行政许可制度。这个制度不仅可以提高行政效率,也方便了行政相对人,上文也已讲到。(3)格式文本制度。《行政许可法》第二十九条规定,公民、法人或者其他组织从事特定活动,依法需要取得行政许可的,应当向行政机关提出申请。申请书需要采用格式文本的,行政机关应当向申请人提供行政许可申请书格式文本。申请书格式文本中不得包含与申请行政许可事项没有直接关系的内容。(4)委托代理制度。《行政许可法》第二十九条第二款规定，申请人可以委托代理人提出行政许可申请。但是，依法应当由申请人到行政机关办公场所提出行政许可申请的除外。(5)多种申请方式制度。《行政许可法》第二十九条第三款规定，行政许可申请可以通过信函、电报、电传、传真、电子数据交换和电子邮件等方式提出。(6)要求行政机关公示与许可事项相关内容的制度。《行政许可法》第三十条规定，行政机关应当将法律、法规、规章规定的有关行政许可的事项、依据、条件、数量、程序、期限以及需要提交的全部材料的目录和申请书示范文本等在办公场所公示。(7)禁止行政机关提出不相关的要求。《行政许可法》第二十九条规定，申请书格式文本中不得包含与申请行政许可事项没有直接关系的内容。第三十一条规定，行政机关不得要求申请人提交与其申请的行政许可事项无关的技术资料和其他材料。过去，有的行政机关在实施行政许可时向相对人要这要那，提出一些非分要求，故意为难当事人。禁止行政机关提出不相关的要求在行政法学上被称为禁止不当联结，这个理论在认定滥用职权方面很重要。行政机关搞不相关联结是滥用职权的表现，也是法院审查行政行为合法性的一个重要理由。(8)及时告知制度。行政许可法规定，凡是需要相对人知道的事项和情况，行政机关都有告知的义务，有的还作了时间限制。(9)当场更正制度。由于行政相对人对申请许可事项不太了解，其申请书可能会存在一些错误，行政机关通常会叫当事人拿回去修改，然后再来申请。行政许可法为此规定，申请书能够当场修改的，应允许当事人当场修改，修改后可当场办理行政许可，尽量不让当事人来回跑路。(10)一次性告知制度。《行政许可法》第三十二条第(四)项规定，申请材料不齐全或者不符合法定形式的，应当当场或者在五日内一次告知申请人需要补正的全部内容，逾期不告知的，自收到申请材料之日起即为受理。(11)电子政务制度。第三十三条规定,行政机关应当建立和完善有关制度,推行电子政务,在行政机关的网站上公布行政许可事项,方便申请人采取数据电文等方式提出行政许可申请;应当与其他行政机关共享有关行政许可信息,提高办事效率。(12)当场决定制度。《行政许可法》第三十四条、第五十六条都有相应规定。(13)初审直报制度。《行政许可法》第三十五条规定,依法应当先经下级行政机关审查后报上级行政机关决定的行政许可,下级行政机关应当在法定期限内将初步审查意见和全部申请材料直接报送上级行政机关。上级行政机关不得要求申请人重复提供申请材料。(14)颁发证照、加盖印章制度。《行政许可法》第三十九条规定,行政机关作出准予行政许可的决定,需要颁发行政许可证件的,应当向申请人颁发加盖本行政机关印章的行政许可证件。行政机关实施检验、检测、检疫的,可以在检验、检测、检疫合格的设备、设施、产品、物品上加贴标签或者加盖检验、检测、检疫印章。强调颁发许可证件,主要起一个证明作用,证明当事人具有某种资格或权利,这个规定是有利于当事人的。(15)规定许可证的效力范围。《行政许可法》第四十一条规定,法律、行政法规设定的行政许可,其适用范围没有地域限制的,申请人取得的行政许可在全国范围内有效。过去有的许可证本来是全国通用的,但某些地方为了收费,为了地方保护,不承认许可证的效力,要求当事人向该地方行政机关再次申请。《行政许可法》对此作了规范。(16)变更、延续制度。变更指被许可人要求变更行政许可事项的,应当向作出行政许可决定的行政机关提出申请;符合法定条件、标准的,行政机关应当依法办理变更手续。延续指被许可人需要延续依法取得的行政许可的有效期的,应当在该行政许可有效期届满三十日前向作出行政许可决定的行政机关提出申请。但是,法律、法规、规章另有规定的,依照其规定。行政机关应当根据被许可人的申请,在该行政许可有效期届满前作出是否准予延续的决定;逾期未作决定的,视为准予延续。当然,这里有一个审查核实问题,看当事人是否在法定期限届满前提出申请。(17)不履行便民义务的追究制度。《行政许可法》第七十二条规定,行政机关及其工作人员不履行便民义务(如不在办公场所公示依法应当公示的材料的;在受理、审查、决定行政许可过程中,未向申请人、利害关系人履行法定告知义务的;申请人提交的申请材料不齐全、不符合法定形式,不一次告知申请人必须补正的全部内容的;未依法说明不受理行政许可申请或者不予行政许可的理由的;依法应当举行听证而不举行听证的,等等),由其上级行政机关或者监察机关责令改正;情节严重的,对直接负责的主管人员和其他直接责任人员依法给予行政处分。[64]

(六)权利保护原则

根据《行政许可法》第七、八条的规定,权利保护也是《行政许可法》的一个重要原则。

《行政许可法》之所以高度重视申请人、被许可人以及利害关系人的权利保护,主要是基于以下几个方面的原因:

首先,行政相对人的参与权是现代行政法治的重要表征或者说是一个核心内容。西方行政法学界认为,行政权力的扩张,造成了巨大的民主赤字。因为从十九世纪末到二十世纪以来,行政权一直处于膨胀和扩张之中,行政机关不仅拥有行政权,还取得了准立法权和准司法权,使本来应由民意机关作出规定的,行政机关自己就径行规定了。行政权的扩张极大地挤压了公民的权利。而且,现代民主在本质上仍然是一种代议制民主。而代议制民主是一种很脆弱的民主,人们通过选举的代表去议会发表意见,这些意见是否真正代表人们的利益只有天知道。按公共选择理论,这些代表也是利己主义者,他也要求自身利益的最大化,他投的每一票,说的每一句话,都是代表他自己的利益,他不可能从利他主义角度看问题,因此,人们开始怀疑代议制是否真正能够维护自己的利益。既然代议制存在虚假的一面,人们又通过什么来切实维护自己的利益呢?答案是通过扩大人民群众的参与权来实现民主,即让老百姓参与到行政行为的每一个过程,这才是最有价值的民主,最实在的民主。

其次,赋予相对人参与权,是防止行政权滥用的不二法门。限制行政权滥用当然还有其他机制的作用,例如国家机关之间的权力制约,但最有效的限制是通过赋予相对人参与权。因为相对人对行政权有切肤之痛,其他人当与行政权无关时他没有动力来关注行政权的滥用,事不关己,高高挂起,除非行政权某一天真正涉及其利益时,他才可能主动起来监督它、制约它。正因为过去我们忽视了公众的参与,使行政许可没有受到切实的监督,在一定程度上产生了行政许可权的滥用。

最后,保护公民、法人和其他组织的合法权益,是公共行政或者行政权力的重要使命。我们的政府是人民的政府,其权力来源于人民的授予。因此,行政机关履行职责、行使行政权力必须充分保障公民、法人和其他组织的合法权益。

有鉴于此,立法机关在制定《行政许可法》时,高度重视权利保护问题。具体体现在以下几个方面:

(1)了解权与知情权。了解权和知情权是近代宪法赋予公民的两项重要权利。在法国的"人权宣言"和美国的《独立宣言》中,都没有规定了解权和知情权,这两种权利是当代才发展起来的新兴权利。它指行政相对人在行政管理过程中有权了解行政机关的相关情况,了解与他自身有关的情况,相对地说,行政机关有义务提供信息、情报,使行政处于一种透明状态,以解决行政相对人与行政机关信息不对称的问题[65]。在《行政许可法》

中,有不少条款涉及到了解权和知情权。第五条规定,有关行政许可的规定应当公布;未经公布的,不得作为实施行政许可的依据。行政许可的实施和结果,除涉及国家秘密、商业秘密或者个人隐私的外,应当公开。另外,《行政许可法》还规定,行政机关作出准予行政许可的决定,应当予以公布,供公众查阅。第五十五条规定,行政机关根据检验、检测、检疫结果,作出不予行政许可决定的,应当书面说明不予行政许可所依据的技术标准、技术规范。这些都是强调要赋予公民的了解权和知情权。

(2)平等权。《行政许可法》第五条第三款规定:符合法定条件、标准的,申请人有依法取得行政许可的平等权利,行政机关不得歧视。平等权利是一种很重要的权利,现实中明目张胆的歧视和暗地的歧视是很多的。平等权是司法审查中一个很重要的工具。[66]

(3)被告知权。指行政机关在实施行政许可过程中,若涉及到申请人和利害关系人的利益,行政机关应当主动告知利害关系人,告知他们行政许可的内容、相对人的权利,申请救济的期限等等。《行政许可法》第三十二条中间就有被告知权的内容。第四十七条规定,行政许可直接涉及申请人与他人之间重大利益关系的,行政机关在作出行政许可决定前,应当告知申请人、利害关系人享有要求听证的权利;申请人、利害关系人在被告知听证权利之日起五日内提出听证申请的,行政机关应当在二十日内组织听证。第四十八条第(一)项规定,行政机关应当于举行听证的七日前将举行听证的时间、地点通知申请人、利害关系人,必要时予以公告。第四十五条规定,行政机关设定行政许可需要举行听证、招标、拍卖、检验、检测、检疫、鉴定的,行政机关应当将所需时间告知公民、法人和其他组织。

(4)申请回避权。申请回避权来源于英国的自然公正原则,即任何人不得做自己案件的法官。在所有的诉讼权利中都有申请回避权。《行政许可法》第四十八条规定:听证按照下列程序进行:(三)行政机关应当指定审查该行政许可申请的工作人员以外的人员为听证主持人,申请人、利害关系人认为主持人与该行政许可事项有直接利害关系的,有权申请回避。虽然许可法规定申请回避权只此一处,但理论上相对人申请回避的地方还有很多。譬如,实施行政许可的行政机关与利害关系人有密切关系,行政机关在进行实质审查时也应当回避。

(5)请求听证权。《行政许可法》第四十六条规定,法律、法规、规章规定实施行政许可应当听证的事项,或者行政机关认为需要听证的其他涉及公共利益的重大行政许可事项,行政机关应当向社会公告,并举行听证。前者属于法定听证,后者属于行政机关裁量听证。许可法还规定申请人或者利害关系人可以主动要求行政机关举行听证。

(6)陈述权、申辩权、质证权。陈述权、申辩权和质证权也来源于古老的自然公正原则,即行政机关作出对当事人不利决定时,应当事先听取当事人的意见。当事人表达意见的方式可以是陈述,可以是申辩,也可以是质证。同时,行政机关也被赋予听取当事人意见的义务。譬如,《行政许可法》第七条规定,公民、法人或者其他组织对行政机关实施行政许可,享有陈述权、申辩权。第四十八条第(四)项规定,举行听证时,审查该行政许可申请的工作人员应当提供审查意见的证据、理由,申请人、利害关系人可以提出证据,并进行申辩和质证。第三十六条规定,行政机关对行政许可申请进行审查时,发现行政许可事项直接关系他人重大利益的,应当告知该利害关系人。申请人、利害关系人有权进行陈述和申辩。行政机关应当听取申请人、利害关系人的意见。

(7)请求救济权。指如果行政相对人、申请人认为行政机关的行政许可决定或其他决定侵犯其合法权益,可以依法申请复议或提起行政诉讼。《行政许可法》中有五个条款涉及到请求救济权,这在过去的立法中很少见。《行政许可法》第七条规定,公民、法人或者其他组织对行政机关实施行政许可……有权依法申请行政复议或者提起行政诉讼;其合法权益因行政机关违法实施行政许可受到损害的,有权依法要求赔偿。第三十八条规定,行政机关依法作出不予行政许可的书面决定的,应当说明理由,并告知申请人享有依法申请行政复议或者提起行政诉讼的权利。第六十九条规定,依照本条第一款的规定撤销行政许可,被许可人的合法权益受到损害的,行政机关应当依法给予赔偿。第七十六条规定,行政机关违法实施行政许可,给当事人的合法权益造成损害的,应当依照国家《赔偿法》的规定给予赔偿。第五十三条第四款规定,行政机关违反本条规定,不采用招标、拍卖方式,或者违反招标、拍卖程序,损害申请人合法权益的,申请人可以依法申请行政复议或者提起行政诉讼。

(8)受保护权。公民、法人或者其他组织依法取得的行政许可受法律保护,行政机关不得擅自改变已经生效的行政许可。行政许可所依据的法律、法规、规章修改或者废止,或者准予行政许可所依据的客观情况发生重大变化的,为了公共利益的需要,行政机关可以依法变更或者撤回已经生效的行政许可。由此给公民、法人或者其他组织造成财产损失的,行政机关应当依法给予补偿。

(9)查阅行政许可决定权。行政许可决定作出后,利害关系人或公众都有权查阅行政机关作出行政许可决定的材料和档案,除涉及国家秘密、商业秘密和个人隐私外,行政机关不得拒绝。第四十条规定,行政机关作出的准予行政许可决定,应当予以公开,公众有权查阅。第六十一条第二款规定,公众有权查阅行政机关监督检查记录。行政机关作出行政许可后,应当对被许可人进行监督检查,对每一个被许可人都要建立相应的监督档案,记录监督的经过,对这个档案,所有公众都有权查阅。

(10)举报权。个人和组织发现违法从事行政许可事项的活动,有权向行政机关举报,行政机关应当及时核实、处理。

(11)请求撤销权。若行政相对人认为行政机关许可决定侵害其合法权利,有要求行政机关撤销该许可的权利[57]。

(七)监督原则

《行政许可法》第十条规定:"县级以上人民政府应当建立健全对行政机关实施行政许可的监督制度,加强对行政机关实施行政许可的监督检查。行政机关应当对公民、法人或者其他组织从事行政许可事项的活动实施有效监督。"这是对监督与责任原则的集中概括。

《行政许可法》之所以将监督作为一个重要原则,主要是基于以下几个方面的原因:

首先,有权力就要受到监督制约,没有监督的权力就要走向腐败。这已是被历史证明了的权力运行规律。行政许可是一种授益性行政行为,并且行政机关在实施行政许可过程中,具有较大的自由裁量权,可以决定批准或者不批准当事人的申请,也可以对被许可人给予种种行政处罚,因此,实施行政许可是一种直接关系当事人权益的行政行为。对于这样一种强大的权力,更需要有效的监督和制约机制。

其次,行政许可通常所涉事项都直接关系到重大公共利益、安全、财产与自由,对相对人来说,往往都是事关切身利益的事情;对于国家社会来讲,常常是有关重大秩序与利益的事项。从另一方面看,由于许可是不作为义务的解除,仅仅是准予或不准予许可,并不能保证行为人的行为完全合法,相反往往是增加了违法的可能性。如果缺乏必要的监管,违法行为势必大行其道。这样不仅有违许可的初衷,而且其后果也是不堪设想的。

最后,行政许可功能的实现,在很大程度上,取决于准予行政许可后的监督是否到位。现实生活中,行政机关重许可、轻监管或者只许可、不监管的现象比较普遍;行政机关实施行政许可,往往只有权力、没有责任,缺乏公开、有效的监督制约机制。长期以来,行政许可处于一种权责严重失衡的状态,对行政许可的监督软弱无力甚至根本缺失。行政机关拥有审查发放许可证的职权,但却没有对其相应的约束和责任追究机制,由此造成了许多权钱交易、滥发证照的现象,许可权成了滋生腐败的温床[68]。另一方面,行政机关只许可、不监管的现象普遍存在。由于缺少后续监督,许多地方出现了非法转让、倒卖、出租许可证的现象,致使大量不具备许可资格的公民、法人和组织持有许可证,严重扰乱了社会秩序和经济秩序。

根据《行政许可法》第十条的规定,行政许可的监督包括两个方面:一是对行政许可设定和实施机关的监督;二是行政机关对申请人、被许可人等相对人的监督。这两个方面的监督既有联系,又有区别[69]。

关于对行政许可设定和实施机关的监督,我国宪法和法律已经建立了外部和内部监督机制[70]。行政许可的实施,既涉及外部监督,又涉及内部监督[71]。加强对行政许可设定和实施机关的监督,应当注意以下几个问题:一是县级以上人民政府应当根据行政许可法和其他有关法律,建立健全监督检查制度。这些制度包括对设定行政许可的监督制度,对规范性文件规定行政许可的监督制度,对行政许可主体的管理制度,行政许可申请的受理、审查制度,行政许可决定制度以及违反《行政许可法》的责任追究制度等。二是完善各项保证公民、法人或者其他组织依法行使监督权的制度。相对人对行政机关的决定提出异议的，该行政审批机关必须作出书面说明，并告知相对人有申请行政复议和提起行政诉讼的权利；相对人对行政机关工作人员的违纪违法行为进行举报、投诉的，行政审批机关应当依法及时核实、处理，并将处理结果以适当方式及时回复举报人、投诉人。三是上级行政机关要加强对下级行政机关的监督，及时纠正行政许可实施中的违法行为。四是要坚持严格执法，对依法应当许可而不予许可，对不应当许可而给予许可的，不依法履行监督责任或者监督不力的，都要追究直接负责的主管人员和其他责任人员的法律责任。

行政机关实施行政许可，审查决定是否批准申请人的申请，只是实施工作的一方面；实施工作的另一方面是监督被许可人从事许可活动的情况。申请人申请行政许可，意味着他承诺承担由取得行政许可而产生的义务[72]。审查批准当事人的申请不是工作的结束，而是一系列监督工作的开始。[73]《行政许可法》对监督被许可人从事许可活动规定了一系列制度：县级以上地方人民政府应当建立健全对行政机关实施行政许可的监督制度，加强对行政机关实施行政许可的监督检查，及时纠正行政许可实施中的违法行为；行政机关应当对被许可人是否依法从事活动进行监督检查；行政机关监督检查，在一般情况下主要是通过对反映被许可人活动情况的有关材料的核查，履行监督责任；行政机关可以对被许可人的产品依法进行抽样检查、检测、检验，可以对其生产、经营场所依法进行实地检查；个人和组织发现违法从事行政许可事项的活动，有权向行政机关举报，行政机关应当及时核实、处理；监督检查中发现问题的，行政机关根据情节，可以撤销、注销行政许可；公民、法人或者其他组织未经许可，擅自从事依法应当取得行政许可的活动的，行政机关应当依法予以取缔，并依法给予处罚。

在对行政机关和对被许可人的监督上，要两者同时并举，不可偏废。特别是不能只重视对被许可人的监督，而忽视对行政机关自身的监督。在对相对人进行监管的同时，绝对不能放松对行政机关自身的监督。应当看到，许多相对人的违法实际上是因为某些行政机关工作人员渎职失职、纵容包庇而造成的。因此，行政许可监督首在治“官”，重在治吏。

(八)禁止谋取非法利益原则

法治政府必须是廉洁政府。要做到廉洁，必须从严执政。过去那种从部门利益或地方利益出发，随意收取费用，敲诈勒索当事人的情况必须坚决制止。因此，《行政许可法》规定严禁行政机关借行政许可谋取非法利益。禁止谋取非法利益应当是《行政许可法》的一个重要原则。

为贯彻这一原则，《行政许可法》作出了一系列禁止性的规定：

1. 不得提出不正当要求。《行政许可法》第二十七条第一款规定，行政机关实施行政许可，不得向申请人提出购买指定商品、接受有偿服务等不正当要求。

2. 不得索取或者收受申请人财物。《行政许可法》第二十七条第二款规定，行政机关工作人员办理行政许可，不得索取或者收受申请人的财物，不得谋取其他利益。第六十三条规定，行政机关实施监督检查，不得妨碍被许可人正常的生产经营活动，不得索取或者收受被许可人的财物，不得谋取其他利益。

3. 不得非法收取费用。《行政许可法》第四十七条第二款规定，申请人、利害关系人不承担行政机关组织听证的费用。第五十八条规定，行政机关实施行政许可和对行政许可事项进行监督检查，不得收取任何费用。但是，法律、行政法规另有规定的，依照其规定[74]。第五十八条第二款规定，行政机关提供行政许可申请书格式文本，不得收费。该条第三款规定，行政机关实施行政许可所需经费应当列入本行政机关的预算，由本级财政予以保障，按照批准的预算予以核拨。

4. 不得组织强制性资格考试培训，不得指定教材或辅考材料。《行政许可法》第五十四条第二款规定，公民特定资格的考试依法由行政机关或者行业组织实施，公开举行。行政机关或者行业组织应当事先公布资格考试的报名条件、报考办法、考试科目以及考试大纲。但是，不得组织强制性的资格考试的考前培训，不得指定教材或者其他助考材料。

5. 不得以任何形式截留、挪用、私分或变相私分许可费用。《行政许可法》第五十九条规定，行政机关实施行政许可，依照法律、行政法规收取费用的，应当按照公布的法定项目和标准收费；所收取的费用必须全部上缴国库，任何机关或者个人不得以任何形式截留、挪用、私分或者变相私分。财政部门不得以任何形式向行政机关返还或者变相返还实施行政许可所收取的费用。

6. 不得妨碍被许可人正常生产经营活动。《行政许可法》第六十三条规定，行政机关实施监督检查，不得妨碍被许可人正常的生产经营活动，不得索取或者收受被许可人的财物，不得谋取其他利益。

注释：

①规制是由行政机关制定并执行的直接干预市场配置机制或者间接改变企业和消费者的供需决策的一般规则或者特殊行为。

②《美国联邦行政程序法》第551条，第8项。

③《牛津法律大辞典》，光明日报出版社1988年版，第556页。

④[德]哈特穆特·毛雷尔:《行政法学总论》,高家伟译,法律出版社2000年版,第209页。

⑤参见[日]芝池义——《行政法总论讲义(第2版),有斐阁1991年版,第129页。

⑥转引自杨建顺著:《日本行政法通论》,中国法制出版社1998年11月版,第410页。

⑦胡建淼:《比较行政法——20国行政法述评》,法律出版社1998年版,第396—397页。

⑧张焕光、胡建森:《行政法学原理》,劳动人事出版社1989年版,第275页。

⑨应松年、朱维究主编:《行政法与行政诉讼法教程》,中国政法大学出版社1989年版,第183页。

⑩王清云、迟玉收主编:《行政法律行为》,群众出版社1992年版,第160页。

⑪方世荣:《行政许可的涵义、性质及公正性问题探讨》,载《法律科学》1998年第2期,第30页。

⑫马怀德:《行政许可》,中国政法大学出版社1994年版,第3页。

⑬应松年主编:《行政法学新论》,中国方正出版社1998年版,第245页。

⑭胡建淼著:《行政法学》,法律出版社2003年2月第2版,第254—255页。

⑮张树义主编:《行政法学新论》,时事出版社1991年版,第133页。

⑯张正钊主编:《中外许可证制度的理论与实务》,中国人民大学出版社1994年版,第1页。

⑰胡锦光等著:《行政法专题研究》,中国人民大学出版社1998年版,第145页。

⑱张步洪:《论行政许可的范围》,载《行政法学研究》1998年第2期,第72页。

⑲应松年主编:《行政法学新论》,中国方正出版社1999年1月版,第244—245页。

⑳参见肖金明著:《行政许可要论》,山东大学出版社,2003年10月第1版。

㉑王连昌主编:《行政法学》,中国政法大学出版社1994年版,第168页。

㉒这种理论认为,行政许可是一种权利的赋予,即认为行政许可是赋权行为,相对人本没有此项权利,只是因为行政机关的允诺和赋予,才使其获得该项一般人不能享有的特权。因为到了现代,国家大量干预经济生活和社会生活,需经政府许可的事项大量增加,这时已难以用解禁说来解释如此广泛的行政许可现象,这就产生了赋权说。

㉓罗豪才主编:《行政法学》,北京大学出版社1996年版,第175页。

㉔张树义主编:《行政法学新论》,时事出版社1991年版,第133页。

㉕张正钊主编:《中外许可证制度的理论与实务》,中国人民大学出版社1994年版,第2页。

㉖杨海坤:《中国行政法基本理论》,南京大学出版社1997年版,第332页。

㉗[美]伯纳德·施瓦茨:《行政法》,徐炳译,群众出版社1986年版,第7页。

㉘该观点认为,应当许可的事项,在没有此种限制以前是任何人都可以作为的行为,因为法律规定的结果,其自由受到限制,所以许可是对自由的恢复,即不作为义务的解除,并非权利的设定。在早期自由资本主义时期,需经政府许可的事项很少,只有一些很特别的事项需经政府批准,如卖酒、销售枪支等。这些事项对全社会来说,都是禁止的,只有经政府许可的,才获得了例外。因此这时的法学理论通常把行政许可视为普遍禁止的解禁。

㉙林纪东:《云五社会科学大辞典》第七册,台湾商务印书馆1976年版。

㉚张步洪:《论行政许可的范围》,载《行政法学研究》1998年第2期。

㉛王连昌主编:《行政法学》,中国政法大学出版社1994年版,第168—178页。

㉜张焕光、胡建森:《行政法学原理》,劳动人事出版社1989年版,第276页。

㉝马怀德:《行政许可》,中国政法大学出版社1991年版,第11页。

㉞马怀德:《行政许可》,中国政法大学出版社1994年版,第12页。

㉟王连昌主编:《行政法学》,中国政法大学出版社1994年版,第169页。

㊱方世荣:《行政许可的涵义、性质及公正性问题探讨》,载《法律科学》1998年第2期。

㊲应松年主编:《行政法学新论》,中国方正出版社1998年版,第249—250页。

㊳这一观点与赋权说不同在于行政许可并不是将一项相对人并不享有的权利赋予相对方,而是因为许可才使得应然的权利成为实然的权利,即使相对人行使已经具备的权利成为可能。参见吴庚:《行政法之理论与实用》,台湾三民书局1996年增订版,第296—297页。

㊴郭道晖:《对行政许可是"赋权"行为的质疑——关于享有与行使权利的一点法理学思考》,载《法学》1997年第11期。

㊵杨解君:《行政许可的概念与性质略谈——与郭道晖先生共同探讨》,载《南京大学学报》2000年第3期。

㊶方世荣:《行政许可的涵义、性质及公正性问题探讨》,载《法律科学》1998年第2期。

㊷参见姜明安主编:《行政许可法条文精释与案例解析》,人民法院出版社2003年10月第1版。

㊸曾经有报道,某市一个下岗职工,想蒸馒头卖,既解决自己的生计问题,

又为社会服务。但就这样一个简单的事情,盖了八十多个公章,还没有批下来。有的在城区建房盖楼,也要盖八十多个公章。企业、个人办事,有的甚至要跑几十个部门,盖200多个公章。

㊹根据行政许可法的规定,享有行政许可设定权的,只有法律、行政法规(包括国务院的决定)、地方性法规以及省级人民政府规章。过去曾大量设定行政许可的部门规章,被取消了设定权;对省级人民政府设定行政许可,也作了严格的限制。除了法律、行政法规(包括国务院的决定)、地方性法规和省级人民政府规章外,其他规范性文件,一律不得设定行政许可。凡是设定了行政许可的,一律无效,并予以撤销。

㊺转引自朱芒《日本的行政许可——基本理论和制度》,载《中外法学》,1999年第4期。

㊻熊文钊:《现代行政法原理》,法律出版社2000年版,第296页。

㊼参见[美]道格拉斯·诺思、罗伯斯·托马斯《西方世界的兴起》,厉以平、蔡磊译,华夏出版社1999年版,第124—125页。

㊽参见姜明安主编:《行政许可法条文精释与案例解析》,人民法院出版社2003年10月第1版,第8—9页。

㊾参见《立法法》第七至十、五十六、六十三至六十六、七十一至七十三条。

㊿参见《行政许可法》第十四至十七条。

(51)参见《行政许可法》第七十一条。

(52)我国的单行法律、法规对行政许可颁发的条件,通常都有具体规定。如《煤炭法》第四十七条规定,设立煤炭经营企业,应当具备下列条件:(一)有与其经营规模相适应的注册资金;(二)有固定的经营场所;(三)有必要的设施和储存煤炭的场地;(四)有符合标准的计量和质量检验设备;(五)符合国家对煤炭经营企业合理布局的要求;(六)法律、行政法规规定的其他条件。

(53)参见《行政许可法》第四章第一至五节。

(54)参见《行政许可法》第四章第六节。

(55)如《中华人民共和国执业医师法》规定,国家实行医师执业注册制度。取得医师资格的,可以向所在地县级以上人民政府卫生行政部门申请注册。对符合条件的,受理申请的卫生行政部门应当自收到申请之日起30日内准予注册,并发给由国务院卫生行政部门统一印制的医师执业证书。对不符合条件的,应当自收到申请之日起30日内通知申请人,并说明理由。

(56)例如,日本行政程序法规定,许认可的审查标准、审查期间等,除有特别的障碍外,行政机关必须在受理机关的办公地点张贴以及以其他适当方式公布。

(57)达尔认为之所以构成民主,至少存在五项这样的标准:有效的参与;投票的平等;充分的知情;对议程的控制;成年人的公民资格。参见[美]罗伯特·达尔《论民主》，李柏光、林猛译，商务印书馆 1999 年版，第 43 页。

㊳不少国家、地区的立法对行政程序中的情报、信息公开作了详细规定。各国有关立法模式可以被大致区分为大情报公开制度与小情报公开制度。其中大情报公开制度的公开范围更宽、公开程序更深，以美国最为典型；小情报公开制度的公开主体、公开内容、公开范围稍窄、免于公开的例外较多，属于这种模式的国家较多。在美国，建立了包括《情报自由法》、《阳光下的政府法》、《联邦隐私权法》在内的行政情报公开制度。根据其《情报自由法》的规定，有关影响公民权益的《行政许可法》规必须在《联邦登记》上公布，有关行政许可裁决及其理由、对政策的说明与解释、影响公民权益的行政机关工作手册等等，必须由行政机关主动向社会公开；在公民提出申请的情况下，行政许可机关必须将一切记录加以公开。其他如德国《联邦行政程序法》、葡萄牙《行政程序法典》、日本《行政程序法》、我国台湾地区《行政程序法》，都对行政机关课加了一定的情报公开义务，同时也规定了一些例外情形。例如，《日本行政程序法》第五条规定，行政机关对许可、认可申请，应当根据其法令规定审查基准，审查基准应尽量具体化，具有可操作性，防止其行使过大的裁量权；审查基准制定后，行政机关应将其放置在办公场所，方便申请人查阅，或者以其他适当方式公告之，以便公众了解。

㊴如：美国行政机关必须把它所建议制定的规章草案或其主要内容在《联邦登记》上公布，供公众了解和评论；韩国《行政程序法》第 46 条规定：行政机关树立、试行或变更与国民利害关系重大的政策、制度及计划时，应予以行政预告。

㊵沈宗灵主编：《法理学》，北京大学出版社 2000 年版，第 47 页。

㊶平等对待并不排除对弱势群体的照顾，对少数民族、女性或社会上处于弱势地位的群体（残疾人）不仅不应歧视，还应根据实际与可能，适当地对他们予以优待和照顾。

㊷如中国律师资格，应当是熟悉掌握中国的法律，是否熟练掌握外语，并不是该职业资格要具备的条件，因此不应当作为必要条件予以规定。虽然掌握外语，在该职业领域里更具有竞争力，但这是个人的职业能力问题，而不是国家要规范、调整的事项。

㊸统一办理行政许可与集中行使许可权是不同的，前者承认部门有许可权，只是要求统一办理，后者已将部门的许可权转移到其他部门。

㊹过去，虽然也强调行政机关要便民，搞承诺制，但都没有将不履行便民义务上升到违法层次。许可法对不履行义务追究法律责任的规定可以说是一个创新。

㊺信息的不对称被认为是阻碍社会经济、政治发展的一个很重要的因素。在行政许可方面，也存在信息不对称的情形，譬如，有了一个项目，与行政机关关系密切的人往往能最先获知，赶紧申请，而大多数人还蒙在鼓里，失去申请机会。

信息不对称会造成很多腐败。所以,公民的了解权和知情权是非常重要的。

㊱在西方,到底是自由权优先还是平等权优先,争论很大。有的认为自由权至上,有的认为平等权至上。古典自由主义更强调自由权,新自由主义一定程度上兼顾了平等权,而社会主义更强调平等权。社会主义主张共同富裕,消除阶级差别,就是追求平等权。

㊲相关规定见《行政许可法》第六十九条。

㊳由于对许可的监督软弱无力,发证机关或许可人员往往将许可证发给能给自己回报的申请人,搞权钱交易。一些地方甚至利用许可权向当事人勒索钱财。前几年,"皮包公司"满天飞;到处都是开发区,连一些偏僻的县、乡镇也不例外;合伙企业"挂靠"集体企业;没有学过开车的人,拥有驾驶执照;规划批准的商品房建立起来了,却大量积压,还出现了"烂尾楼"等"半拉子"工程,等等。这些都与滥发证照有关。

㊴两种监督的主要区别在于:其一,监督主体不同。对行政机关实施行政许可行为监督的主体主要是相应机关所属人民政府、行政监察机关及相应机关的上级行政机关;而对公民、法人或者其他组织从事行政许可事项活动监督的主体主要是相应行政许可机关,即谁许可,谁监督,不能只许可,不监督。当然,许可机关所属人民政府及许可机关的上级行政机关也具有对公民、法人或者其他组织从事行政许可事项活动监督的职责。在许可机关所属人民政府及许可机关的上级行政机关同时对行政许可机关实施行政许可行为进行监督和对公民、法人或者其他组织从事行政许可事项活动进行监督时。两种监督的监督主体和监督时间发生重合(但即使在这种情况下,两种监督的对象、内容、监督方式和监督结果也是不相同的)。其二,监督内容不同。对行政许可机关的监督主要是监督其在实施行政许可行为中是否遵守了法定许可范围、权限、条件、方式和程序,是否存在违法、越权、以权谋私、权钱交易、滥用权力和不作为等情形;而对被许可人的监督主要是监督其在从事行政许可事项的活动中是否遵守了被许可的法定条件和要求,如是否存在生产假冒伪劣产品,提供劣质服务、侵害消费者权益或违法转让许可等情形。其三,监督方式和手段不同。对行政许可机关的监督主要采取审查、检查、监察、审计、受理信访、举报等方式进行,监督手段有通报批评、责令改正、对违法行政行为实施人和负有领导责任的人给予行政处分等;而对被许可人的监督主要采取《行政许可法》第六十一条至六十八条规定的诸种方式,如核查、抽样检查、实地检查、要求自检、要求报送材料、接受举报等,监督手段有责令限期改正、撤销许可、注销许可、对被许可人给予行政处罚等。参见姜明安主编:《行政许可法条文精释与案例解析》,人民法院出版社 2003 年 10 月第 1 版,第 27 页。

㊵外部监督是行政机关之外的机构、组织或者个人对行政机关开展的监

督,在我国主要有:一是国家权力机关对行政机关的监督,如听取和审议行政机关的工作报告,审查和批准国民经济计划和财政预决算、质询和询问、撤职和罢免等。二是司法机关对行政机关的监督,主要是通过受理公民、法人或者其他组织提出的行政诉讼,通过对行政机关行政行为的合法性的审查,监督行政机关依法行政。三是社会对行政机关的监督,主要是新闻舆论的监督,政党、团体的监督以及公民个人提出批评意见和建议等进行的监督。内部监督是行政机关内部对行政机关及其工作人员的活动所进行的监督。在我国主要有:一是监察机关的监督。我国专门设立监察机关,负责对国家行政机关、国家公务员和国家行政机关任命的其他人员违反行政纪律的行为实施监察,其目的是保证政令畅通,维护行政纪律,促进廉政建设,改善行政管理,提高行政效能。二是审计监督。国务院和县级以上地方人民政府设立审计机关,分别负责对本级各部门和下级政府预算的执行情况和决算,预算外资金的管理和使用情况,以及其他依法应当接受审计的事项等进行审计监督。其目的是维护国家财政经济秩序,促进廉政建设,保障国民经济健康发展。三是上级行政机关对下级行政机关的层级监督。这种监督是经常的、随时的,它是上级行政机关领导权的直接体现。由公民、法人或者其他组织提起的行政复议,是上级行政机关对下级行政机关进行监督的法定形式之一。

㉑除了公民、法人或者其他组织提出行政诉讼和行政复议外,行政许可的实施机关,对已设定的行政许可的实施情况及存在的必要性适时进行评价,并将意见报告行政许可的设定机关,这就涉及国家权力机关的监督。对行政机关在实施行政许可过程中收费及所收费用使用情况的监督,涉及审计监督;对行政机关及其工作人员实施行政许可,是否遵守了行政纪律,涉及行政监察监督。

㉒比如,张某申请爆炸品运输行政许可,就意味着张某的车辆要符合特殊条件,行使路线要受到限制,运载的爆炸品数量严格受限制,总之,张某要履行运输爆炸品的安全责任。正是由于这样一套规则或者张某能够履行安全义务,爆炸品运输行政许可才能控制危险。但是,张某能否真履行自己的承诺,从制度上来说,就需要实施行政许可的行政机关对张某进行监督检查。因此,行政许可控制危险的功能必须建立在确保张某履行义务的基础上。

㉓被许可人取得行政许可后,有的为了追求最大利益,违法实施许可活动;有的不及时更新设备设施,不能继续满足行政许可的条件和标准;有的借已取得的行政许可牟利,出借、出租、倒卖行政许可证件等,这些都需要加以取缔和纠正。

㉔行政许可并不是都不能收费,有的许可收费是合理的。譬如,涉及自然资源和公共资源的开发利用,若要特许某人开发利用,国家应当适当收取费用,通过财政转移支付使社会全体人员共同受益。当然,这种收费必须有法律、行政法规的规定,地方性法规规定收费是无效的。

第二章　行政许可的设定

行政许可的设定是行政许可制度的基础,是行政许可过程的起点。它涉及谁有权通过何种形式设定行政许可,什么事项可以设定行政许可,什么事项不得设定行政许可以及如何设定行政许可等问题。因而是《行政许可法》制定过程中争议最多、难度最大的问题。

一、行政许可设定权的概念及规范行政许可设定的必要性

(一)行政许可设定权的概念

学术界和实务界对设定权有不同的理解。主要分歧在于:"设定权"、"创设权"与"规定权"之间的关系。一种意见认为,设定权包括创设权与规定权。另一种意见认为,规定权包括创设权和狭义上的规定权。还有一种意见认为,设定权就是创设权。笔者认为,根据我国《行政处罚法》、《立法法》和《行政许可法》的规定,所谓设定权,是指一定的国家机关根据法定权限和法定程序创设行为规范的权力。而行政许可设定权,是指一定的国家机关根据法定权限和法定程序创设行政许可规范的权力。

根据上述定义,行政许可设定权具有如下几个特点:

首先,行政许可设定权是一种立法权或准立法权。"设定"是一种立法或准立法行为,"设定权"属于立法权或准立法权。

而立法是指制订、认可、修改、废止法律规范的活动。法的创制活动表现为制订、修改、废止以及认可法律规范的活动。行政许可设定权是一种制定与行政许可有关的法律规范的权力。就这一特点而言,行政许可设定权区别于行政许可实施权。行政许可实施权是一种执法行为,是一种将法律付诸实施的行为。

其次,行政许可设定权是一种具有创制性的立法或准立法活动。法的创制就是不以任何法律、法规的规定作为其存在依据,制定"原创性法律规范"的行为。创制就是作出前所未有的规定。因此,"设定"是一种创设新的法律规范的立法行为;"设定权",是国家机关根据一般授权就法律、法规或规章未曾规定的事项自行立法的权力。也就是说,在这些法律规范所涉及的具体事项上,不存在更高级的法律规范,它们不是从更高级的法律规范中派生出来的,不是更高级法律规范的具体化。[①]就这一特点而言,行政许可设定权区别于行政许可规定权。规定权是根据具体情况和实施的需要,对已有的法律规范进行具体的解释或将已有法律规范具体化的权力,是对已有法律规范的具体适用制定实施细则的权力。行政许可设定权,是特定的国家机关为贯彻实施行政许可法而制定的有关行政许可的条件、标准、程序等具体规范的权力。

最后,行政许可设定权的核心是创设新的行政许可权力,为行政相对人设立新的义务、增加新的负担或对行政相对人的权利作出新的限制。如不涉及上述内容,即使是具有原创性,也不能称为行政许可的设定。

(二)规范行政许可设定的必要性

1. 行政许可设定权的重要性决定了必须对其严加控制。行政许可设定权是一项极为重要的权力。它不仅涉及国家权力的配置,而且涉及个人和组织的权利、义务配置;不仅涉及公共利益和社会秩序,而且涉及个人、组织自由的范围。行政许可设定权的规范化将直接影响行政许可范围的合理性。行政许可的范围不仅关系到行政机关如何协调、分配社会资源,使其得到最大限度的有效利用,而且关系到公民、法人或其他组织的权利自由如何得到有效的保障。而行政许可范围的合理设定,前提条件就是要控制行政许可的设定权。如果对行政许可设定权不加控制,一些国家机关就可能随意扩大行政许可的范围,就会随意限制公民、组织的自由,就会随意增加人民群众的负担,国民的自由权利就无从保障。

2. 行政许可的二重性决定了必须控制行政许可设定权。行政许可作为事前对经济和社会活动进行干预的一项重要的行政权力和管理方式,对维护公民人身财产安全和公共利益,加强经济宏观调节,合理分配有限自然资源和公共资源,具有重要作用。但是,行政许可也不是万能的,也具有二重性。过多地使用行政许可手段,不仅会对经济、社会和个人自由形成过度干预,抑制市场在资源配置中的基础性作用,降低经济效率,妨碍市场开放和公平竞争,不利于增强经济和社会的生机和活力,限制个人的发展,而且会增加行政权力寻租的机会。因此,必须控制行政许可设定权。

3. 对行政许可设定权严加控制,是法治国家的通行做法。从国外的情况看,法治国家无一不对行政许可设定权严加控制。在现代法治国家,法治行政首先意味着行使行政权要遵守国民代表议会制定的法律,涉及公民权利义务的事项必须有议会制定法的依据,行政机关不能自行创设影响公民权利义务的权力。没有法律的委任或授权,行政权以行政立法的方式独自设定关于行政与国民地位的一般规则,是绝对不能允许的。根据法治国家通行的法律保留原则,许多国家认为行政许可设定权直接影响公民的权利义务,行政机关不能自行创设行政许可权力。许多国家行政许可的设定权主要集中在联邦和地方议会,政府没有设定权或设定权很小。如澳大利亚、奥地利,行政许可由联邦议会和州议会设定,联邦政府没有设定权。在德国,行政许可主要由联邦议会和州议会设定,行政机关不能设定行政许可;但经过议会的授权,政府可以设定一些具体的、暂时性的行政许可。

4. 设定权失范是行政许可问题之源。在我国,行政许可方面存在的大量问题源于设定权的混乱。主要表现在以下几个方面:一是设定权不明,导致许可范围无限扩大,桎梏经济发展。层次众多的设定机关、部门和表现繁杂的设定规范,导致行政许可范围过宽,几乎涵盖了行政管理的方方面面。事事要许可、步步要审批,行政许可泛滥成灾。二是设定主体众多,导致重复许可。有些乡政府、县政府在设定行政许可,有些行政机关内设机构也在设定行政许可。由于没有统一的法律确定行政许可设定权的归属,加之一些部门的职能交叉,导致同一事项要经几个机关许可,严重侵犯了当事人的合法权益。三是设定权与规定权、实施权不分,自行设定并自行实施许可,一些机关或组织利用行政许可设定权搞行政性垄断。一些仅享有规定权或实施权的行政机关、行业部门也纷纷设定许可,而且有些机关、部门还为自己设定许可权。行政许可设定权的泛化,导致各机关争抢许可设定权,搞行政性垄断(地区垄断和行业垄断),遍设关卡,人为地为商品流通设置障碍,从而影响了平等竞争环境的形成。四是设定行政许可的下位法与上位法相互抵触现象时有发生,一些国家机关制定的规范性文件超越法定行政许可事项范围,有些规范性文件擅自增加法定行政许可条件、标准,甚至层层加码,严重影响了政府与人民群众的关系,也损害了法制的统一和尊严。五是设定行政许可条件、标准、程序、实施机关不明确,影响了法律、法规、规章的质量及其正确实施。五是对行政许可设定权的行使缺乏有力的监督手段，许多违法设定的行政许可得不到及时纠正。要解决上述问题，必须严格规范行政许可的设定。

二、设定行政许可应当遵循的基本原则

根据《行政许可法》第十一条的规定，设定行政许可必须遵循以下基本原则：

（一）设定行政许可应当遵循经济和社会发展规律

对行政许可管理手段的运用，要符合经济社会发展规律。行政许可运用得当，可以调节经济和社会中的各种矛盾，促进经济和社会的发展；反之，行政许可运用不得当，滥设许可，使经济发展成本过高，就会阻碍经济和社会的发展。规律是事物内在关系的本质反映。经济有经济发展的规律，社会有社会发展的规律。市场经济是竞争经济，通过竞争，优化资源配置，最具活力。但是，市场具有自发性、盲目性和滞后性，为了追求个体利益，可能损害社会公共利益；为了追求个体最大利益，可能浪费资源和损害环境。因此，市场不是万能的，改善客观经济环境、合理利用公共资源、维护社会公共利益等方面的问题，就难以靠市场来解决，需要政府发挥作用。我国是发展中的大国，又处在经济体制转轨、产业结构调整、经济快速发展和社会转型期，尤其需要政府担当起应负的责任，把职能切实转变到经济调节、市场监管、社会管理、公共服务上来。在社会主义市场经济体制条件下，要实行政企分开、政事分开；属于企业的事、社会自主管理的事，都要还权于企业、社会。因此，设定行政许可，必须首先界定政府与市场的关系，政府与社会的关系。要发挥市场在资源配置中的基础性作用，行政许可就不能妨碍市场主体自主性的

发挥。凡是市场、社会自律能够解决的问题，政府就不应当干预，更不应当设定行政许可来干预；市场机制解决不了，但通过中介机构、行业组织自律能够解决的问题，应当通过中介机构、行业组织自律解决；凡是市场、社会自律解决不了的问题，需要政府管理的事情，政府才能介入，才能决定是通过设定行政许可干预，还是通过事后监督管理干预；对可以设定行政许可的事项，也要进行成本效益评估，凡是设定行政许可也解决不了的问题，就不能设定行政许可；以行政许可配置有限资源的，也要通过公开、公正、公平的方法，以达到资源配置的高效率，防止权力寻租；设定行政许可要简化程序、减少环节、方便群众、强化服务、提高效益。要随着经济和社会的发展，适时调整已设定的行政许可，该取消的取消，该废止的废止；即使是必须通过设定行政许可解决的，也要着眼于培育市场机制和社会自律机制，在市场机制和社会自律机制能够有效发挥作用时，要及时废止行政许可。

(二)有利于发挥公民、法人和其他组织的积极性

行政许可与公民、法人和其他组织的权利和自由具有非常密切的关系。因此，在设定行政许可时，要正确对待公民的权利和自由，有利于发挥公民、法人或者其他组织的积极性、主动性。人是社会的基本细胞。一个社会是否有活力，是否具有内在的发展潜力，最关键的是要看这个社会中的人是否能保持活力，能否充分发挥创造力，能否与社会和谐相处。如果在一个社会里，个人和组织的任何行动都需经许可后才能行动，这个社会就很难说是一个自由的社会，就会缺少发展的内在活力；相反，最大限度地赋予个人以权利和自由，就会最大限度地发挥个人的聪明才智，促进社会的进步与发展。

根据依法行政原则，只要法律没有禁止的，都是公民可以行

为的,是公民保留的权利和自由;而对于政府来说,只要法律没有赋予其权力的,都是法律所禁止的。由于行政许可是以设定普遍不作为义务为前提和起点的,至少从表面上看,设定的行政许可愈多,公民、法人或其他组织的自由就会越少。国家对某些事项一旦设定了行政许可,则意味着禁止未经许可的公民、法人或者其他组织在这一领域内自由活动。因此,设定行政许可,必须坚持以人为本的原则,为个人和组织自由发展留有充分的余地。只有当不设定许可,就会危及多数人的自由和权利时,设定许可才具有正当性和必要性。要发挥公民、法人或者其他组织的积极性和主动性,就应当将行政许可限定在限制和影响公民权利和自由最低限度方面。设定许可的最终结果,不是造成事实上遏制或剥夺公民的权利和自由,而是在总量上增加了公民的权利和自由。凡不关涉他人权利与自由的,就不应或毋须设定许可(如公民的生命权、人格权、人身自由权、通讯自由与通讯秘密等)②。凡是公民和市场主体能够自主决定,且不致损害国家、社会、集体的利益和他人的合法的自由和权利的,通过民事赔偿或者追究其他民事责任能够解决,并且不致造成难以挽回的重大损害的,都不应当设定行政许可。

(三)维护公共利益和社会秩序

公共利益和社会秩序是设定行政许可的重要前提,也是设定行政许可的重要目标,还判断有无必要设定行政许可的重要标准。

行政权力是一种公共权力,其运行应该以公共利益为根本出发点和归宿。依申请的行政行为的目的在于抑制公益上的危险,抑制不利于维持公共利益的因素。行政许可直接关涉重大的经济利益,更需要强调公共利益和社会秩序。

政府不能任意限制公民、法人和其他社会组织的人身、财产与自由。只有当相对人的行为对社会、经济生活具有潜在的危险性以及对他人的人身、财产和社会公共利益形成损害或者威胁时，政府才能干预个人或组织的自由，有权机关才可以为个人或组织设定不作为义务，对符合条件者给予许可。行为对他人或社会不构成危险，就不能对其设定和实施许可。只有那些关系国家、社会和个人利益的特殊危险性行为、经营活动，如食品、药品生产，刻铸印字业，爆炸物品、危险化学品的生产、运输、销售，重要自然资源的开发、利用和保护，城市规划和环境保护等才能够实行许可制度。只有那些关系到公民、法人或其他组织的生命、财产、自由、健康利益的特殊职业和专门行业才能设置行政许可制度，如对驾驶员、医生、律师的许可和管理是必要的。

行政许可的设定是国家对经济生活和其他社会生活进行规制的一种重要手段，这是维护公共利益和社会秩序所必需的。但是，国家是否有必要在所有的社会生活领域都通过行政许可制度加以管理，实践证明并非如此。例如，某些市场行为不需要通过行政许可的方式加以控制，而可以通过市场机制来解决；对某些特殊行业从业者的资格、资质的控制，可以通过行业组织或者中介机构进行自律管理。此外，行政许可是一种事先控制手段，而有的事项行政机关完全可以采取事后监督或者其他行政管理方式来解决，对此没有必要一律实施行政许可制度。

维护公共利益和社会秩序的要求还意味着，设定行政许可只能将公益作为设定行政许可的出发点和归宿，而不能从个人或小团体利益出发设定行政许可。那种为了收取费用或利用行政许可寻租而设定行政许可的做法与《行政许可法》的规定是背道而驰的。《行政许可法》将许可设定范围确定为影响国计民生、人身健康、公共安全、产品质量、生态环境保护等领域的事项，正是为了能够有效地将这些特殊行业和特殊行为纳入宏观调控范围,起到维护公共利益和社会整体秩序的作用。

(四)促进社会、经济和生态环境协调发展

设定行政许可,应当有利于促进经济、社会和生态环境的协调发展。这是贯彻科学发展观的具体要求。在市场经济中,市场在配置资源方面发挥着基础性作用,但是,资源是有限的,市场也不是万能的,完全靠市场自发调节来配置资源,不仅会导致资源配置的严重不公,而且还会导致资源配置的低效率甚至形成垄断。因此,对一些特殊的行业和事项由政府通过行政许可的方式来配置有限的资源,对于维护人类的生存空间,保证资源配置和利用的公平、合理与有效都是至关重要的。

行政许可也是一种重要的国家宏观调控手段。在哪些领域设定许可、哪些领域不设定许可,直接影响社会、经济和生态环境的协调发展。在掌握许可的广度和松紧度上,要看是否有利于促进社会、经济和生态环境协调发展。要针对不同的事项,在设定许可上要采取不同的处置。一是经济生活类的许可。如生产经营、自然资源开发、土地出租、调拨、城市规划建设、交通运输、专卖、进出口货物、特种行业等。这类许可,一般应视自然与社会资源的状况、市场的需要与合理配置、国家对经济的宏观调控等因素进行考量,决定许可的资格与条件的宽严。如属于市场准入的,一般应予从宽;对生产那些直接关系国计民生、公众健康、生命财产安全的食品、药品、危险设施等,则许可条件应予从严;对那些容易导致"寻租"、索贿的审批,在设置上则应当有严格的控制。二是社会生活类的许可。如公益性社团法人的成立、登记,个人出入境等。这些许可应当尽量以便民为原则。三是政治活动类的许可。如游行示威、新闻媒体的设立、社团的成立等。这类许可的设置,既要考虑社会稳定,又要保障公民的宪法权利能有效行使[③]。

三、设定行政许可的范围

哪些事项可以设定行政许可,哪些事项不能设定行政许可,涉及政府与市场的关系,涉及行政权力与公民、法人和其他组织权利的界定以及政府管理方式等诸多问题。设定行政许可的范围问题是立法政策问题,明确设定行政许可的事项,旨在规范立法行为,提高立法质量。

(一)确定行政许可范围的一般原理

不同国家由于经济发展水平不同,文化历史背景不同,对行政许可设定事项的立法政策设定也有所不同。在美国,设定行政许可的事项主要有两类:一类是经济事务方面的许可事项。目的是为了保护消费者权益和市场竞争秩序而对市场机制无法解决的自然垄断(如基础公用事业)、过度竞争(如交通行业)、供给不足的产品和服务要设立行政许可;一类是社会管理方面的许可事项。目的是为了防止市场机制的消极影响而对有不良外部性影响的产品和行为(如不安全的产品、环境污染)、信息不对称的行业(如金融、食品)、稀缺物资(如自然资源)以及公共物品的配置进行管制而设定行政许可。[④]

在日本,日本没有专门的《行政许可法》,但是单行法律和政令中规定了大量的许可、认可等[⑤]。国家和地方公共团体为了实现一定的政策目的,防止企业和公民的活动可能给公共利益和他人利益带来损害,或者为了保护经济、产业的健康发展而对企业和公民的活动进行干预可以设定行业许可(这些许可在法律用语上有命令、禁止、认可、免许、许可、特许等)。这些许认可大体可归纳为三类:(1)行政许可,一般是指行政机关对法律规定的一般禁止的行为在特定的场合、对特定的人解除其禁止的一种行政行为,如药店、当铺的营业许可,或称警察许可;(2)特许,是对国民设定其原本不拥有的权利或者权利能力的行政行为，如电气、铁路等企业的经营许可；(3)认可，是指行政机关补充第三者的合同行为、共同行为等法律行为，使其完成法律上的效力的行政行为，如农地权利转移的许可。在日本，行政许认可事项比较多的领域是通商产业、交通运输、卫生福利、农林水产、建设、金融等。

在德国，设定行政许可的事项有4类：一是对公民行使权利可能对公共利益造成不利影响进行预防性控制的事项设定行政许可。这是德国法上典型的行政许可，主要有《工商管理法》上的营业许可、《公害防治法》上的设施许可、《建筑法》上的建设施工许可等。二是对法律上原则禁止的行为，在特殊情况下，根据当事人的申请对这种禁止予以解除，可以设定行政许可。这种行政许可称为例外准许。三是授予申请人从事本应由国家承担的公益事业的主体资格，可以设定行政许可，如医院建设、铁路经营等。四是当事人在行使某些权利前必须向行政机关履行告知和必要的程序法上义务的一种许可，目的是使行政机关了解公民拟从事的可能影响公共利益的活动，以便必要时采取防范措施。⑥

从世界主要国家设定的行政许可事项来看，设定行政许可的主要是少数容易产生外部不良影响且损害后果难以有效补救的自然垄断、外部不经济、公共物品、非价格性物品、信息偏在行业或者活动等事项，而对可能发生的随机性、偶然性问题，则往往采取事后监督管理方式解决，不设定行政许可。

在《行政许可法》起草、审议过程中，对《行政许可法》规定哪些事项可以设定行政许可，哪些事项不能设定行政许可，没有不同意见，但对如何具体表述则有不同意见。一种意见认为，应当明确规定不得设定行政许可的事项，除此以外，都可以设；第二种意见认为，对可以设定行政许可的事项和不得设定行政许可的事项都只作原则规定，不必具体列明；第三种意见认为，对可以设定行政许可的事项，能具体列举的尽量列举，列举不全的用兜底条款概括规定；第四种意见认为，把设定行政许可的事项与行政许可种类结合起来，对可以设定行政许可的事项按照行政许可的不同种类作出原则规定，既解决针对不同事项如何设定相应种类的行政许可，又解决不同种类的行政许可规定相应的实施程序与监督机制的问题，同时规定对可以设定行政许可的事项，也并不是都要设，并明确规定，可以不设定行政许可的事项。《行政许可法》最后采纳了第四种意见。[7]

（二）可以设定行政许可的事项

我国《行政许可法》在对现行行政许可事项逐项进行分析研究的基础上，参考借鉴国外设定行政许可事项的范围，根据行政许可事项的性质、功能、条件、适用程序的不同，将可以设定行政许可的事项概括规定为下列六项：

1. 直接涉及国家安全、公共安全、经济宏观调控、生态环境保护以及直接关系人身健康、生命财产安全等特定活动，需要按照法定条件予以批准的事项。对这类事项设定的行政许可，是指行政机关准予符合法定条件的公民、法人或者其他组织从事特定活动，性质是确认具备行使既有权利的条件，主要功能是防止危险、保障安全[8]、保护环境、维护秩序，是实践中运用最广泛的行政许可事项[9]。这类许可是对相对人行使法定权利或者从事法律没有禁止但附有条件的活动的准许；一般没有数量限制；行政机关实施这些行政许可一般没有自由裁量权，符合条件即应当予以许可。这类许可包括五个方面的内容：一是与国家安全有关的事项。国家安全是国家生存和发展的一种状态、环境和秩序。国家安全是一个国家的最高利益，因此从事与国家安全有关的事项，应当获得许可[10]。二是与公共安全有关的事项。一般而言，涉及不特定多数人的人身、财产以及公共财产安全、社会安宁的即属于公共安全的范围。为了防止个体行为对整个群体、社会的安全造成破坏和不利影响,防止个体行为对集体利益的损害,有必要对涉及公共安全与公共利益的活动,实行事前许可制度。如易燃性、爆炸性、放射性、毒害性、腐蚀性等危险品的生产、储存、运输、使用、销售,以及其他直接关系人身健康、生命财产安全的产品、物品的生产、经营等活动,应当设定许可。三是有关经济宏观调控的事项。政府管理经济的职能之一,是制定和执行宏观调控政策。宏观调控的主要任务,是保证经济总量平衡,抑制通货膨胀,促进重大经济结构优化,实现经济稳定增长。目前,我国已在财政、金融、税收、海关、外贸等方面制定了一系列宏观调控的法律和政策,宏观调控的手段逐步趋于完善。经济宏观调控方面的许可事项主要有:投资立项、产业布局、进出口管制、金融保险证券等涉及高度社会信用的行业的市场准入和经营活动等。四是有关生态环境保护的事项。为了实现可持续发展,促进人类与自然的和谐发展,控制和减少人类对自然和环境的破坏,有必要对影响生态环境的活动进行许可控制。我国的《环境保护法》、《水污染防治法》、《大气污染防治法》、《固体废物防治法》、《噪声防治法》、《海洋环境保护法》、《建设项目环境保护条例》等都规定,建设项目环境影响报告书、向环境排放污染物、环境保护工程设施,均须经批准或者验收。五是直接关系人身健康、生命财产安全的事项。保护国民的人身健康、生命财产安全是政府的重要职责。从事有关人身健康、生命财产安全的活动,需要获得许可。如《药品管理法》规定,开办药品生产企业,须经企业所在地省、自治区、直辖市人民政府药品监督管理部门批准并发给《药品生产许可证》;开办药品批发企业,须经企业所在地省、自治区、直辖市人民政府药品监督管理部门批准并发给《药品经营许可证》;生产新药或者已有国家标准的药品的,须经国务院药品监督管理部门批准,并发给药品批准文号。

2. 有限自然资源开发利用、公共资源配置以及直接关系公共利益的特定行业的市场准入等,需要赋予特定权利的事项。对这些事项设定的行政许可是由行政机关代表国家依法向相对人出让、转让某种特定权利,是赋权的行政许可。《行政许可法》起草过程中曾被概括为特许,主要功能是合理配置、利用现有资源,防止资源利用中的无序状态。主要适用于以下三种情形:一是自然资源的开发利用。土地、矿藏、水流、森林、山岭、草原、荒地、滩涂等自然资源,属于国家所有。国家对这些自然资源享有占有、使用、收益和处分的权利。目前,全国人大常委会根据宪法,已经制定了《矿产资源法》、《煤炭法》、《水法》、《森林法》、《草原法》等法律,对这些自然资源的所有权以及开发利用都作出了规定。其中都规定了开发利用土地、矿产、草原、水等自然资源,须经审批。二是有限公共资源的配置。公共资源包括各种市政设施、道路交通、航空航线、无线电频率等。对公共资源的利用实行许可,主要是为了优化对公共资源的配置,提高公共资源的利用率。目前,一些地方对出租车牌照、公共汽车运营线路实行招标拍卖,取得了较好的效果。三是直接关系公共利益的垄断性企业的市场准入等。特定行业的市场准入,主要是指进入从事公用事业服务的行业,如自来水、煤气、电力、电信、邮政等与人民群众日常生活、公共利益密切相关的行业。这些行业由于其整体性和统一性的特点,无法放开竞争,放开竞争容易影响其服务效能。因此,进入这些行业要实行准入制度,并规定必要的标准,以使进入者能为公众提供优质服务。[11] 其主要特征是:相对人取得特许权一般要支付一定费用[12];一般有数量限制;行政机关实施这类许可有一定程度的自由裁量权;申请人获得这类许可要承担一定的公益义务,如提供普遍服务的义务,不得擅自停业等。

3. 提供公众服务并且直接关系公共利益的职业、行业,需要确定具备特殊信誉、特殊条件或者特殊技能等资格、资质的事项。对这类事项设定的行政许可,是指由行政机关对申请人是否具备特定技能的认定,主要适用于为公众提供服务、直接关系公共利益并且要求具有特殊信用、特殊条件或者特殊技能的资格、资质。在《行政许可法》起草过程中曾把这类事项设定的行政许可概括为认可。大体分为两类:一是公民个人的资格、资质。目前公民职业资格主要有:(1)律师资格证。《律师法》规定,律师执业应当取得律师资格和执业证书。(2)教师资格证。《教师法》规定,国家实行教师资格制度。(3)执业医师资格证。《执业医师法》规定,国家实行医师资格考试制度。医师资格考试分为执业医师资格考试和执业助理医师资格考试。医师资格考试成绩合格,取得执业医师资格或者执业助理医师资格。(4)注册会计师资格。《注册会计师法》规定,国家实行注册会计师全国统一考试制度。参加注册会计师全国统一考试成绩合格,并从事审计业务工作两年以上的,可以向省、自治区、直辖市注册会计师协会申请注册。(5)证券从业资格证。《证券法》规定,专业的证券投资咨询机构、资信评估机构的业务人员,必须具备证券专业知识和从事证券业务两年以上经验。认定其从事证券业务资格的标准和管理办法,由国务院证券监督管理机构制定。此外,《劳动法》还规定,国家确定职业分类,对规定的职业制定职业技能标准,实行职业资格证书制度,由经过政府批准的考核鉴定机构负责对劳动者实施职业技能考核鉴定。二是有关企业和组织的资格、资质,主要有:(1)《建筑法》规定,施工企业、勘查单位、设计单位、监理单位,经资质审查合格,取得相应等级的资质证书后,方可在其资质等级许可的范围内从事建筑活动。(2)《证券法》规定,进入证券交易所参与集中竞价交易的,必须是具有证券交易所会员资格的证券公司。(3)《测绘法》规定,承担测绘任务的单位必须具备与其所从事的测绘工作相适应的技术人员、设备和设施,由国务院测绘行政主管部门或者省、自治区、直辖市人民政府管理测绘工作的部门对其测绘资格审查合格后,方可承担测绘业务。(4)《招标投标法》规定,从事工程建设项目招标代理业务的招标代理机构,其资格由国务院或者省、自治区、直辖市人民政府的建设行政主管部门认定。从事其他招标代理业务的招标代理机构,其资格认定的主管部门由国务院规定。

这类许可有以下主要特征:一是这种许可事项限于为公众直接提供服务的特定职业和行业,这些职业和行业直接关系公共利益;二是从事这些职业或行业要具备特殊信誉、特殊条件或者特殊技能,一般都需要通过考试或考核方式确定,并根据考试、考核结果决定是否认可;三是这类许可往往与人的身份、能力有关系;三是没有数量限制,符合标准(包括考试成绩)的都要予以认可;四是行政机关实施这类许可一般没有自由裁量权。

4. 直接关系公共安全、人身健康、生命财产安全的重要设备、设施、产品、物品,需要按照技术标准、技术规范,通过检验、检测、检疫等方式进行审定的事项。对这类事项设定的行政许可是指由行政机关对某些事项是否达到特定技术标准、技术规范的判断、审核、认定,如消防验收、生猪屠宰检疫、电梯安装运行标准、水库大坝竣工验收等。在《行政许可法》起草过程中,这类行政许可被概括称为核准。其主要功能是为了防止危险、保障安全。这一类事项主要包括以下几类:(1)直接关系公共安全、人身健康、生命财产安全的重要设备、设施的设计、建造、安装和使用,如《民用航空法》规定,设计民用航空器及其发动机、螺旋桨和民用航空器上的设备,应当向国务院民用航空主管部门申请领取型号合格证书,经审查合格的发给型号证书。生产、维修民用航空器及其发动机、螺旋桨和民用航空器上的设备,应当向国务院民用航空主管部门申请领取生产许可证、维修许可证。经审查合格发给相应证书。(2)直接关系人身健康、生命财产安全的特定产品、物品的检验、检疫,如《生猪屠宰管理条例》规定,定点屠宰场屠宰的生猪,应当经生猪产地动物防疫机构检疫合格。肉品品质检验合格的生猪产品,定点屠宰场应当加盖肉品品质检验合格验讫印章,放行出场。这种许可具有如下几个方面的主要特征:一是表面上看是对物的许可,实质是对物的所有人支配和使用该物的一种许可,这种许可的实质是许可该物的所有权人使用、销售该物品;[13]二是依据的主要是技术标准、技术规范,具有很强的专业性、技术性、客观性;三是一般需要根据实地检测、检验、检疫作出规定;四是没有数量限制,凡是符合技术标准、技术规范的,都要予以核准;五是行政机关实施这类许可没有自由裁量权。本项所列许可范围,与前述第一项所列许可类型,既有区分,又有联系。就其共同点来说,都是准予申请人从事某种活动;就其区别而言,第一项所列事项,侧重于特定的活动,并且这种活动不与特定的物相关联;而本项所列事项,虽然最终也是准许申请人从事某种活动,但这种活动是与特定的物密切相关。

5.企业或者其他组织的设立等,需要确定主体资格的事项。对这类事项设定的行政许可是指行政机关确立企业或者其他组织特定主体资格、特定身份,使其获得合法从事涉及公众关系的经济、社会活动的能力的许可。这类许可被称为登记。登记的主要功能是通过使相对人获得某种能力向公众提供证明或者信誉、信息。登记主要有两类:一是企业法人登记,确立其市场主体资格,如工商企业登记、合伙企业登记等;二是社会组织登记,包括社会团体、事业单位、民办非企业单位登记等,以确立其从事社会活动的资格。这两类主体的确立,都需按照法定条件登记。[14] 这类许可具有如下主要特征:一是未经合法登记取得特定主体资格或者身份,从事涉及公众关系的经济、社会活动是非法的;二是没有数量限制,凡是符合条件、标准的许可申请都要准予登记;三是对申请材料一般只作形式审查,通常可以当场作出是否准予登记的决定;四是行政机关实施登记没有自由裁量权。

6. 法律、行政法规规定可以设定行政许可的其他事项。这一规定主要有三个目的:一是现行法律、行政法规对其他行政许可事项的规定仍然保留、有效;二是以后的法律、行政法规还可以根据实际情况在《行政许可法》明确规定的上述五类行政许可事项外设定其他行政许可事项;三是地方性法规、地方性规章、国务院决定都不得设定上述五类许可事项以外的行政许可,已经设定的,要予以清理。[15]

(三)不能设定行政许可的范围

立法机关在设定行政许可方面的一个重要指导思想,就是要尽可能地限制行政许可的范围。《行政许可法》第十二条在从正面列举可以设定行政许可的事项范围时,必须考虑我国目前所处的特定历史条件,考虑全国各地经济发展的不平衡性,因而显得过于原则、过于宽泛。实际上,就某些特定的领域来看,有的可以不设定行政许可,而可以通过采取其他行政管理措施解决;有的随着经济体制改革的不断深化,对外开放的不断扩大和社会的全面进步,其中对有些领域设定的行政许可就可以取消或者改变管理方式;对市场经济相对发达,市场机制比较健全,社会发展相对比较快的地区来说,有些事项也不必设定行政许可。因此,要贯彻尽量限制许可范围的指导思想,就有必要在正面列举的基础上进行适当的反向限制。《行政许可法》规定以下四个方面的事项可以不设定许可:

1. 公民、法人或者其他组织能够自主决定的事项。所谓自主决定的事项一般理解为:公民、法人或者其他组织在符合法律规定的情况下,无须行政机关干涉而能够按照自己的意愿处理且不会危及他人或社会公众利益的事情。从理论上说,属于个人、组织权利范围内的事项一般属于其能够自主决定的事项。公民的权利包括民事权利、政治权利。民事权利包括人身权、财产权。人身权包括姓名权、肖像权、名誉权等;财产权包括物权、债权、知识产权等;政治权利包括选举权、被选举权等。法人或者其他组织的权利,主要包括名称权、财产权。其中,财产权包括物权、债权、知识产权等。原则上说,对民事权利,法律一般不能加以限制,应由公民、法人或者其他组织自主决定。只有当公民、法人或者其他组织行使这些民事权利可能对他人利益或者公共利益造成频繁或大范围的损害,并且这种损害难以通过事后赔偿加以扼制、补救,设定行政许可可以有效地预防这种损害发生时,才能设定行政许可[16]。有些事项虽然容易发生危险,但设定事先许可仍然难于避免的,也不一定设定许可。实践中,只要一发生事故,就赶紧设定许可或审批,而不进行充分论证的情况比较多,其结果大多得不偿失[17]。

2. 市场竞争机制能够有效调节的事项。对经济的调节有市场竞争和政府调节两种手段。政府调节只能在市场调节失灵或市场调节滞后情况下才可以使用。要充分发挥市场在配置资源中的基础性作用,就要尽量减少行政干预。在市场竞争可以有效调节时,行政干预就要退出。如在市场经济条件下,商品如何定价,完全可以由生产者和销售者确定,因为在商品价格与商品的质量紧密联系,如果质次价高,就会无人购买;物美价廉,就会争相购买,市场竞争完全可以解决价格问题。再有,一些行业的投资,也是可以通过平均利润率来调节的,当某一行业的投资回报超过平均利润时，其他行业的资本就会转入到该行业，通过竞争使平均利润下降；当某一行业的利润低于平均利润时，该行业的资本就会退出，使该行业的投资减少，改变供求关系，提高平均利润。因此，对于这样一些由经济规律可以解决的事情，政府不要去干预，不要设定行政许可。只有对市场竞争机制解决不了的事项，且设定行政许可可以有效解决的事项，才能设定行政许可。

3. 行业组织或者中介机构能够自行管理的事项。上个世纪八十年代以来，国际上呈现出一种公权力社会化、公权力主体多元化的发展趋势。即在对社会进行管理中充分发挥行业组织和中介机构的作用。行业组织或者中介机构是联系市场主体和政府的桥梁。目前，在我国已经存在的行业组织、中介机构主要有注册会计师协会、律师协会、消费者协会、证券业协会、汽车工业联合会、互联网协会、中国银行协会等等。这类组织完全可以吸纳和承接从政府分离出来的部分职能。这类组织的成员本身来自同一行业，最清楚自己的利益所在，且在正当引导下能实现政府难以达到的效果，因而对于能够自行管理的，行政机关不宜再行介入，以防止行政权的异化。[18]而且，自律管理往往成本较低，效率较高。比如，对资格、资质的管理，国外大多数国家把多数资格、资质交由行业协会管理，效果很好。由于我国市场竞争秩序还未完全建立，行业协会或者中介组织的发育还不成熟，政府包揽了许多资格、资质许可。随着市场经济体制的进一步完善，行业协会和中介组织的不断健全，许多资格、资质的认可完全可以交由行业协会管理，特别是一些对物品的检测、检验等，完全可以由行业组织来规范确认，如电工、烹饪、电脑软件运用以及对产品质量的认证等[19]。将这些工作交由行业组织或中介服务机构办理，既可减少政府职能，也可以避免某些行政机关工作人员借审批谋私，还可借此调动行业组织和中介服务机构的积极性,培育和完善其社会服务功能。当然,对行业协会和中介机构也要加以规范,政府不能当“甩手掌柜”,因为,行业协会和中介组织也不是“天使”,他们也有滥用权力的可能性。

4. 行政机关采用事后监督等其他行政管理方式能够解决的事项。行政管理方式多种多样,除行政许可这种事前监督方式外,还有备案、制定标准、处罚等方式,行政许可只是众多行政管理手段中的一种。选择行政管理手段,应当根据管理事项的性质,综合评价、比较各种管理手段的特点,客观地考量各种手段管理成本和社会、经济效果,择优使用。对于通过其他方式能够解决,达到与行政许可相同作用和效果的,一般不要设定行政许可。如对于广播电台、电视台播出什么样的节目,出版社出版什么样的书籍,没有必要一一进行审批,但如出现质量问题、发生版权纠纷、侵犯名誉权等问题,可以通过事后监督、处罚等解决。再如,对一般产品的生产,有些可以采取制定标准解决,有些可以采取事后监督检查解决。

经营销售一般生活用品和工业用品,不需要审批,如发生销售假冒伪劣产品,消费者可以投诉,市场监管部门可以处罚解决,因此不需要设定许可进行事前监督。而对于销售经营危险物品,如易燃、易爆等物品,就需要经过严格的审批。因为这类事项是属于事后难以补救或者会造成重大损害的事项,而且事前监督有利于预防危险事故的发生。

四、设定主体与设定权

行政许可的前提是法律、法规对公民的权利和自由规定了某种限制条件,这些权利和自由许多是宪法规定的权利[20]。对这些受宪法保护的公民权利设定限制条件,必须符合宪法和立法法的规定,通过立法的形式,由特定的机关或组织通过特定的形式进行。我国是“议行合一”的国家,实行的是人民代表大会制度,立法权相对集中在全国人大及其常委会和国务院。目前我国正致力于依法治国,建设社会主义法治国家,对公民的权利和自由进行限制,不得与我国的立体体制相违背。我国的立法体制是统一的,又是分层次的。根据宪法、立法法和有关组织法的规定,全国人大及其常委会可以制定法律;国务院可以制定行政法规;省、自治区、直辖市以及较大的市的人大及其常委会可以制定地方性法规,经济特区所在地的省、市的人大及其常委会可以制定经济特区法规;民族自治地方的人大可以制定自治条例和单行条例。此外,国务院各部、委员会、中国人民银行、审计署和具有行政管理职能的直属机构可以制定规章;省、自治区、直辖市以及较大的市的人民政府可以制定规章。法律、行政法规、自治条例、单行条例、地方性法规、规章都是我国法律体系的组成部分,都是广义的“法”。但它们的法律效力等级不同,在宪法之下,法律的效力等级最高,行政法规次之,它们属于中央立法,立法权限较大;地方性法规的效力等级低于行政法规,只在本行政区域有效,国务院部门规章和地方政府规章处于最低层级,立法权限较小。《行政许可法》根据我国的法律体系和立法体制,比较合理地分配了行政许可的设定权。

(一)法律的行政许可设定权

我国实行的是代议制民主,全国人大及其常委会是民意代表机关,也是最高权力机关和立法机关,由它对公民的权利和自由作必要的限制,符合法治精神和原则。按照《中华人民共和国立法法》的规定,全国人大及其常委会行使国家立法权和专属立法权。法律是全国人大及其常委会制定的规范性文件,是宪法之下效力层次最高的规范性文件。因此,《行政许可法》不仅规定法律可以设定行政许可,而且可以设定各种形式的行政许可。

但是,法律设定行政许可的权力也不是无限的。首先,法律也要尊重宪法的原则和精神,充分保护宪法确定的公民的权利和自由,要尽量少设定行政许可。其次,法律设定行政许可,还要受《行政许可法》第十二条的限制,即一般应在第十二条规定的前五类事项的范围内设定行政许可。尽管《行政许可法》规定法律可以超出这五类事项设定行政许可,但这是例外规定,在特别需要的情况下才可设定。再次,法律设定行政许可还要受《行政许可法》第十三条的限制,即通过《行政许可法》第十三条规定的四种方式能够解决的,也不应设定行政许可。

(二)行政法规的行政许可设定权

国务院是国家最高权力机关的执行机关,是最高行政机关,根据宪法和立法法规定,国务院可以制定行政法规。行政法规是由国务院依照行政法规制定程序制定的法律规范,其效力层次仅次于宪法、法律,其设定权的范围较大[21]。根据《行政许可法》第十二条的规定,行政法规设定行政许可的范围体现了宪法和立法法规定的精神。即一方面,行政法规设定行政许可的权限比法律以外的其他法律规范大,另一方面它又受一定限制。这种限制主要表现在以下几个方面:一是在行政法规与法律的关系上,适用法律优先的原则,也就是说法律没有规定的它可以规定,法律有规定的,它可以作具体规定,不得与法律相抵触,不能增设行政许可。二是行政法规设定行政许可还要遵循法律保留原则,也就是说其设定行政许可还要受立法法第八条的限制,不得设定立法法规定只能由法律规定的事项。三是行政法规还应当在《行政许可法》第十二条规定的五类可以设定行政许可的事项范围内设定行政许可,虽然《行政许可法》第十二条规定行政法规还可以对其他事项设定行政许可,但应当理解这是例外授权,应慎重使用。四是行政法规设定行政许可遵守《行政许可法》第十三条的规定，即通过《行政许可法》第十三条规定的四种方式可以解决的，也不应设定行政许可。

(三)国务院决定的行政许可设定权

国务院决定是指国务院制定的管理经济、文化、社会事务的行政法规以外的规范性文件。国务院发布决定的权力来源于《宪法》第八十九条的规定。决定一般针对某个方面的具体事项作出，其制定程序也不同于行政法规。

关于国务院决定能否设定行政许可的问题，立法过程中有两种意见，一种意见认为，行政许可涉及公民、法人和其他组织的权利，设定行政许可只能由法律、法规进行，国务院决定在立法法中未作规定，不应设定行政许可。另一种意见认为，赋予国务院决定以一定的行政许可设定权是必要的。还有一种意见认为，国务院的决定在制定程序和法律效力与行政法规不同，如果要赋予其行政许可设定权，也要与行政法规有所区别，必须限定条件。《行政许可法》采纳了后一种意见，其理由主要有以下几个方面：一是一些临时性、紧急的和尚未制定法律、行政法规的事项[22]，国务院还需要以行政许可方式进行管理；二是根据 WTO 规则，国外采取临时性许可措施时，我国可以采取相应措施，如临时配额、临时许可证管理等；三是有些比较敏感的问题，一时制定法律、行政法规条件还不成熟，需要国务院决定设定行政许可进行管理；四是国务院决定已经设定了不少行政许可，其中有不少在国务院行政审批制度改革中也认为需要保留；五是在改革开放过程中，在国有企业改革、促进就业与再就业、社会保险等方面，有一些试点、试验的事项，先是用政策作指导，在局部地区、特定领域实施，积累经验，在制定法律、行政法规前，也需要采取行政许可的方式实施管理，防止出现混乱。六是《行政许可法》取消了国务院部门规章的行政许可设定权，而现在部门规章设定的行政许可量比较大,经过清理,有一些还需要保留,但又不可能马上都上升为行政法规,可以通过国务院发布决定的方式,对需要保留的部门规章设定的行政许可作一揽子规定;基于以上考虑,《行政许可法》赋予了国务院以采用发布决定的方式设定行政许可的权力,但作了限制。[23]

《行政许可法》规定,必要时,国务院可以采用发布决定的方式设定行政许可;实施后,除临时性行政许可事项外,国务院应当及时提请全国人民代表大会或者其常务委员会制定法律,或者自行制定行政法规。据此,国务院采用决定的方式设定行政许可,要受以下几个方面的限制:一是受《行政许可法》第十二条和第十三条的限制;二是受"必要"的限制,所谓必要,指因情况紧急来不及制定法律、行政法规或临时需要不必制定行政法规或因试点试验制定行政法规条件不成熟,但确实需要通过设定行政许可来加以管理的情况;三是实施后,除临时性行政许可外,除临时性行政许可因条件、情况发生变化废止以外,应当"及时"提请全国人大及其常委会制定法律或自行制定行政法规。[24]

(四)地方性法规的行政许可设定权

根据立法法、地方各级人大和地方各级人民政府《组织法》的规定,省级人大及其常委会有权制定或者批准地方性法规,但所制定的地方性法规不得与法律、行政法规相抵触。地方性法规包括省、自治区、直辖市人大及其常委会制定的地方性法规、较大的市的人大及其常委会制定的地方性法规以及经济特区所在地的省、市人大及其常委会制定的经济特区法规。这些都属于广义的"地方性法规"的范围。从宪政的角度讲,地方性法规是地方国家权力机关制定的,其立法权限应当比政府的立法权限大,由其设定行政许可,对所辖区域的公民的权利作出限制,符合法治的一般原则。因此,许多国家行政许可的设定权主要集中在联邦和地方议会，政府没有设定权或者设定权较小[25]。《行政许可法》根据这一精神，规定地方性法规可以设定行政许可，但是，我国的情况与国外不同，立法权主要集中在中央，地方的立法权限较小，地方性法规的效力比行政法规低。因此，《行政许可法》规定，尚未制定法律、行政法规的，地方性法规可以设定行政许可。

但是，地方性法规设定行政许可，必须受以下几个方面的限制：一是要受《行政许可法》第十二条、第十三条规定的限制。二是法律、行政法规已经对有关事项设定行政许可的，地方性法规只能作出具体规定，不得增设行政许可。三是要受《行政许可法》第十五条第二款的限制，即不得设定应当由国家统一确定的公民、法人或者其他组织的资格、资质的行政许可；不得设定企业或者其他组织的设立登记及其前置性行政许可。其设定的行政许可，不得限制其他地区的个人或者企业到本地区从事生产经营和提供服务，不得限制其他地区的商品进入本地区市场。

(五)省级政府规章的行政许可设定权

立法法规定，省级政府可以根据法律、法规制定政府规章，还可以依职权制定规章。在《行政许可法》立法过程中，对地方政府规章是否有权设定行政许可的问题有三种不同意见：一种意见认为，省级政府作为全面负责本行政区域经济、社会管理的行政机关，负有很重要的责任，应当有权制定规章设定行政许可。另一种意见认为，制定《行政许可法》的主要目的之一，就是要治理行政许可过多、过滥，而当前行政许可混乱的一个主要原因，就是规章设定的行政许可太多。保留地方政府规章的设定权，行政许可过多、过滥的问题可能依然得不到解决，取消地方政府规章的行政许可设定权，有利于控制行政许可的数量，是行政许可制度改革的发展方向；授予地方政府规章设定许可权，实际上授权地方政府给自己设定许可权；赋予地方政府规章设定行政许可与我国的立法体制存在冲突；规章只具有“参照”地位，设定行政许可易造成被许可人的权利不稳定；根据立法权的规定，国务院部门规章与地方政府规章处于同一法律位阶，《行政许可法》草案没有授予国务院部门规章行政许可设定权，授予地方政府规章行政许可设定权，二者不平衡，既然取消了国务院部门规章的行政许可设定权，省级政府规章也不得设定行政许可。第三种意见认为，由于我国的省级行政管辖区域比较大，各省之间存在很大差别，所以省级人民政府在全面负责本行政区域内经济、社会管理工作中，出现了地方性的特殊问题，需要立即采取行政许可措施进行管理，而法律、行政法规却未作规定，又来不及或者不需要制定地方性法规，在这种情况下，法律赋予省级人民政府一定的行政许可设定权是必要的。而且，省级政府规章设定的行政许可，都是授权有关部门实施的，不存在自我授权的问题，这一点同国务院各部门的规章有所不同。同时，考虑到规章的特点和行政许可的性质，对省级政府设定行政许可应有必要的限制，其设定的行政许可应当是临时性的。综合各方面意见，《行政许可法》规定：尚未制定法律、行政法规和地方性法规的，因行政管理的需要，确需立即实施行政许可的，省、自治区、直辖市人民政府规章可以设定临时性的行政许可。临时性的行政许可实施满一年需要继续执行的，应当提请本级人大及其常务委员会制定地方性法规。据此，省级政府应当对设定了行政许可的现行政府规章进行清理，凡是不需保留的行政许可要予以废止；对需要长期实施的行政许可要及时提请省级地方人大及其常委会制定地方性法规。

但是，地方政府规章设定行政许可，必须受以下几个方面的限制：一是要受《行政许可法》第十二条、第十三条规定的限制。

二是法律、行政法规、地方性法规已经对有关事项设定行政许可的,地方政府规章只能作出具体规定,不得增设行政许可。三是确为行政管理需要,而且需要立即实施行政许可。四是设定的许可只能是临时性的,实施满一年需要继续实施的,应当提请本级人民代表大会及其常委会制定地方性法规。五是要受《行政许可法》第十五条第二款的限制,即不得设定应当由国家统一确定的公民、法人或者其他组织的资格、资质的行政许可;不得设定企业或者其他组织的设立登记及其前置性行政许可。其设定的行政许可,不得限制其他地区的个人或者企业到本地区从事生产经营和提供服务,不得限制其他地区的商品进入本地区市场。

根据《行政许可法》的规定,除了四种机关五种规范形式可以设定行政许可以外,其他任何规范性文件均不得设定行政许可。这里所指的其他规范性文件主要包括:全国人大及其常委会、省级人大及其常委会以外的国家权力机关制定的规范性文件,国务院、省级地方人民政府以外的行政机关制定的具有普遍约束力的决定、命令,军事机关、审判机关、检察机关制定的规范性文件,社会团体、行业组织章程等。《行政许可法》的这一条规定对纠正滥设许可,具有重要作用[26]。

关于国务院部门规章的行政许可设定权问题,在《行政许可法》立法中各方意见不一致[27]。根据行政许可的性质、特点,《行政许可法》取消了国务院部门规章的行政许可设定权,主要考虑是:国务院在进行行政审批制度改革中,决定取消国务院各部门规章的行政许可设定权,是经过认真研究的,主要考虑是各部门不宜自我授权,为本部门或者本系统设定和扩大权力。至于各部门已经发布的确需继续实施的行政许可,在《行政许可法》施行后,可以由国务院制定行政法规予以确认,有的可以上升为行政法规加以规定。

理解《行政许可法》关于其他任何规范性文件均不得设定许可的规定,需要注意以下几个问题:一是有行政许可设定权的国家机关要设定行政许可,必须用法律、行政法规、国务院决定、地方性法规、省级人民政府规章的形式设定,不能以其他规范性文件的方式设定。如国务院不能通过转发部门文件的形式设定行政许可,也不能以办公厅文件的形式设定行政许可。二是没有行政许可设定权的其他机关不得以任何形式设定行政许可,如军事机关、审判机关、检察机关不能设定行政许可;社会团体、行业组织也不能设定行政许可;各级党组织也不能设定行政许可;也不能通过行政机关或者其内部机构以发文的方式设定行政许可。三是《行政许可法》规定可以设定行政许可的规范性文件以外的规范性文件,虽然不能设定行政许可,但是为了贯彻执行上位法有关行政许可的规定,可以在上位法赋予的自由裁量权内,对行政许可作出具体规定,但不得增设行政许可,不得增设上位法规定的行政许可条件。

五、设定行政许可的程序

程序控制是实现现代法治的重要途径。为保证设定行政许可的合法性、合理性和科学性,减少有关行政许可立法的部门保护主义和地方保护主义倾向,提高设定行政许可的质量,真正实现行政许可法律制度所追求的价值和目标,除了要从立法权、立法事项上对行政许可的设定行为进行规则控制以外,还应当对行政许可的设定进行程序控制。根据《行政许可法》的规定,起草法律、法规和省级人民政府规章草案,拟设定行政许可的,应当遵循以下基本程序规范:

(一)关于设定行政许可的听取意见制度

在我国,法律是人民意志的体现,因此,必须设置有利于充分反映民意的立法程序,这是社会主义民主政治的要求。有关行政许可事项的立法,与人民群众利益息息相关,直接影响公民、法人或者其他组织的权利义务。因此,对设定行政许可涉及的各方,必须通过适当的程序使其有机会反映利益诉求并达成共识。有的行政许可事项,涉及专业性很强的问题,起草机关也很难全部了解各方面的情况,特别是随着改革的深化,许多深层次的矛盾和问题在立法中不断反映出来,行政许可立法中协调好中央与地方、国家集体和个人、长远与眼前等利益关系的难度越来越大。为了保证行政许可立法的质量,需要听取各方面意见,尤其是专家和基层群众的意见。法律、法规、规章草案拟设定行政许可的,起草单位应当听取意见。但是,听取意见的具体形式可以是多样的,既可以采取《行政许可法》列明的论证会、听证会形式,也可以采取其他形式,如将法律、法规、规章草案发送有关机关、组织和专家征求意见;对重要的行政许可事项,还可以将法律、法规、规章草案予以公布,广泛听取各方面意见。

论证会是立法机关邀请对某一问题有专门研究的专家、学者或熟悉情况的人,对法律、法规、规章草案的有关内容或者调整对象的真实性、必要性、可行性进行讨论、质证的会议。听证源于英美普通法上的自然公正原则,原意为应听取对立双方当事人意见(hear the other side)的制度,要求审判中以公开举行的方式以听取证人和当事人的意见。后来,为保证立法协调各方利益的公正性,英美等国将听证从司法领域引入立法领域,发展了听证会制度。听证会制度也被我国的立法法、行政法规制定程序条例、规章制定程序条例予以肯定。立法听证会强调的是要听取与法律案有关的对立利害关系人的意见。听证会能否取得实效，关键在于代表的实质代表资格、不同意见的人有平等充分的发表意见的机会（包括陈述、辩论、质证等）以及所发表的意见对立法机关的影响力。听证会关键是“听”而不是“会”。如果仅为了追求形式，滥用听证会，反而会影响立法效率和质量。

立法听取意见可以防止有起草权的机关、组织在立法中挟带“私货”，帮助制定机关了解实际生活中的具体情况，从而提高行政许可立法的质量。为防止起草单位对各方面的意见“只听不取”，使听取意见流于形式，根据《行政许可法》的规定，设定行政许可的，起草单位要向制定机关说明听取和采纳意见的情况。起草单位应当说明征求意见的范围、各方面的主要意见、采纳的具体意见、未采纳的具体意见以及相应的理由。只有这样，才有充分发挥听取意见的作用。

(二)关于设定行政许可的说明理由制度

行政许可立法中的说明理由制度，是行政许可立法过程中，由起草单位向制定机关说明设定行政许可的必要性、可行性及其他有关情况的制度。说明理由制度能够有助于制定机关判断设定行政许可的必要性、可行性，从而减少不必要的行政许可。

《行政许可法》规定，起草法律草案、法规草案和省、直辖市人民政府草案，拟设定行政许可的，起草单位至少应当向制定机关说明以下三个方面的情况：

1. 设定该行政许可的必要性。必要性说明应当包括社会生活中存在的问题、政府干预的必要性与可能性、行政许可相对于其他行政管理手段的优越性以及解决问题的可能性。提出设定行政许可的动议的机关应当有充分的信息资料可以说明设定行政许可的必要性。

2. 对经济和社会可能产生的影响。包括设定行政许可对经济和社会可能产生的积极影响和消极影响，包括成本效益的评估和分析。如果设定某项行政许可所要解决的问题取得的社会总体收益小于实施行政许可后造成的社会总体成本,那么,设定行政许可制度必然妨碍社会进步,影响生产力发展,是不应当设定的。在我国,行政许可的起草单位一般较为忽视为解决社会问题而设定的行政许可本身可能带来的社会成本问题。

3. 听取和采纳意见的情况。法律规定起草单位应当采取听证会、论证会等形式听取意见。起草单位要通过这些形式充分听取各方面的意见,既要听取行政管理机关的意见,也要听取管理相对人的意见;既要听取本系统、本部门的意见,也要听取其他部门和系统的意见;既要听取赞成的意见,也要听取反对的意见。[28] 为了保证听取意见不走过场,《行政许可法》规定要向制定机关说明听取和采纳意见的情况。

六、设定和规定行政许可应当注意的其他问题

为了提高有权机关设定和规定行政许可的质量,避免出现可能出现的问题,《行政许可法》还对设定和规定行政许可提出了以下要求:

(一)应当规定行政许可的实施机关、条件、程序、期限

立法过于原则,缺乏可操作性,漏洞太多,对关键问题回避模糊,是我国某些法律规范的一大通病。这些问题的存在,不仅大大降低了立法质量,而且给法律的实施带来极大困难[29]。因此,《行政许可法》在总则中明确规定:设定和实施行政许可,应当依照法定的权限、范围、条件和程序。该法第十八条规定,设定行政许可,应当规定行政许可的实施机关、条件、程序、期限。

实施机关是对行政许可申请进行审查并作出决定的行政主管机关。实践中存在的问题主要是,有些行政许可事项,由于行政机关在职能上存在交叉,造成一个事项,两个以上机关都要发

证，从而导致乱许可。[30]因此，设定行政许可，应当在政府部门职能划分清楚的基础上，对实施机关作出明确规定，以防止多头管理、重复许可。

行政许可的条件是行政机关决定是否许可的客观标准。设定行政许可，就是要通过规定一定的条件，允许符合条件的人从事某种行为，限制不符合条件的人从事某种行为，通过既定的法律规则来规范社会关系，调整人们的行为。实际立法中，许多法律、法规对行政许可的条件规定得不具体，或者没有规定[31]，导致行政机关执法人员在实施行政许可时带有相当大的随意性，申请人的申请是否符合许可条件，完全由执法人员自由裁量[32]。因此，设定行政许可应当尽量明确许可的标准和条件。如果法律、行政法规不能明确的，地方性法规和规章可以予以明确。

行政许可的程序是实施行政许可的步骤、顺序、方式、形式、时限等程序要素的总称。科学、合理的程序是行政许可制度良好运行的必要保障。但是，以前有的立法不注重程序规定，导致行政许可设定中存在程序不完备、不科学或者缺乏程序的现象[33]。程序不完备、不科学，行政机关执法人员在审查时势必随意性大，暗箱操作，申请人的权利无法保障，还可能导致环节太多，影响行政效率。因此，在设定行政许可时，应当明确许可的程序。

设定行政许可必须规定实施行政许可的时限，这既是行政效率的要求，也是对申请人权利的保护。有的行政许可在设定时没有期限[34]，导致行政效率低下，许多该发的许可证迟迟不发，有的甚至以此来索取不正当利益。因此，立法设定行政许可时，必须明确行政许可的期限。应当注意，《行政许可法》第四章第三节对行政许可的期限作了比较具体的规定，一般情况下，实施行政许可应当适用该法的规定。但由于特定的行政许可事项的情况不同,有些行政许可不宜适用《行政许可法》规定的期限,具体的立法就应当作特别规定。

(二)行政许可的规定

按照法律规范是否具有原创性,行政法规、地方性法规和规章可分为两种:一种是创制性的立法,一种是执行性的立法。创制性的立法是立法主体为了填补法律或者法规的空白而进行的立法,是从"无"到"有";执行性的立法是立法主体为了执行某个特定的法律或者法规的规定而进行的立法,是对法律或者法规的具体化,是从"粗"到"细"。在我国,行政法规创制性的立法比较多,地方性法规和规章创制性的立法比较少,尤其是规章,一般都是执行性的立法。

根据《行政许可法》的规定,行政法规可以在法律设定的行政许可事项范围内,对实施该行政许可作出具体规定。地方性法规可以在法律、行政法规设定的行政许可事项范围内,对实施该行政许可作出具体规定。规章可以在上位法设定的行政许可事项范围内,对实施该行政许可作出具体规定。

按照法制统一原则,根据我国法律体系中下位法不得与上位法相抵触的精神[35],《行政许可法》针对现实生活中下位法超越上位法增设行政许可或者增加上位法规定的行政许可条件,甚至层层加码,侵犯公民、法人或者其他组织的合法权益的现象,规定下位法可以在上位法设定的行政许可事项范围内,对实施该行政许可作出具体规定,但必须注意两个问题:一是不得增设行政许可[36]。如果需要设定行政许可,应当由上位法设定;上位法如没有设定,应当理解为不需要用设定行政许可的方式管理,下位法不能增设新的行政许可。这样规定是为了防止不同立法主体重复设定行政许可。二是不得增设上位法没有规定的行政许可条件。上位法在设定行政许可时,有时对行政许可的条件规定得比较概括，有时没有规定条件，就需要下位法对行政许可的条件作出具体规定。下位法在对上位法设定的行政许可作具体规定时，可以对行政许可的条件进行具体化，但不得增加上位法没有规定的行政许可条件。[37]

（三）应当定期对设定的行政许可进行评价

设定行政许可的必要性、范围大小、实施手段应当随着经济社会环境的变化而变更。行政许可事项存在的合理性，不是一个静止的事物，对其认识、评价也应与时俱进，应随着经济社会环境的变迁而不断进行调整。为此，许多国家的立法中都规定了规制立法的评估制度[38]。在我国，目前正处于经济体制与行政管理体制改革的过程之中，许多行政许可事项的设定呈现阶段性特点。目前我国行政审批制度改革正在进行之中，从中央到地方都在对行政许可进行清理，清理工作实质上就是对现存的行政许可进行分析和评价。目前清理工作进展顺利，也积累了许多好的经验。如国务院行政审批制度改革领导小组为了指导各地的行政审批工作，确立了合法、合理、效能、责任和监督等五项原则[39]。这些原则也可以作为行政许可的设定和实施机关评价行政许可的原则。

1. 设定机关要定期对其设定的行政许可进行评价。评价的内容主要是必要性、对经济和社会的影响等。经过评价，认为通过《行政许可法》第十三条规定能够解决的，即依法由公民、法人或者其他组织自主决定的，市场竞争机制能够有效调节的，行业组织或者中介机构能够自律管理的，行政机关采取事后监督等其他行政管理方式能够解决的等，就应当及时修改或者废止。

2. 行政许可的实施机关可以对已设定的行政许可的实施情况及存在的必要性适时进行评价，并将意见报告该行政许可的设定机关。实施机关是法律、法规的执行机关，在执法的第一线，对法律、法规设定的行政许可的实施情况最了解，对行政许可是否有必要，最有发言权。但是，设定行政许可赋予了实施机关权力，实施机关是“利害关系人”，能否公正评价行政许可的必要性，值得研究。从实际情况看，地方政府减少行政许可的积极性比较高，政府部门减少行政许可的阻力比较大。因此，是由地方政府对法律、法规设定的行政许可的必要性进行评价，还是由具体执法部门进行评价，法律没有明确，由地方政府自己决定。评价的标准，仍应按照《行政许可法》第十三条的规定进行分析评价。

3. 公民、法人或者其他组织可以向行政许可的设定机关和实施机关就行政许可的设定和实施提出意见和建议。公民、法人或者其他组织作为行政管理相对人一方，是行政许可实施的对象，与设定机关和实施机关相比，对行政许可的负面作用可能体会得更为深切。设定机关对行政许可进行评价，不仅要听实施机关的评价，更要充分听取公民、法人或者其他组织的意见和建议——这是宪法规定的公民的批评、建议权的具体体现。根据《行政许可法》的规定，公民、法人或者其他组织既可以向行政许可的设定机关提出意见和建议，也可以向实施机关提出意见和建议；既可以针对行政许可的设定提出意见和建议，也可以对行政许可的实施提出意见和建议。

(四)地方政府可在其辖区内停止实施的特定的行政许可

在地方行政审批制度改革过程中，不少地方反映，国家设定的一些行政许可制度，有些是计划经济体制时期制定的，有的已经严重不适应社会主义市场经济的发展，而有权制定机关不取消有关行政许可，地方仍得执行有关行政许可制度。鉴于各地经济发展不平衡，情况也不一样，为给地方行政审批制度改革创造宽松的法律环境，《行政许可法》作了较为灵活的规定，即授权省、自治区、直辖市人民政府对行政法规设定的有关经济事务的行政许可,认为其在本区域内通过其他方式能够达到设定行政许可的管理目的的,报国务院批准后,可以在本行政区域内停止实施该行政许可。

停止实施特定的行政许可必须同时具备以下条件:一是停止施行的主体只能是省、自治区、直辖市人民政府。二是有关行政许可事项,可以通过行政许可以外的其他管理方式实现设定行政许可的管理目的,即行政许可在该行政区域内不再具备实施的必要性(地方人民政府必须结合地方经济和社会发展状况,向国务院说明有关行政许可事项确无继续实施的必要)。三是申请停止的行政许可事项限于行政法规设定的有关经济事务的行政许可[40],至于某一行政许可事项是有关经济事务的行政许可还是与经济事务无关的行政许可,其认定需要结合行政许可事项具体性质、功能决定,有争议的,宜报国务院确定。四是必须报国务院批准。这主要是为了防止有的地方为招商引资,不适当地降低市场准入条件,而放弃市场监管职责。

注释:

①参见邱瑞虹、王东风:《论行政许可设定权》,见《法制与社会发展》2000年第6期第88页。

②近年来个别地方也发生过公民申请结婚登记时,竟要检查申请人的处女膜,以确定其是否有婚前性行为,不让检查就不准登记。这是不正确的。

③参见李飞主编:《中华人民共和国行政许可法释解》,群众出版社2003年9月第1版,第59页。

④美国的行政许可事项涉及以下几个方面:

1. 企业管理方面的许可。在美国,成立企业一般申报即可,只有当企业行为影响市场机制的充分发挥时,法律才会设立批准、许可、执照等制度。

(1)独资企业可以登记,也可以不登记。企业经登记取得进入市场的主体资格后，再由各有关行业主管部门依法决定其是否达到可以从事特定行为的要求，如环境、卫生、烟草专卖。

(2)普通合伙企业的设立不需许可，但对一些有特殊技能、特殊条件要求的职业，如律师、医师等以合伙形式设立，则需向有关主管部门申请开业执照。

(3)设立公司一般不需要政府许可，向州政府备案后，即可获得公司设立证书、营业执照。设立股份有限公司、发行股票、有限责任公司与股份有限公司相互转化、公司合并、公司减少股本等需要报州政府备案。大企业的合并，需要经联邦贸易委员会、司法部反垄断局批准。

2. 市场准入许可。在美国，政府对一些行业和职业实行许可管理。

(1)进入自然垄断行业的许可。十九世纪八十年代到二十世纪初，政府对铁路、电力、电话、煤气等行业实施管制(包括进入许可和价格管制)。

(2)进入结构竞争行业的许可。二十世纪三十年代至四十年代大危机后，政府对广播电视业、电信业、公路货运业、海运业、航空业实施管制。七十年代美国放松并取消了一些政府管制项目，如航线认可、铁路运价管理等。

地方出租汽车业的市场进入，由各州决定。有些地方发证(如纽约市)，有些地方不发证(如华盛顿市)，还有一些地方出租车业、公用事业、有线电视经营权实行特许制。

汽车货运、州际运输业由州际商业委员会发给执照。，有些地方还设立运费管理局对运费实施管制。

(3)特定职业的从业许可。需要专业技能并涉及社会公众的专门职业，如资产评估师、会计师、律师、精算师、海关报关代理人等，需要申请执业许可。房地产经纪人、汽车司机、酒店业主、理发师等执业要获得州管理机关颁发的证照。

(4)特定行业的营业许可。一是证券业。1933 年美国《证券法》规定，公司在发行证券前需要向有关管理机构注册登记(当时为贸易委员会，后为联邦证券交易委员会)。证券交易所、投资公司、互助基金、证券商、投资顾问以及其他证券市场专业人士需要向联邦证券交易委员会注册。1934 年《证券交易法》规定，在场外市场交易的证券，如果发行公司资产额在 100 万美元以上、股东 500 人以上，需要向联邦证券交易委员会注册登记。二是烟酒业。联邦烟酒枪支管理局对生产、销售、进口烟、酒实施管制。如进口或者销售烧酒、葡萄酒或者啤酒，必须获得许可。市镇有关行政机关负责发放酒店经营许可证。三是涉及公共安全和卫生的行业。如枪支制造和销售的许可、航空运输的方面的安全许可、原子能发电的安全许可，数量较多的是卫生方面的许可。按照联邦《食品药品化妆品法》的规定，对食品是否达到规定的卫生条件，实行许可证管理；药品制造、调配、加工企业的所有者、经营者必须要向联邦药品管理局登记注册，药品生产企业每年必须重新办理登记手续;新药上市必须申请许可证,未经批准不得将新药投入州际贸易;对进口药品实行分类审批。医疗器械的制造商或者最初使用者以及医疗器械配件制造者,必须向卫生部医疗器械局登记。

3. 进出口管理许可

(1)外资进入管制。外资出入美国比较自由,但不是完全没有限制。一是通讯。根据1934年修订的《联邦通讯法》,只有美国公民才有权申请经营无线电广播及电视行业的许可证。外国公司在电报企业或者卫星通讯公司中所占股权超过20%的,联邦通讯委员会不予批准。二是交通运输。根据互惠制,美国民航委员会对在外国注册的飞机给予从事美国国内航空运输事业的特别许可。海关总署负责发放沿海航运的特许证,但外国船舶经营美国沿海及内河运输受到严格限制。三是银行业。外国银行在美国建立分支机构,或者取得对美国国内银行的控制权,需要经过批准。

(2)商品进出口管制。美国对进口商品实行不同的配额,突出的是农产品和纺织品,以及来自社会主义国家、美国认为是不友好的国家或者敌对国家的商品。

出口管制政策遵循以下原则:国家安全管制原则、对外政策管制原则、短缺物资管制原则、国别原则。出口许可证分三种:一般许可证,单项有效许可证和特殊许可证。一般许可证实际上是一种例外程序,只要符合一般许可证的条件(一般出口许可有22种情况,每一种都有特定的含义、范围和条件),出口商就可以出口,而单项有效许可证和特殊许可证则要求逐项申请、逐项批准。

3. 资源、能源和环境保护许可

(1)资源方面的许可。联邦自然资源保护委员会负责颁发资源开采许可证。取得矿业权,需要向州政府提出申请。内政部土地管理局负责国有土地油气勘探开发的发证和租地工作。两家以上公司申请的,出价高者与土地管理局签订租地协议,不另外颁发许可证;但从事钻井的,需要办理单井许可证。各州负责其所属土地的油气勘探开采的竞租和发证工作。

(2)能源方面的许可。二十世纪五十年代后,由于能源危机,美国对能源(天然气的井方价格、汽油价格、输油管道)实施管制。联邦电力委员会负责颁发通航河流水力发电事业的许可证。原子能委员会负责发放原子能利用设施和生产设施的许可证。

(3)环境保护许可。政府对向江河湖泊、大气排污,实行许可证管理。处理、贮存有害废弃物的所有人或者操作人必须持有许可证;公司建造堆放废弃物的垃圾场,需由市议会批准。联邦环保局负责环境影响说明书的审批。

4. 移民和出入境管理许可

美国的签证包括移民签证和非移民签证。移民签证按亲属移民、技术移民、职业移民、投资移民、独立移民以及劳工移民等分类颁发。居住在美国的外国人符合条件的,可以获得相应的外籍永久居留登记证、归化入籍许可证、外籍人士劳工(工作)许可证。前往美国旅游、留学、同美国人结婚的,需要申请相应的非移民签证。

政府对口岸入境实行入境签证许可和口岸入境查验许可双重许可制。

⑤根据日本总务厅发表的《1999 年规制缓和白皮书》的统计,截止到 1998 年 3 月,中央所管的许认可等约 11117 项,其中法律设定的约 8120 项,占 73%;政令设定的 409 项,占 3.7%;府省令、规则设定的约有 2200 项,占 19.8%;其他文件设定的 388 项,约占 3.5%。

⑥以上资料参见汪永清主编:《中华人民共和国行政许可法释义》,中国法制出版社 2003 年 9 月第 1 版,第 28—33 页。

⑦汪永清主编:《中华人民共和国行政许可法释义》,中国法制出版社 2003 年 9 月第 1 版。

⑧在日本,将以维护公共秩序和公共安全为目的的许可称为警察许可,比如当铺、公共浴池、饭店营业、建筑、药店、汽车驾驶执照等的许可。他们认为这种须许可的活动本来属于相对人的自由,但是为了防止这类活动对公共秩序造成恶劣影响,才在制度上设置了行政许可。

⑨在《行政许可法》起草过程中曾被概括为普通许可。

⑩如《测绘法》第七条中规定,外国的组织或者个人在中华人民共和国领域和管辖的其他海域从事测绘活动,必须经国务院测绘行政主管部门会同军队测绘主管部门批准,并遵守中华人民共和国的有关法律、行政法规的规定。同样,被许可活动影响到国家安全,也可以收回许可。如《海域使用管理法》第三十条规定,因公共利益或者国家安全的需要,原批准使用海域的人民政府可以依法收回海域使用权。

⑪如《电力法》规定,一个供电营业区内只设一个供电营业机构。省、自治区、直辖市范围内的供电营业区的设立、变更由供电企业提出申请,经省级电力管理部门会同有关部门审查批准后,由省级电力管理部门发给《供电营业许可证》。

⑫许可与民事合同发生竞合,国家以自然资源和公共资源所有者的身份,向申请人颁发许可,既是以行政权力准许申请人从事开发利用的活动,又可以说是以特定的民事主体身份,转让民事权利。

⑬如国家行政主管部门对电梯进行检验,颁发合格证。表面上看是检验电梯是否安全、合格,其实质是允许所有权人使用该电梯。如果所有权人不打算把该电梯投入使用,或者只用作展览,就不需要检验其是否安全合格。再有对动植物的检验,表面上看只是对这种物的检疫,但其目的是为了允许其所有权

人销售、加工该动植物。

⑭对于登记是否属于行政许可,立法过程中有不同意见,有的认为,登记只是一种确认行为,不属于许可;有的认为,当事人不登记,从事相关活动属于违法,因此也是行政许可。总的来看,我国的登记种类比较多,有些登记属于事后确认性质,不属于许可,如房屋登记、抵押登记等。但有一些登记,实际是为了取得行为能力,活动资格,因此这种登记属于行政许可。

⑮汪永清主编:《中华人民共和国行政许可法释义》,中国法制出版社2003年9月第1版。

⑯过去争论一个问题,对保姆是否要设定资格?赞成者认为,保姆进入另外一家的家庭生活,密切接触家庭的财产,看管和护理小孩和老人,事关一家的财产与生命安全。事实上,一些地方发生了保姆骗走小孩,盗窃财物等情况,因此应当设定资格许可。另一种观点认为,保姆的品性如何,雇用一个什么样的保姆,采取什么方式进行管教,聘请者完全可以自主决定,不需要国家来干预,即使国家设定了资格许可,上述现象仍然会发生,因此完全没有必要设定资格许可。显然,聘请保姆这类的事情,是当事人可以决定的事情,也应当由当事人自主决定,设定许可是政府过度干预的表现。

⑰重庆彩虹桥倒塌后,某部要求各地都设一个审图机构,对设计后的建设图纸进行审查。但审图机构力量有限,由他们来审图,结果既影响效率,也不能保证建设设计质量。

⑱例如,2000年9月21日,中国人民银行决定,对于300万美元(或等值其他外币)以下的小额存款,根据规定其利率水平由银行协会统一制定;1999年初,上海银行同业所属会员银行协商制定了统一的资率标准和外币存款利率协议,保证了当地中、外资银行的平等竞争。而对于各行业的成员资格的许可问题,如果各组织能够自行管理的,自不宜再由行政机关予以规定。

⑲交由行业协会管理的资格、资质的认可就不属于行政许可的范围了,也不能适用《行政许可法》的规定。

⑳如《集会游行示威法》规定举行集会、游行、示威需要向主管机关提出申请并获得许可,是对公民集会、游行、示威自由的一种限制;《律师法》规定律师执业,应当取得律师资格和执业证书,《注册会计师法》规定从事注册会计师职业要取得注册会计师资格,并向省、自治区、直辖市注册会计师协会申请注册,《执业医师法》规定医师执业要取得执业医师并向卫生行政部门申请注册等,这些都是对公民劳动权利的一种限制。

㉑目前,我国还处于新旧体制转轨过程中,改革仍在不断深化,法制建设仍在发展中,行政法规一方面为变动不定的经济、社会生活及时提供法律规范,促进了改革时期社会经济的有序发展;另一方面又巩固了改革成果并为全国人大

及其常委会制定法律积累了经验。实际上,现代社会关系日趋复杂,国家职能不断扩大,国家对社会的规范与管理,除了需要刑事的、民事的法律规范外,还需要大量的行政法律规范,而且,由于行政管理日趋专门化、科学化、法制化,除了一些原则性的法律规范外,还需要大量的具有可操作性的法律规范。所有这些都决定了行政法规在我国政治、经济、文化和社会生活中的重要地位。根据宪法和立法法的规定,行政法规的效力等级是仅次于法律的一种法律规范,它有三种类型:一是职权立法,即在法律没有作出规定时,根据职权制定有关经济、文化、社会等方面的行政法规;二是授权立法,即根据全国人大及其常委会的授权制定行政法规;三是执行性立法,即根据法律的规定,对法律作具体化的规定。

㉒目前,我国还有一些管理领域,如新闻、出版、广播、电影电视等,法制不太健全,没有法律,行政法规也很少,实践中主要靠“红头文件”在管,在今后一段时间内,制定法律的时机还不成熟,也需要由国务院的决定来管。

㉓参见汪永清主编:《中华人民共和国行政许可法释义》,中国法制出版社2003年9月第1版,第47页。

㉔立法过程中有人提出应当对国务院发布决定的实施时限作出规定,如规定“一年内有效”。考虑到国务院决定是针对不同情况规定的,时限不好规定,所以立法用了“及时”这个概念,至于什么是“及时”,由国务院自己判断。

㉕如澳大利亚、奥地利,行政许可由联邦议会和州议会设定,联邦政府没有设定权;在德国,行政许可主要由联邦议会和州议会设定,行政机关不能给公民设定行政许可义务。但经过议会的授权,政府可以设定一些具体的、暂时性的行政许可。

㉖1997年深圳市对市政府各部门实施行政许可的情况进行了调查,50个政府部门以审批、核准、备案等3种形式实施的行政许可共1134项。这些许可形式中,法律设定的48个,行政法规或国务院文件设定的104个,部门规章或者部委文件设定的323个,广东省地方性法规设定的13个,深圳市地方性法规设定的49个,广东省委、省政府设定的70个,深圳市委、市政府设定的143个,广东省政府厅、局设定的53个,深圳市委、市政府办公厅设定的27个,深圳市委、市政府各部门设定的110个,各部门内部处室发文设定的20多个,还有一些没有任何依据,只是政府部门自己认为应当审批。据2002年上海市人民政府统计,上海行政审批事项共有2027项,涉及53个部门。其中,依据中央规定设立的有1168项,约占58%。依据地方规定设立的有859项,约占42%。在依据中央规定设立的1168项中,依据法律设立的有152项,占13%;依据行政法规设立的有247项,占21%;依据国务院文件设立的有58项,占11%;依据部门规章设立的有336项,依据部门文件设立的有374项,二者相加占61%。据国

务院行政审批制度改革工作领导小组办公室初步统计,2002年国务院各部门共清理出审批项目4159项。其中,依据法律和行政法规设定的有1675项,占40.3%;依据党中央和国务院文件设定的有773项,占18.6%;依据部门规章设定的有874项,占21%;依据部门文件设定的有771项,占18.5%;依据部门内设司局文件和领导同志讲话、批示等设定的有66项,占1.6%。从上述统计可以看出,行政许可由法律、法规设定的只占一部分。2002年11月,国务院公布了第一批取消的审批项目,依据行政法规设定的有81项,依据国务院文件设定的有88项,依据部门规章设定的有279项,依据部门文件设定的有303项,其他部门内设机构设定的有38项。2003年2月27日,国务院公布了第二批取消的审批项目,共计406项。转引自李飞主编:《中华人民共和国行政许可法释解》,群众出版社2003年9月第1版,第85—86页。

㉗没有赋予国务院部门规章的设定权。在审议中有不同意见,有意见的认为,应当给部门规章一定的行政许可设定权,其主要理由是:一是在我国的法律体系中,部门规章与地方政府规章在效力上处于同一位阶,在设定行政许可方面应当处于平等的地位,如果给地方政府规章设定,就应当给部门规章设定权。部门规章作为我国法律体系的重要组成部分,其内容是公开、透明和规范的,并已成为各部门依法行使行政管理权的重要依据。二是随着社会经济的不断发展,需要政府管理的事务越来越多,有些事项必须实行行政许可,但制定法律、行政法规需要一个较长的过程,应当允许各部门不断探索和调整自己的管理形式和方式,不必事事都要经过国务院讨论、决定。三是在有些行政管理领域,法制还不健全,大量的执法依据是中央和国务院的文件,包括中办、国办、中宣部的有关文件和部门规章。如果这些文件设定的行政许可都不能作为执法依据,一时间国家法律又不能出台,管理上就会出现空当,行政管理就会出现无法可依的局面。四是我国已加入世贸组织,为了保护人民健康,维护国家利益,需要利用部门规章的形式及时采取一些有针对性的技术贸易措施,设定必要的行政许可。如果不分情况,区别对待,一律禁止部门规章设定行政许可,在今后的管理中有可能陷于被动。五是赋予部门规章行政许可设定权,只要按照合法、合理、效率、责任、监督的原则,通过严格行政许可的设定条件,建立规范的行政许可程序和监督机制,就能保障和监督行政机关有效实施行政管理,实现政府职能的转变。

另一种意见不赞成赋予部门规章行政许可设定权。理由:一是在设定权问题上,要继续体现行政许可制度改革的精神,政府管该管的,放开不该管的,不能干什么都要发许可证,政府不能变成万能的政府,要尽量减少许可,应当权衡利弊,宁愿让市场乱,也不能让政府滥权。二是许可太多,会影响效率。现在企业工商登记的前置审批太多,地方政府要营造好的投资环境,要求工商行政部门快发执照，但这些前置的许可程序又不能少，给工商企业登记带来很多问题。三是市场监管，应当加强事后监督，减少事前许可，在设定权上，所有许可事项，只要两道手续，搞二重奏就可以了。原则上应当取消部门规章和地方政府规章的设定权。

取消部门规章的行政许可设定权是国务院所作出的重大决策，是放松行政管制，治理行政许可太多、太滥的必要措施。考虑到国务院部门主要任务是执行法律、行政法规，是执法部门，不宜自我授权，以防止为本部门和本系统设定和扩大权力。虽然取消规章的设定权会有一些问题，但是没有行政许可并不是放弃监管，取消规章的设定权不会有太严重的后果。权衡利弊，最后，《行政许可法》维持了国务院提交的草案的规定，没有赋予部门规章行政许可设定权。转引自李飞主编：《中华人民共和国行政许可法释解》，群众出版社 2003 年 9 月第 1 版，第 82—83 页。

㉘从国外的情况看，正式的听证，要根据听证记录作出决定。现在有的机关举行听证会出现走过场的情况，采纳与否，完全由主持听证的机关自己掌握，有的部门把听证会、论证会当做维护部门利益的工具，听得进对自己部门有利的，听不进对自己部门不利的，使听证失去本来的作用。

㉙实践中存在的问题是：(1)设定行政许可的法律、法规、规章，不少没有明确规定实施行政许可的实施机关、条件、程序和期间，导致行政许可实施中部门争管辖权、随意作出行政许可决定、拖延办理行政许可事项等问题比较突出，人民群众反映强烈；(2)有的法律、法规、规章对行政许可条件、程序和期间作了规定，但多为原则性的规定、不确定的概念，如“适当”、“相应”等，操作性不强，行政机关依法办事没有依据，行政许可申请人是否符合法定条件往往变为是否符合行政机关指定的条件；(3)有的法律、法规、规章只规定对某一事项实行行政许可，具体规定授权实施机关自己确定，行政机关自己订规章自己执行。这样规定，既不利于监督行政机关，也让申请人无法依法行使其权利。

㉚如某省关于出租车的管理，由于存在着交通和城建两个部门管，职能交叉，出租车在市区运营，需要申请城建部门颁发一个许可证；出了市区运营，则需要申请交通部门再颁发一个许可证。这种由于部门职能交叉，导致多头管理、重复许可的现象时有发生。

㉛如《烟草专卖法》规定：“国家对烟草专卖品的生产、销售、进出口依法实行专卖管理，并实行烟草专卖许可证制度。”但是对取得烟草专卖品的生产、销售、进出口许可的条件没有作出规定；国务院制定的卫星电视广播地面接收设施管理规定，“国家对卫星地面接收设施的生产、进口、销售、安装和使用实行许可制度。”“生产、进口、销售、安装和使用卫星地面接收设施许可的条件，由国务院有关行政部门规定。”

㉜实践中有时执法人员仅根据习惯、经验甚至关系或者个人获得的好处多少决定是否许可，致使出现没有关系、没有好处不许可，有了好处乱许可的现象，使行政许可成为滋生腐败的温床。

㉝有的法律没有规定程序，如《烟草专卖法》第二十五条规定："生产卷烟纸、滤嘴棒、烟用丝束、烟草专用机械的企业，必须报国务院烟草专卖行政主管部门批准，取得烟草专卖企业许可证。"但对如何申请烟草专卖企业许可证，没有规定相应的程序。申请人如何申请？先干什么？后干什么？审批机关不答复或者不批准怎么办？申请人有什么权利等，完全没有交待。这种设定行政许可没有规定许可程序的情况，在早期的立法中比较普遍。

㉞如《出入境管理法》规定，公安机关对中国公民因私事出境的申请，应当在规定的时间内作出批准或者不批准的决定，通知申请人。但至于"规定的时间"是多长，法律没有明确。如果相应的法规、规章没有具体规定，就完全靠各公安机关自行其是。这种情况在立法中比较常见。

㉟这里的"上位法"是指法律效力等级高的法。由于法的制定机关不同，法的效力等级也不同，在不同的效力等级的法之间，效力等级高的为上位法，效力等级低的为下位法。如在法律与行政法规之间，法律是上位法，行政法规是下位法；在行政法规与地方性法规之间，行政法规是上位法，地方性法规是下位法；对于国务院部门规章来说，法律和行政法规是上位法；对于地方政府规章来说，法律、行政法规、地方性法规都是上位法。

㊱如《律师法》第五条规定："律师执业，应当取得律师资格和执业证书。"因此，从事律师职业需要两个行政许可，一个是参加统一司法考试，取得律师资格；另一个是到司法行政部门注册，取得执业证书。后来司法部和中国证监会又联合发文，规定律师从事证券业务，还应当取得证券律师资格，这样，律师要从事证券法律业务，就需要三个行政许可。这种情况就属于下位法增设了行政许可。

㊲如《律师法》第十五条第二款规定："律师事务所应当具备下列条件：(一)有自己的名称、住所和章程；(二)有10万元以上人民币的资产；(三)有符合本法规定的律师。"但对成立律师事务所需要几名律师，没有明确规定，各地在作具体规定时，有的规定要3名，有的规定要5名，有的规定1名律师也可以成立律师事务所。这都属于对《律师法》的具体化。但有的地方规定成立合伙制律师事务所必须有一名律师具有硕士以上学位，或者规定律师必须执业几年以上，这些就属于增加了条件。

㊳如日本内阁法制局、财政部预算局与公共事务管理大臣的行政管理局负责审查政府规制的必要性。有关规制的立法要有相应的条款规定，规制通过后3至10年要对规制制度进行复审。

㊴这五项原则是:合法原则是指行政审批要有法律、法规等依据,要符合法制统一的原则;合理原则是指在市场经济条件下,设定和实施行政审批必须有利于社会主义市场经济发展和社会全面进步,有利于政府实施有效管理;效能原则是指以较小的行政资源投入实现最佳的政府工作目标;责任原则是指行政审批机关不履行、不正确履行对许可对象的监管职责或者违法审批等行为应当承担法律责任;监督原则是指通过法律手段,对行政审批机关行使行政审批权进行监督制约,保证合法、合理、公正地行使行政审批权,维护公民、法人或者其他组织的合法权益。

㊵因为目前政府对经济事务管得过多、统得过死,影响企业的自主性、积极性、能动性的发挥。在各种行政许可中,有关经济事务的行政许可占较大比重,如 2002 年国务院各部门共清理出审批项目 4159 项。有关经济管理和社会管理等事物的审批项目各约占一半。据上海市政府统计,在上海共有行政审批 2027 项,其中经济建设类为 1249 项,占 61 .6%。涉及经济事务的行政许可太多,增加了投资成本和市场主体进入市场的成本,阻碍了经济的发展。而公共安全、环境保护等方面政府监管力度仍需加强,同时,考虑到暂停实施行政许可这一做法在实践中仍不太成熟,尚有许多问题需要研究,不宜一下子放得太宽,故只规定对行政法规设定的有关经济事务的行政许可实行报经国务院批准后可以在省、自治区、直辖市行政区域内停止实施的制度。

第三章 行政许可实施机关

行政许可的实施,是指将依法设定的行政许可具体适用于实际的行政管理之中,由法定的机关或者组织,根据申请人的有关申请,依法进行审查,并作出许可或者不予许可的决定的过程。所谓行政许可的实施机关,即在行政许可法律关系中居于主导地位,承担对申请人的申请进行审查并作出予以许可或者不予许可的决定,负责将法定的行政许可具体地适用于行政管理实际之中的行政机关、被授权的组织或者受委托的其他行政机关。长期以来,我国行政系统内的权限分工和机构设置不尽合理,权限分工不够明确,纵向组织层级过多,机构间的横向制约过于复杂,甚至极不合理,以至出现了诸多的问题:非法定机关及组织行使行政许可权,乱设卡、乱收费现象时有发生;行政许可机关权限交叉,多个部门就同一事项实施各自许可引发的矛盾较多;设定得过多、过滥的行政许可导致实施行政许可的主体数量众多、机构林立、环节复杂;行政许可机关组织结构不合理、机构不健全导致不少行政机关内部工作程序外部化,增加了申请人的成本和不便。很显然,要解决以前行政许可的实施机关过、过滥的问题,仅从行政许可的设定方面加以规范还不够,还需要对实施行政许可的机关加以规范,对其权限分工作出明确的规定,并提出相应的办事原则。因此,行政许可法专门就行政许可的实施主体以及与实施行政许可有关的规则作出了比较详细的规定。

一、实施行政许可的机关

这里需要特别注意的是,不应将行政许可主体与行政许可实施机关这两个概念混淆。根据行政主体理论,只有具备行政许可主体资格的机关或者组织才能成为行政许可的主体,行政许可主体资格是指享有行使行政许可权的资格,并具有承担相应法律后果的能力。作为行政许可机关是指有权实施行政许可的机关;作为行政许可主体必须能够独立地对外承担由于行使行政许可权而引起的法律后果。只行使行政许可权而不承担相应法律后果的,是实施行政许可的直接行为者,因而是行政许可的实施机关,但不一定是行政许可主体。行政许可主体不仅必须具有主体资格,而且还必须有法律或者法规明确规定或者授权。在我国,只有法律或者法规规定有权行使行政许可权的行政机关和法律或者法规授权行使行政许可权的组织才是行政许可主体,其他任何机关、组织和个人都不得作为行政许可主体行使行政许可权。享有行政许可权的行政机关委托其他行政机关也可以行使某些行政许可实施权,但由于其在实施行政许可时是以委托行政机关名义进行,实施行政许可行为的后果由委托行政机关承担,因此,受委托的其他行政机关不能成为行政许可主体,而只是行政许可的实施机关。至于其他组织以种种名义实施的所谓"许可"、"批准"等,不具有行政许可的性质,它们根本就不能成为行政许可的实施机关,更不是行政许可主体。[①]行政许可的实施机关是针对行政许可的设定主体而言的,其包括以下三种情况:一是享有行政许可权的行政机关本身就是实施行政许可的主体;二是法律、法规授权的组织;三是依照法律、法规或者规章的规定,接受其他行政机关的委托而实施行政许可的行政机关。

(一)对行政许可的一般实施主体的要求

从其他国家的情况看,行政许可的实施机关多数集中于地方政府行政机关,特别是市、区一级政府机关。[②]关于我国行政许可的一般实施主体,《行政许可法》第二十二条作了明确规定:“行政许可由具有行政许可权的行政机关在其法定职权范围内实施。”这是对行政许可的一般实施主体的要求:

1. 资格要求

要具备行政许可的一般实施主体的资格,必须同时具备以下条件:

(1)必须是具有公法人资格的行政机关。

行政许可是现代行政管理领域必不可少的一种手段,也是行政权的重要组成部分。在性质上,行政许可属于公权力的范围,具有一般公权力所共有的特点。[③]行政许可的这种性质决定了其实施主体原则上应当是行政机关。从法律上讲,行政机关是指依法成立、能以自己的名义独立地从事行政管理活动,并承担相应法律后果的行政组织。所谓“依法成立”,包括直接依据宪法、组织法的规定成立的行政机关,如国务院、省级人民政府等,也包括按照法律规定程序成立的行政机关。所谓“能以自己的名义独立地从事行政活动,并承担相应法律后果”,是指该行政组织在行政法领域享有独立的主体资格,能以自己的名义独立地对外发布决定和命令以及独立地采取措施以保障这些决定和命令的实施,并能独立承担由此而带来的法律后果,如能独立地作为行政诉讼、行政复议或者国家赔偿的主体。[④]在日常生活中,人们常常将行政机关和行政组织、行政机构的概念相混淆。其实,它们之间既有密切联系,又有一定区别。行政组织是行政机关和行政机构的统称;行政机关是指行政组织中能够独立行使行政权,并能独立承担因此而产生的法律后果的、具有法人资格的行政主体;而行政法学上的行政机构不同于宪法学上的行政机构,一般是指构成行政机关的内部各职能部门、临时机构等,这些机构虽经行政机关内部的权力再分配而享有一定的行政权,可以具体从事部分行政管理活动,但其不能以自己的名义对外作出任何决定,因而不是法律意义上的行政机关,当然也不能成为实施行政许可的主体。⑤

我国现行行政机关分为中央行政机关和地方行政机关两大部分。中央行政机关即国务院、国务院各部、委员会和各直属机构。地方行政机关包括一般地方行政机关和民族自治地方行政机关。地方行政机关一般分为三级:省、自治区、直辖市的人民政府;县、自治县、县级市人民政府;乡、民族乡、镇人民政府。在有些地方,省级人民政府与县级人民政府之间还设有自治州或地级市(管县的市)人民政府。此外,有的地方在省、自治区人民政府之下设立有地区行署,在县、自治县人民政府之下设立区公所,在市、市辖区人民政府之下设立街道办事处,它们是地方人民政府的派出机构,不是一级地方行政机关。作为行政许可的实施主体的行政机关主要包括三个层次的行政机关:一是国务院及各部委,其实施一些直接关系国家重大利益、不宜下放的行政许可;二是省级政府及主管部门,其实施一些事关重大但又不宜全部由中央层次行政机关实施的行政许可;三是县级以上政府及主管部门,其实施那些数量多、范围广、与普通百姓生活直接密切相关的行政许可。

(2)实施行政许可的机关必须是外部行政机关。

行政许可是行政机关对社会各项事务进行管理的一种手段,是一种外部行政行为。因此,必须由外部行政机关来实施。根据行政机关所行使的行政管理职能不同,可以将行政机关分为内部行政机关和外部行政机关。内部行政机关是指基于隶属关系(特别权力关系）对行政机关系统内部的人员和事务实施管理的机关，如各级人民政府的办公机构、事务机构、咨询机构、人事部门、监察部门等，内部行政机关的主要职责是为了保证和监督外部行政机关更好地履行行政管理职能，对内部行政机关及其人员实施管理，它们不行使外部行政管理职能，没有管理社会事务的权限；[⑥]外部行政机关是指依据法律、法规的授权代表国家对公民、法人或者其他组织实施管理的机关，包括各级人民政府、行使管理职能的政府组成部门、派出机关等。在一个国家，外部行政机关是行政机关的主要部分，是一国行政权力的主要实施者，凡是与公民、法人等相对人发生行政管理关系的，必须由外部行政机关来行使有关行政权。内部行政机关主要是保证或者监督外部行政机关更好地履行职能的机关，如决策咨询机关、专门行政监督机关、专门人事机关、内部协调机构等，都是典型的内部行政机关，其不能成为实施行政许可的主体，也不应被授予行政许可权。

（3）行政许可的实施主体必须依法具有行政许可权。

行政许可权是行政权的重要组成部分，实施行政许可的主体一般是行政机关，但并不是所有行政机关都当然享有行政许可权。宪法和有关组织法将行政权概括地授予行政机关，[⑦]行政机关因此获得了管理社会事务的权力。但行政权的内涵很丰富，既有制定规范性文件的权力，也有行政检查权、行政许可权、行政处罚权、行政强制权、行政征收权、行政征用权、行政指导权等等，还有解决民事纠纷的行政仲裁权、行政裁决权等。按照依法行政的要求，具体到哪个行政机关享有哪项行政管理权，还需要有法律、法规的具体授权，行政机关并不当然拥有所有的行政管理权。特定的行政管理权必须由特定的法律具体明确授予。行政机关取得行政许可权，应当具备下列条件：一是在某一领域实施行政许可具有合法有效的授权依据。履行外部职能一般是外部行政机关的固有职责,随该机关的依法设立而产生,通常由组织法或者组织规则规定,而许可权是一项单行法授予的职权,没有合法有效的授权,外部行政机关不能当然地成为行政许可的实施主体。作为外部行政机关,只表明它可以被授予行政许可权,但并不意味着其当然享有行政许可权。二是根据行政许可法的规定,行政机关要享有行政许可权,还必须经法律、法规和省、自治区和直辖市人民政府规章特别授予。法律、法规和规章根据管理的需要,对有些事务设定了行政许可,负责管理此项事务的行政机关就享有行政许可权。有些法律、法规赋予行政机关其他的管理权限,没有设定行政许可,负责管理此项事务的行政机关就没有行政许可权。需要注意的是:法定授权应当与外部管理职能及范围相一致。授权与职能一致,包括实施许可的行政机关应当与其管理权限相一致;实施许可的范围和对象应当与其管理的对象和范围相一致;许可的种类和适用条件应当与外部管理职能的特性相一致。比如,县级行政机关不应被授予省级行政机关的许可权限;工商行政机关不应成为环保方面行政许可的实施主体;一个承担经济管理职能的行政机关也不应成为社会管理方面的行政许可的实施机关。

2. 实施范围要求

根据行政许可法的规定,行政许可的实施主体实施行政许可必须在法定职权范围之内。享有行政许可权的行政机关实施行政许可必须在其法定职权范围内,这是职权法定原则的具体要求和体现。职权法定是依法行政的基本原则和基本要求之一。其基本含义是,行政机关的行政职权必须来源于法的明确规定,行政机关行使行政权必须在其法定的职权范围之内。行政许可作为行政权的重要组成部分,其行使当然应当遵循职权法定原则,即行政机关实施行政许可必须在法定职权范围内,否则将导致行政许可行为无效。

从理论上讲,行政机关违反职权法定原则实施行政许可的主要有以下几种情况:一是对依法不应设定许可的领域实施行政许可;二是越权增加或减少实施许可的条件;三是行政机关在实施行政许可时,超越了本行政机关的主管权限,比如,卫生行政机关实施了本应由工商行政机关实施的企业登记许可;[8]四是一地方行政机关在实施行政许可时,超越了其地域管辖范围而行使了本应由另一地方行政机关实施的行政许可;五是实施行政许可时,上下级行政机关间相互逾越其各自的法定职权,包括下级行政机关实施了本应由上级行政机关实施的行政许可,也包括上级行政机关实施了本应由下级行政机关实施的行政许可。

(二)法律、法规授权的组织实施行政许可

根据宪法和行政法的传统理论,国家的行政权只能由行政机关及其公务员行使。行政许可权作为行政权的重要组成部分,它的行使直接关系到公共利益和社会秩序,关系到行政相对人的人身权和财产权,因而更应该严格限定由行政机关及其公务员来行使。因此,《行政许可法》把行政机关实施行政许可作为一项原则加以规定。但是,在现代社会,由于社会关系的复杂化和变动性,国家干预社会生活的深度和广度都在加强,行政管理范围在日益扩大;同时,行政管理的专业性、技术性也在日益增加,行政机关的现有条件难以满足行政管理的现实需要,加之编制和经费的限制,行政机关和公务员的数量不能无限制地扩大,导致仅靠行政机关及其公务员来承担行政许可的实施,难以满足现代社会各种需求的状况。因此,《行政许可法》规定了实施行政许可的授权和委托的情形。

所谓实施行政许可的授权,是指法律、行政法规或者地方性法规将某些行政许可权授予非行政机关的组织行使。经过授权,该组织便取得了行政许可主体资格,可以以自己的名义行使行政许可权,以自己的名义独立地承担因行使行政许可权而引起的法律后果。授权的直接后果是被授权的组织取得行政主体资格。《行政许可法》规定:“法律、法规授权的具有管理公共事务职能的组织,在法定授权范围内,以自己的名义实施行政许可。”这样,除了行使外部行政管理职能的行政机关拥有行政许可权以外,法律、法规授权的具有管理公共事务职能的组织,也可以行使行政许可权。因此,《行政许可法》规定:“被授权的组织适用《行政许可法》有关行政机关的规定。”

1. 被授权的组织在授权范围内,以自己的名义实施行政许可。

所谓授权,是指特定的国家机关通过法律、法规将某些行政权力授予给非行政机关的组织来行使的一种法律行为。被授权的组织则根据这种授权、在授权的范围内享有了某种行政权力,取得了行政管理的主体资格,既可以以自己的名义独立地行使这些被授予的行政权力,也可以以自己的名义独立地承担因行使这些被授予的行政权力引起的法律后果。

被授出的行政管理权应当是共有权,而不是专有权。所谓共有权,是指几个行政机关都可能享有的,具有可转让性,而专有权力只能归属于某一特定机关,具有专一性和不可转让性。比如,国务院制定行政法规的权力就是一种专有权,是不能授予其他机关行使的,而限制人身自由以外的行政处罚权以及行政许可权则不是专有权,很多行政机关都可能享有,是可以依法授予有关组织行使的行政管理权。

在行政管理中,为什么要把某些行政管理权授予非行政机关的组织来行使呢?一般认为,这主要是由于随着社会的发展,行政管理权的扩大,行政管理的领域、内容与方式上的日益复杂与多变，使行政机关很难适应不断发展变化的形势的需要，尤其在行政许可领域更是如此。有些行政许可涉及的领域对技术性、专业性要求非常高，比如，对直接关系公共安全、人身健康、生命财产安全的重要设备、设施、产品、物品需要按照技术标准和技术规范通过检验、检疫、检测等方式进行审定的行政许可，由行政机关以外的具有某种公共事务管理职能的组织来实施许可，可能更易于达到行政许可设定的目标和目的。

被授权的组织实施行政许可具有以下特征：

一是授权的主体和方式的特定性。从授权的主体上来说，可以将行政许可的实施权授予其他组织的有全国人大及其常委会、国务院、省级地方人大及其常委会以及较大的市的地方人大及其常委会。从授权的方式上来看，授权必须以法律、法规的方式进行，这里的法规包括行政法规和地方性法规。这就意味着授权必须是公开的、规范的，以法律、行政法规或者地方性法规以外的方式授权其他组织行使行政许可权是无效的。

二是被授权实施行政许可的主体应当是具有管理公共事务职能的组织。“具有管理公共事务职能的组织”通常是指该组织承担着管理事务的责任，比如，医院、学校、图书馆以及一些公用事业机构等，只承担管理本组织自身事务责任的，不能算作具有管理公共事务职能的组织。一般认为，被授权实施行政许可的具有管理公共事务职能的组织还应当具备下列条件：第一，该组织必须是依法成立的；第二，被授权实施的行政许可事项应当与该组织管理公共事务的职能相关联；第三，该组织应当具有熟悉与被授权实施的行政许可有关的法律、法规和专业的正式工作人员；第四，组织应当具备实施被授权实施的行政许可所必需的技术、装备条件等；第五，能对实施被授权实施的行政许可引起的法律后果独立地承担责任，这包括对外能对自己的各项行为负责，对内能有效地管理从事行政许可的工作人员，并接受上级机关的监督。

三是被授权的组织在授权范围内以自己的名义实施行政许可，这意味着被授权的组织取得了行政主体资格，即取得了行政许可实施机关的地位，其将以自己的名义独立地行使和承担实施行政许可的职权和责任。当行政许可申请人就行政许可的实施等提起行政诉讼或者行政复议时，该被授权的组织将是当然的被告。《行政诉讼法》第二十五条规定的“由法律、法规授权的组织所作的具体行政行为，该组织是被告”，即表明对被授权组织的行政主体和独立责任主体的确认。

2. 被授权的组织适用行政许可法中有关行政机关的规定。

被授权实施行政许可的组织既然取得了独立的行政主体资格，其就取得了相当于享有行政许可权的行政机关的地位，当然就应当适用行政许可法中有关行政机关的规定。比如，《行政许可法》第二十七条规定，行政机关实施行政许可，不得向申请人提出购买指定商品、接受有偿服务等不正当要求。行政机关工作人员办理行政许可，不得索取或者收受申请人的财物或者谋取其他利益。再有，《行政许可法》第三十条规定，行政机关应当将法律、法规、规章规定的有关行政许可的事项、依据、条件、数量、程序、期限以及需要提交的全部材料的目录和申请书格式文本等在办公场所公示；申请人要求行政机关对公示内容予以说明、解释的，行政机关应当说明、解释，提供准确、可靠的信息。这些对实施行政许可的行政机关及其工作人员的规定同样适用于被授权实施行政许可的具有管理公共事务职能的组织。

3. 专业性比较强、技术性要求较高的行政许可事项，可以逐步授权给专业技术组织实施。

《行政许可法》第二十八条对可以授权给其他组织实施的行

政许可的范围提供了一个具体的指导，即专业性比较强、技术性要求较高的行政许可事项，可以逐步授权给专业技术组织实施，具体说，对直接关系公共安全、人身健康、生命财产安全的设备、设施、产品、物品的检验、检测、检疫，除法律、行政法规规定由行政机关实施的外，应当逐步由符合法定条件的专业技术组织实施。既然专业技术组织经授权实施有关特定设备、设施、产品、物品的检验、检测、检疫等行政许可事项，那么，其自然应当对所实施的检验、检测、检疫结论承担法律责任。

逐步由专业技术组织实施有关专业性、技术性较强的行政许可，这是行政管理发展专业化、技术化、社会化的要求，也是政府转变职能、改革行政管理体制的需要。国务院在《关于进一步推进相对集中行政处罚权工作的决定》(国发〔2002〕17 号)中明确要求，要理顺行政机关与专业服务组织的关系，对于目前行政机关内设或者下设的各类技术检测、检验、检疫机构，要创造条件将这类机构从有关行政机关中逐步剥离出来，面向社会广泛提供技术服务，成为依法独立从事技术检测、检验、检疫活动，并对其技术结论独立承担法律责任的专业服务组织。国务院于 2003 年 3 月 11 日公布、6 月 1 日起施行的《特种设备安全监察条例》有关特种设备的检验、检测的规定与行政许可法的规定是一致的。该条例规定，对涉及生命安全、危险性较大的锅炉、压力容器、压力管道、电梯等特种设备的检验检测，由经国务院特种设备安全监督管理部门核准的特种设备检验检测机构依法进行。特种设备检验检测机构，应当具备下列条件：(1)有与所从事的检验检测工作相适应的检验检测人员；(2)有与所从事的检验检测工作相适应的检验检测仪器和设备；(3)有健全的检验检测管理制度、检验检测责任制度。特种设备检验检测机构和检验检测人员对检验检测结果、鉴定结论承担法律责任。

（三）接受委托实施行政许可的主体

1．概念与条件

所谓实施行政许可的委托，是指行政机关在其法定职权范围内，依照法律、法规、规章的规定，将其拥有的行政许可权委托给符合法定条件的其他行政机关行使。受委托行政机关在委托范围内，以委托行政机关名义实施行政许可；不得再委托其他组织或者个人实施行政许可。行政许可权是一项公权力，同时它还关系到公民、法人或者其他组织的权益保护问题，因此，行政许可权的行使必须慎重。行政许可权作为行政机关的法定职权，一般来说只能由行政机关自己行使，不得随意转让。但是，由于行政管理活动的繁杂性、专业性、技术性的增强，有时某一行政机关仅靠自己的资源不能满足行政管理的需要，必须把一些具有较强的关联性的行政许可实施权委托给其他行政机关，或者把一些专业性和技术性较强的行政许可实施权委托给特定的组织行使，充分利用其他行政机关或者组织的现有的专业特长和技术条件，既可以提高行政效率，实现对社会事务的有效管理，又可以防止行政机关机构膨胀，达到精简机构的效果。《行政许可法》规定："行政机关在其法定职权范围内，依照法律、法规、规章的规定，可以委托其他行政机关实施行政许可。"继行政处罚法之后又从法律上肯定了实施行政委托的制度。[9]但是，值得注意的是，为了避免过去行政许可实践中存在行政许可的实施主体过多、过滥以及乱委托的问题，《行政许可法》明确规定："可以委托其他行政机关实施行政许可"，而没有规定可以委托"其他组织"。根据上述规定，行政机关不能委托行政机关以外的其他组织实施行政许可，其他组织也不能接受行政机关的委托实施行政许可。

2．委托与授权的区别

实施行政许可的委托和实施行政许可的授权虽然有一定的共性,但二者之间存在诸多不同,主要表现为如下几个方面:(1)许可权的来源不同。在实施行政许可的授权中,被授权者的许可权直接来源于法律、行政法规或者地方性法规的授权;在实施行政许可的委托中,虽然行政机关委托其他行政机关实施行政许可也需要有法律规范上的依据,但是,是否委托的选择权在于行政机关,因此,受委托人的行政许可权来源于行政机关的委托。[10](2)成立的前提不同。实施行政许可的授权是单方性的,不需要以被授权者的同意作为授权成立的前提,被授权者不得拒绝;而实施行政许可的委托是一种行政合同行为,委托的成立一般要征得受委托人的同意。(3)被授权和被委托的对象不尽相同。法律、法规可以授权具有管理公共事务职能的组织实施行政许可权;而受委托实施行政许可的主体只限于行政机关,其他组织和个人不能接受行政机关的委托实施行政许可。(4)被授权者和受委托人的法律地位不同。在实施行政许可的授权中,被授权者取得行政许可主体资格,能以自己的名义行使行政许可权,并以自己的名义承担法律后果;在实施行政许可的委托中,受委托人没有行政许可主体资格,受委托人只能以委托行政机关的名义行使行政许可权,并接受委托行政机关的监督,其行为的后果也由委托行政机关承担。

3. 委托实施行政许可的规则

行政许可权作为一种公权力,具有不可随意转让性和处置性,确因实际工作需要而将部分行政许可实施权委托其他行政机关行使也要遵循如下规则:

一是委托实施行政许可的行政机关,委托其他行政机关实施行政许可应当遵循职权法定原则,即应在其法定权限范围内依法委托:既不能将其无权行使的行政许可实施权委托给其他行政机关,也不能超越其享有的行政许可实施权范围委托其他行政机关实施行政许可。比如,工商行政管理机关无权将海关行政许可的实施权委托其他行政机关行使,县级文化行政管理部门也无权将省级文化行政管理部门实施的营业性演出许可权委托给其他行政机关实施。

二是委托实施行政许可必须有法律、法规和规章的依据。在法律、法规、规章没有规定可以委托行政许可权的情况下,行政机关无权委托其他行政机关实施行政许可,比如,行政机关不能依据县政府的规范性文件将某种行政许可的实施权委托给其他行政机关。

三是委托行政机关对受委托行政机关实施行政许可的行为应当负责监督,并对实施该行政许可行为的后果承担法律责任。如前所述,受委托实施行政许可的行政机关,其权力来源于委托行政机关的委托,其实施受委托的行政许可行为必须以委托行政机关的名义,行为的法律后果也由委托行政机关承担。如受委托行政机关因实施受委托的行政许可行为引起行政赔偿,则应当由委托行政机关承担行政损害赔偿责任。[11]当然,受委托行政机关不能因为其是接受委托而实施行政许可就可以不负任何责任,在具体实施受委托的行政许可时,它应当对其行政许可实施行为本身的合法性向委托行政机关负责,造成相对人损害的,委托机关在依法承担赔偿责任后,可以视情况向受托机关追偿。

四是受委托实施行政许可的行政机关不得将行政许可实施权再转委托给其他组织或者个人。这里的转委托,涉及行政许可的实施权是否具有双重转让性的问题,即受委托行政机关能否再成为委托的主体的问题,回答应当是否定的。因为受委托行政机关实施行政许可的权力本身就不是其自己的法定权力,而是源于委托行政机关的特定委托,其也无权将委托行政机关的行政许可实施权再委托给任何其他组织或者个人。

五是委托行政机关应当将受委托行政机关和受委托实施行政许可的内容予以公告。要求委托行政机关公告受委托行政机关和受委托实施行政许可的内容,实际上是行政公开原则中的行政主体和行政行为内容的公开要求,也是行政许可法第五条行政许可公开原则的具体体现。

二、行政许可权的集中或统一行使

(一)行政许可权的集中行使

所谓适当集中行使行政许可权,是指由一个行政机关行使有关行政机关的行政许可权。过去,由于我国的政府机构正处在调整时期,各部门的职能配置本身不尽合理,加上各职能部门的组织规则不够健全,职权划分不明确,造成工作中多头许可、互相扯皮、层层盖章甚至相互争权夺利的现象,申请人须在不同的机关之间往返奔波,并从事诸多繁杂的重复劳动,不仅增加了申请人的时间、人力、财力、物力等申请成本,而且也导致行政效率下降,行政成本上升,降低了行政服务的质量,阻碍了公民、法人和其他组织的合法权益的实现,影响了国家对社会和经济的有效管理,损害了社会秩序和公共利益。[12] 为了解决现实中行政机关权限不清、职能交叉而出现的行政许可环节过多、手续繁琐、时限过长、“暗箱操作”、办事艰难的现象,有的地方将原来由几个行政机关分别行使管理权的管理领域,统一由一个行政机关实施管理,并由该行政机关对申请人的许可申请进行统一受理、统一办理、统一送达,或者组织联合办理、集中办理。这种改革实践为我国行政体制改革积累了极好的经验。《行政处罚法》首次以法律的形式确立了适当集中行使行政处罚权(综合执法)的制度。《行政处罚法》制定实施之后,这种综合执法模式迅速在全国各地、各行各业得以推广和普及。[13]《行政许可法》规定了广泛和多层级的行政许可实施机关。行政许可设定权主体的多层级性和广泛性,决定了实施行政许可的机关或者组织的多层级性和多样性。为了实现法制的统一,提高行政许可的便民性和效率性,维护申请人的合法权益,适当集中行使行政许可权便成为必要。《行政许可法》以法律的形式确认相对集中行政许可权制度,为改革行政管理体制提供了法律依据。这一规定实际上明确了在暂时难于对有关单行法律、法规作出全面修订的情况下,经国务院批准,省、自治区、直辖市人民政府有权对行政许可权进行统一调整和重新配置,为地方政府渐进性的推进行政许可管理体制改革,解决行政许可机构过多、过滥的问题,提供了法律依据。[14]

相对集中行政许可权尽管有诸多问题需要进一步研究和解决,[15]但其优点是非常明显的:一是在一个部门许可制度下,许可事项原来所涉及的相关部门不再享有实质性的许可权,原来由多个部门行使的许可权统一由一个部门行使,有助于从源头上消除多头许可的弊端。二是由一个部门统一实施行政许可,避免了多部门分别许可可能产生的各种矛盾,有利于提高许可效率,降低许可成本。三是有利于促进许可事项的整合、归并,加快市场准入速度。

相对集中行使行政许可权,必须认真把握好以下几点:一是根据开展相对集中行政处罚权工作的经验,相对集中行政许可权工作也应当由国务院统一部署,先在部分地方进行试点,在试点取得经验的基础上,再在全国全面推开。二是集中行使行政许可权的行政机关设立应体现精简、统一、效能原则,所需编制在现有编制中调剂解决,所需执法人员应采取考试、考核的办法,从符合条件的人员中择优录用。[16]三是行政许可权相对集中后,有关部门不得再行使已经统一由一个行政机关行使的行政许可权,以防止政出多门;如仍需由原部门行使的,必须做好相应的调整和协调工作。[17]四是不得以相对集中行使行政许可权,需要较多的投入为借口,而收取申请人额外的费用;建设联合办公大厅等设施,必须在充分论证的基础上作出决定,所需经费列入本机关的预算,由财政依法拨付。五是要严格依照法定程序实施行政许可,对集中行使行政许可权的行政机关作出的行政许可决定不服提出的行政复议申请和行政诉讼请求,应当基于便民的原则,完善相应的行政复议和行政诉讼制度。六是要建立健全行政执法责任制和评议考核制度等行政执法监督制度,严格执法、文明执法。

(二)内部机构统一办理行政许可

多部门、多环节、交叉重复许可,是我国以往行政许可制度的主要弊端之一。[18]针对存在的问题,各地在审批制度改革的实践中探索、创新形成了一系列新型的实施行政许可的运作机制,例如,建立了一批便民服务中心、一站式审批中心、一门式审批协调机构、政务超市、集中审批大厅等审批服务机构,实行"一个窗口对外"、"并联审批"、"一站式审批,[19]有的地方试行了"告知承诺制,"[20]在一定程度上实现了行政许可实施从分散向集中、从无限期向限时、从串联式向并联式、从部门分块许可向整体许可的转变,办事程序有所简化,办理时限有所缩短,企业和其他市场主体的支出、负担有所减轻,社会成本有所降低,政府行为得到了规范,在一定意义上也促进了政府职能转变,提高了行政效率,改善了工作作风,受到群众的欢迎和好评。[21]但各种集中审批服务中心在发展中也有不少问题需要进一步研究解决,比如,审批服务中心的机构性质和定位,窗口审批工作人员的职责和权限,集中管理、奖惩和任用,审批中心窗口与后方单位职能部门之间的关系,行政审批中涉及的印鉴使用与管理,承诺办结时间与审办质量的关系，等等，都需要进一步探索和规范。[22]鉴于这种情况，行政许可法一方面将目前一些有价值的做法用法律的形式固定下来，另一方面对一时还看不太准、需要结合各地具体情况具体分析、仍需继续研究和探索的做法作出引导性的规定。第二十六条规定："行政许可需要行政机关内设的多个机构办理的，该行政机关应当确定一个机构统一受理行政许可申请，统一送达行政许可决定。行政许可依法由地方人民政府两个以上部门分别实施的，本级人民政府可以确定一个部门受理行政许可申请并转告有关部门分别提出意见后统一办理，或者组织有关部门联合办理、集中办理。"

根据上述规定，行政许可的实施应当根据多个内设机构或多个机关的不同情况分别采取以下方式办理行政许可：

需要多个内设机构办理的，申请人在申请行政许可时，一般只需与行政机关确定的一个统一的机构接触，由这个统一的机构受理申请，并由该机构向申请人送达行政许可决定，以避免申请人为办理一项行政许可而与多个内设机构打交道，从而降低申请人的成本。

需要两个以上机关或部门分别实施行政许可的，[23]行政许可法提供了三种可供选择的方案：一是本级人民政府可以确定一个部门受理行政许可申请并转告有关部门分别提出意见后统一办理；[24]二是本级人民政府可以组织有关部门联合办理；[25]三是本级人民政府可以组织有关部门集中办理。[26]这一规定是引导性的，各有关地方人民政府可以根据自己本地的实际情况决定采用何种方式。

这三种方案设计的共同之处在于，改变了多部门互不关联、按先后顺序进行串联式审批的方法，具有诸多优点，但其只是治标之策，而非治本之策。因为从根本上说，这些带有并联式特点的许可实施方式并没有改变多头许可的问题，各个部门事实上都在行使着各自的许可权，改变的只是许可实施的运作方式和运作程序，强化了部门间的协调机制。相比而言，推行相对集中行政许可权在目前可能不失为一种较好的选择。

注释：

①参见姜明安主编：《中华人民共和国行政许可法释义》，中国法制出版社2003年9月第1版。

②在英国，地方政府主要负责各地方事务的许可管理，如酒类经营、汽车司机、游泳池、牛奶场、洗衣店等只有获得地方行政机关的许可才可以经营。根据1985年的电影法，伦敦市自治议会和普通议会是实施电影许可的机关。在日本，行政许可的实施权大多集中在行政厅。这类行政厅可能是各省的大臣，也可能是地方首长，如运输大臣向铁道业申请人发放营业执照。在美国，联邦和州政府是主要的行政许可机关，如进行有关州际航运、天然气公司、股票交易、广播电视等方面的活动必须向联邦行政机关申请许可。州行政机关则对汽车司机、律师、技师、理发师、医生等行业实施许可。具体实施许可的行政机关是近几十年来发展起来的独立委员会或者许可委员会，如自然资源委员会就是发放有关资源开采许可证的行政机关。

③比如，行政许可的主体必须是公法人，其他包括企业在内的私法人和自然人不能成为实施行政许可的主体，实施许可的责任也应当是公法人的责任，而不是企业等私法人或者自然人的责任；再如，行政许可权的取得只能源于特定国家机关通过一定方式的授予，而不能源于自我授权。

④我国的行政机关一般具有以下特点：一是行政机关是执行机关。根据我国《宪法》的规定，我国行政机关是权力机关的执行机关。它的职责就是执行权力机关制定的法律和决议，通过一系列的组织和管理活动，将国家的意志付诸实现。虽然行政机关也可以根据宪法和组织法的授权制定法规、规章等规范性文件，但行政机关制定的法规、规章的目的是为了执行宪法、法律，更好地履行权力机关所赋予的行政职权，因而行政机关制定的法规、规章不得与宪法、法律相抵触、相冲突，具有法律从属性。二是行政机关具有严密的组织结构，层级分明，一般实行首长负责制。为了保持政令统一和政令畅通，行政机关的设置上下统一，层次分明，等级严格，分层负责。下级行政机关受上级行政机关领导。而国家权力机关和审判机关不具备这种特点，其上级机关和下级机关之间不是

领导与被领导的关系，而是指导、监督和被指导、被监督的关系。我国各级行政机关一般都实行首长负责制，行政事务的决定权集中于行政首长，行政首长对下级的全部活动具有指挥、监督和领导的权力。而国家权力机关和审判机关行使职能通常采用合议制的形式。三是行政机关行使职权具有广泛性。根据传统的权力分立理论，立法机关行使立法权，行政机关行使行政权，司法机关（法院）行使司法（审判）权，形成一种均衡与制约关系。但是，在现代社会，随着社会关系的复杂化和国家对社会管理职能的加强，行政机关的管理事务日益增加，行政管理权随着行政职能的扩张而逐步扩大，行政机关在享有传统的行政权的同时，还获得了准立法权和准司法权。

⑤在日常生活中，人们经常将行政机关和行政组织、行政机构的概念相混淆。其实，它们之间既有联系，又有区别。行政组织是行政机关和行政机构的统称，是行政学上经常使用的一个概念；行政机关是行政组织中能独立行使行政职权，具有法人资格的行政主体。而行政机构一般是指行政机关内部的职能部门，它没有法人资格，如各级政府的办公厅（室）、各级政府部门的司（局、处、科）等。

⑥如根据《监察法》，各级政府监察部门的主要职责是：检查国家行政机关在遵守和执行法律、法规和人民政府的决定、命令中的问题；受理对国家行政机关、国家公务员和国家行政机关任命的其他人员违反行政纪律的控告、检举；调查处理国家行政机关、国家公务员和国家行政机关任命的其他人员违反行政纪律的行为；受理国家公务员和国家行政机关任命其他人员不服主管行政机关给予行政处分决定的申诉等，这些都属于行政机关系统内部的问题。

⑦如《宪法》第八十五条、第八十九条、第一百零五条、第一百零七条以及《地方组织法》第五十四条、第五十九条、第六十条、第六十一条等分别对中央和地方行政机关的地位和职权作了规定。

⑧根据《宪法》和《组织法》的规定，各级人民政府根据需要，设置了不同的行政职能部门，如国务院设置了28个部、委和23个直属机构，县级以上地方政府一般也设置了相应的职能部门。不同的职能部门享有不同的行政管理权限，按照职权法定的要求，其行使职权必须在法律、法规、规章规定的职权范围内，不能超越权限。同样，行政机关行使行政许可权也必须在法定的职权范围内，不得超越管理权限实施行政许可。如工商行政管理机关不能行使公安机关的行政许可权，公安机关也不能行使卫生行政管理机关的行政许可权等。当然，在目前我国行政管理权限划分不合理、行政管理部门职能存在交叉、行政许可过多的情况下，经过法定程序，相对集中行政许可权，由一个行政机关行使其他行政机关的行政许可权，也是行政许可法允许的。

⑨从行政权委托的原理上说，委托实施行政许可与委托实施行政处罚基本

是相同的，但比较我国行政处罚法和行政许可法可以发现，在一些具体制度的设计上，委托实施行政许可与委托实施行政处罚具有以下两点不同之处：一是受委托的主体不同。受委托实施行政许可权的主体只限于行政机关，行政机关以外的企业、个人或者其他组织都不可能接受委托成为行政许可的实施主体，而受委托实施行政处罚的主体则只限于符合法定条件的依法成立的管理公共事务的事业组织，行政机关、企业、个人或者依法成立的管理公共事务的事业组织以外的其他组织都不可能接受委托成为实施行政处罚的主体。二是委托规则的严格程度不同。相比而言，委托实施行政许可的规则要严于委托实施行政处罚的规则，这主要表现在行政许可法要求委托行政机关将委托行政机关和受委托实施行政许可的内容予以公告。这一方面反映了现代法治对行政权控制和约束的加强，另一方面也反映了我国行政法治建设正经历着从不太成熟不断走向成熟的过程。

⑩目前，在我国，森林采伐许可和烟草专卖零售许可等可以由受委托的行政机关实施，其法律依据源于《森林法》和《烟草专卖法》。《森林法》规定，农村居民采伐自留山和个人承包集体的林木，由县级林业主管部门或者委托乡、镇人民政府审核发给采伐许可证。《烟草专卖法》规定，经营烟草制品零售业务的企业或者个人由工商部门根据上一级烟草主管部门的委托，审批发给烟草专卖零售许可证。

⑪既然受委托行政机关实施行政许可的法律后果由委托行政机关承担，那么，委托行政机关就应当对受委托行政机关实施行政许可的行为负责监督，对受委托行政机关实施行政许可的情况，包括实施的方式和后果等，进行经常性的检查，确保受委托行政机关在委托权限范围内依法实施行政许可。委托行政机关不履行这种监督责任，就是失职。

⑫据2000年上海市行政许可状况的调研报告显示，由于行政部门之间职责分工过细，且相互之间未形成科学的协调配合机制，因而在考虑对某一方面加强行政管理、加强事先审查控制的措施时，采取的往往是增加一个事前审查控制的部门，增加一道许可环节，其结果导致，对某种事项的行政管理，往往需要经过多个部门、多个环节的多个许可。又据了解，某一地市级的行政审批项目多达1500多项，其覆盖面几乎涉及到绝大多数行政机关和行业。比如，某地级市一个技改项目从立项到开工需要17个部门办理34道手续，至少要盖52枚公章；一个建设项目从立项到开工共涉及9个部门和单位，59个审批环节，至少要盖55枚公章；一个外商投资项目从申请到办结，时间拖了近2年。针对这些问题，借鉴行政处罚法的做法，行政许可法确立了相对集中行政许可权的原则。

⑬自1997年以来，按照国务院有关文件的规定，23个省、自治区的79个城市和3个直辖市经批准开展了相对集中行政处罚权试点工作，并取得了显著成

效,对深化行政管理体制改革、加强行政执法队伍建设、改进行政执法状况、提高依法行政水平,起到了积极的作用。实践证明,国务院的试点工作的阶段性目标已经实现,进一步在全国推进相对集中行政处罚权工作的时机基本成熟。为此,2002年8月,国务院专门下发了《关于进一步推进相对集中行政处罚权工作的决定》(国发〔2002〕17号),授权省、自治区、直辖市人民政府可以决定在本行政区域内有计划、有步骤地开展相对集中行政处罚权工作,并对开展相对集中行政处罚权工作的指导思想、相对集中行政处罚权的范围以及进一步做好相对集中行政处罚权工作的要求作出了明确而具体的规定。

⑭应当说,相对集中行政处罚权和相对集中行政许可权是相对集中行政执法权的重要组成部分,是深化行政管理体制改革的重要途径,其最终目的是建立符合社会主义市场经济发展要求的行政执法体制。

⑮在行政许可法起草过程中,对相对集中行政许可权,各方面也有不同看法。有人认为,行政许可权属于专项权力,具有专业性强、要求高的特点,行政许可的功能和内容也各不相同,由一个部门行使难度较大。也有人提出,行政许可权和对行政许可的监督管理权是紧密相联的,集中行政许可权可能会对行政许可的监督管理带来困难,反而会削弱行政管理的效能。在全国人大常委会审议行政许可法的过程中,还有常委委员提出,目前,我国有两类实行垂直领导的行政机关:一类是中央以下垂直领导;另一类是省、自治区、直辖市以下垂直领导。对这两类行政机关的行政许可权是不是都能与其他行政机关的行政许可权一样相对集中由一个行政机关行使,还需要慎重研究。立法在这方面应当为地方开展的综合行政执法试点留有空间。起草机关考虑到相对集中行政许可权需经国务院批准,至于哪些领域、哪些行政机关、哪些内容的行政许可权能够相对集中,可以在实际工作中具体掌握,行政许可法本身只对相对集中行政许可权作原则规定即可。

⑯实践中普遍存在一个问题,那就是行政处罚权相对集中了,相对集中行政处罚的机构或者综合执法机构也成立了,但是原有的行政机构并未撤并,相对于集中行政处罚权之前,行政机构不但没有减少,反而增加了。在推行相对集中行政许可权的过程中,应当尽量避免这类问题的发生,将相对集中行政许可权与政府机构改革和职能重组结合起来,对原由有关行政机关行使的管理权根据需要进行调整和重新配置,防止职责重叠、权力交叉。

⑰在设计相对集中行政许可权试点方案时,可以考虑利用现有各地已建立的行政审批中心,将其改造享有实质性行政许可权力的、统一办理原由各部门分别办理的经常性行政许可事项的许可实施机构,这样,可以解决审批中心与原部门之间的复杂关系,使中心具有真正的许可权力,避免“前店后厂”现象,凡进入这里的申请人皆可以直接办理各种经常性行政许可事项,大大便利当事

人。

⑱据浙江省政府法制办2000年9月《关于行政审批改革的几点意见和建议》显示,多头审批现象相当突出。比如,以开办旅馆、宾馆申领营业执照为例,其需要经过的许可环节至少涉及治安许可、特种行业许可、消防许可、食品卫生证、公共场所卫生许可五个环节,其中三个在公安内部,两个在卫生内部,如果有的再加上环保排污许可,有些可能涉及文化经营许可、体育经营许可、烟草零售许可等,就更多了。再如,重大建设项目工程审计预决算验证资质,就有计委、建设、审计、财政等多家审批单位;音像制品经营管理,既涉及省、市、县三级管理,又涉及广电、文化、新闻出版等多个部门。又据了解,某一地市级的行政审批项目多达1500多项,覆盖了绝大多数行政机关和行业。更为严重的是,在相当一部分行政审批手续的办理中,申请人需要跑很多部门,盖很多章。加之,在行政机关办理行政许可过程中,存在着"门难进,脸难看"的问题,群众对此反映强烈。

⑲自1998年2月深圳率先推行行政审批制度改革以来,全国各地陆续开展了这项工作,取得了一定的成效。据统计,全国至少有14个省市的上百个地市县设立了类似的行政服务中心,同时,还创设了一系列对减少环节、提高效率行之有效的办理许可事项的具体做法。比如,一个窗口对外、集中受理,有的地方将其称为"一门受理、窗口运作、统一收费、承诺办结"的"一站式"服务方式,绍兴、连云港、徐州、无锡、盐城、宿迁等地都是采用这种方式。又如,并联审批,这是杭州较早研究探索的一种审批方式,其后,上海、北京等地纷纷效仿。其基本做法是:对企业的前置性审批项目,一改过去由申请人一个部门、一个部门分别挨家跑的做法,实行"工商受理,抄告相关,并联审批,限时完成",即工商部门受理企业申请后,抄告相关行政部门,在规定的时间内,各部门同时进行审批,并通过网络进行意见反馈。再如,在一些地方,也有对需几个部门分别审批的事项,明确一个主办部门,采取联合审批或者会签的做法,实行主办单位负责制,做到多项合一、一次收文,联合审批、一次审结。此外,在实行"一站式"服务的集中式审批做法中,对不同的审批事项实行分类办理。比如,对比较简单的审批事项直接在中心当场办理,对比较复杂的如建设项目、工商登记、税务登记,中心先受理后提请部门论证、决定,实行"六个制"的操作方法,在规定的时间内办结。即通常说的,一般事项实行直接办理制,特殊事项实行承诺办理制,涉及几个部门的事项实行联合办理制,需要上报事项实行跟踪办理制,国家明令限制的事项实行明确答复制,进入中心的所有收费项目实行一个窗口收费的扎口管理制。参见汪永清主编:《中华人民共和国行政许可法释义》,中国法制出版社2003年9月第1版,第77-80页。

⑳上海浦东新区在行政审批改革试验中,在部分企业设立、开业所涉及的

10个行政许可事项中试行告知承诺制。其基本做法是，由工商部门一家受理，在核定的经营范围时，书面告知申请人从事某一生产经营活动所应当遵循的法律法规和应当符合或者达到的条件、标准和要求以及企业应当承担的法律责任。在申请人书面承诺已达到法律法规规定的条件、标准和要求，并承诺承担相应的法律责任后，即可对申请人所申请的事项表示同意或者许可，并在7个工作日内由许可机关和工商部门分别颁发许可证和营业执照。许可机关应视所申请事项具体情况，在三个月内对企业是否符合或者达到条件、标准和要求进行核查。对经核查不符合或者未达到相关条件、标准和要求的，可给予必要的行政处罚或者采取必要的行政措施，直至撤销同意或者许可。有学者对此评价认为：告知承诺制一反行政机关主导的传统行政许可理念，运用契约形式来处理法律上的强制性规定，用双方合意来处理传统上行政机关的单方权力行为，在保持行政机关必要的控制权的前提下，最大限度地发挥了市场主体的能动作用，是行政许可迈向市场化的重大举措，更是行政许可价值取向的根本性转变，有可能引起我国行政审批制度改革的根本性转变。但告知承诺制在法律上存在障碍，主要表现为：一是告知承诺制没有法律法规依据，我国对一些企业仍然实行前置性许可。二是告知承诺制旨在通过承诺协议"逐步实现责任主体由政府部门向市场主体的让渡"，有可能导致某些许可机关以此为由放弃监管责任，为某些行政机关规避许可责任提供借口。三是告知承诺制有可能忽视对第三人的保护。因为许可机关在有申请人的承诺而直接给予申请人许可之后，申请人即获得了从事经营的合法资格，但在许可机关检查之前，申请人是否符合从事经营的法定条件，皆系于申请人的一纸承诺。在此情况下，与申请人进行业务往来的第三人的风险势必增加。也正因为如此，告知承诺制目前一般只适用于以下几类审批项目：一是审批只需形式审查，而重点是审批后监管的项目；二是不涉及公民人身权、财产权以及不涉及公共安全或者公共利益的项目；三是符合中国加入世贸组织承诺开放领域的项目。在全国人大常委会审议行政许可法期间，有人提出行政许可法应当对告知承诺制作出规定。但多数意见认为，作为一种试验，地方可以进行探索，但在有关法律、法规未作修改前，由行政许可法对这个问题作出统一规定的条件尚不成熟。据此，行政许可法对此没有作出相应规定。参见汪永清主编：《中华人民共和国行政许可法释义》，中国法制出版社2003年9月第1版，第80-82页。

㉑以绍兴市"便民服务中心"为例。该中心成立于2000年9月，其作为市政府的派出机构，主要履行有关行政审批的组织、协调、监督、管理和服务职能。在对该中心职能进行科学定位的基础上，市政府专门规定了关于中心审批的四项原则：一是能进则进。凡是符合进中心条件的部门和审批项目，一律进入中心，这样就把审批事项较多，且与企业和个人关系密切的计委、经委、外经、建

设、公安、工商、土地、房管、劳动、环保等部门纳入中心。二是一事一地。即一个审批项目只能在一个地方办理，凡已进入中心的审批事项再到原部门去办。三是充分授权。部门对在中心设立的窗口要充分授权，使窗口能够独立行使审批权。四是既受又理。各窗口既能受理审批事项，又能办理审批事项。通过这四项原则使中心实现了一站式审批和全过程服务，使企业和个人能够"进一家门办成，盖一个章办好，收规定费办完，按承诺日办结"。为了使中心规范运作，中心对外实行"三个五"的运作机制。一是"五公开"，即向社会公开中心的服务内容、办事程序、申报材料、承诺时限、收费标准；二是"五件管理"，即将审批事项分为即办件、承诺件、联办件、退回件和补办件，并分别规定相应的处理办法；三是"五制办理"，即对一般事项实行即时办理制，特殊事项实行承诺办理制，重大事项实行联合办理制，控制事项实行明确答复制等。由于审批的程序非常规范，中心的运作效果理想，截至 2002 年 4 月 13 日，中心共受理各类审批事项 138160 件，已办结 124860 件，按期办结率达 100%。这些改革成果为立法积累了一定的经验。参见汪永清主编:《中华人民共和国行政许可法释义》，中国法制出版社 2003 年 9 月第 1 版，第 77－80 页。

㉒也有人认为，集中式审批中心造成了人力资源的浪费，重复建设造成了财力浪费，而且打破了现有行政管理体制，增加了行政环节和行政成本。还有人认为，各种审批服务中心的根本缺陷在于它只具有咨询和协调职能，很大程度上只是各部门联络和沟通的渠道，中心本身并无实质性的审批权以及审批人员的管理权，至多原部门和中心实行双重管理，因此，具有一定的脆弱性。一旦中心失去支持，部门间缺乏合作，建立在中心之上的许可运作不仅可能会出现反弹，致使中心破产，回归原状，而且有可能加大部门间的磨擦和冲突。同时，一些重大、复杂的许可事项，很难完全进入中心运作，"前店后厂"在所难免。

㉓在过去的实践中，对从事某一项活动可能需要由地方人民政府两个以上的部门分别实施行政许可，往往实行并联式审批，申请人跑完一个部门后，再去跑另一个部门，这样，对涉及多个部门实施行政许可的事项，申请人获得许可可能已经是几个月甚至是一两年后的事情了。比如，据上海市 2000 年 9 月《关于上海市行政许可状况的调研报告》显示，从事建筑工程项目需要经过的行政许可最多，一般在 100 个环节以上，工业企业项目的行政许可环节要比商业企业的行政许可环节多。具体说，以房地产项目为例，从申请到销售现房至少需经过 50 个行政许可，包括立项审批、规划用地许可、环境测试审核、可行性报告审核、建设用地审批、建设用地规划许可、建设工程规划许可、建设工程卫生防疫许可、消防审核、施工许可、使用煤气许可、供电许可、污水排放许可、电话进区许可、给水许可、有线电视进户审批、住宅建设配套审批、预售许可，等等。再如，以开办旅馆、宾馆申领营业执照为例，其需要经过的许可环节至少涉及治安

许可、特种行业许可、消防许可、食品卫生证、公共场所卫生许可五个环节,如果有的再加上环保排污许可,有些可能涉及文化经营许可、体育经营许可、烟草零售许可等,就更多了。还如,重大建设项目工程审计预决算验证资质,就有计委、建设、审计、财政等多家审批单位;音像制品经营管理,既涉及省、市、县三级管理,又涉及广电、文化、新闻出版等多个部门。

㉔这种方案类似于地方实践中的"工商受理,抄告相关,并联审批,限时完成"的做法。这种方式多在基本建设项目审批、企业工商登记许可中采用。比如,北京市政府《关于实行企业登记互联审批意见的通知》规定,在全市范围内实行企业登记"一家承办、转告相关、互联审批、限时完成"审批制度。结果,409个相关职能部门都实现了互相联通,企业取得营业执照的时间缩短了三分之二,前置审批事项减少了四分之三,受到企业的普遍欢迎。

㉕这种方案类似于主办单位负责制,对需几个部门分别审批的事项,先明确一个主办部门,然后采取联合审批或者会签的做法,实行多项合一、一次收文,联合审批、一次审结。烟台市行政审批中心对需几个部门办理的审批事项实行的"联审办理制"也属于联合办理,其做法是,由第一责任窗口协调联办窗口办理,或由中心管理办公室主持召开联审会议,协调各有关部门在规定的时限内办结审批事项。

㉖这种方案"集中办理"相当于前面介绍的集中审批服务中心、审批大厅等。

第四章　行政许可实施程序

一、行政许可实施程序概述

(一)行政许可实施程序的概念

行政许可程序是指国家为保障行政许可权公正、有效地行使而规定的有关行政许可申请、受理、审查、决定(包括准许或拒绝)、变更、复查、废止、撤销、转让的步骤、顺序、方式、形式、时限以及相关的程序性制度的总称。建立行政许可实施程序制度是规范行政许可行为、防止行政许可权的滥用、保护行政相对人的合法权利、提高行政许可效力的重要措施。

目前,国外对行政许可程序的规定多见于各国的《行政程序法》,也见于一些单行的法律和行政机关制定的规则。主要有两种规定方式:一是适用一般程序原则,只规定行政许可程序与其他行政行为程序相同的程序法律规范,即在《行政程序法》中只作一般规定,如瑞士《行政程序法(1968 年)》、奥地利《普通行政程序法(1991 年)》、我国台湾地区《行政程序法(1999 年)》等等,具体程序由单行的法律、法规规定;另一种是通过在行政程序法中设立专章、专节、专条的形式,对行政许可程序加以特别规定,如日本《行政程序法(1993 年)》、联邦德国《行政程序法(1997 年)》、美国《联邦行政程序法(1976 年)》等等。目前,我国尚无统一的行政程序法,有关行政许可的程序法律规范,在《行政许可法》出台之前,散见于90多部法律、400多部行政法规以及大量的行政规章中，其内容涉及经济、文化、环境卫生、社会管理等诸多方面。《行政许可法》第四章专门对行政许可的程序作了详细规定。

(二)建立和完善行政许可实施程序的意义

在行政许可法中对行政许可的实施程序作出规定，是由程序法制的重要性决定的。

1. 科学的行政许可实施程序是使行政许可决定正确、合法的保障。合理的行政许可程序能够预防并减少行政机关实施行政许可行为的随意性，防止行政机关因误认事实或者基于不充分的信息而作出错误的行政许可决定，有助于提高行政许可决定的合法性、正确性。而不合理的行政许可程序则有可能使行政许可的实施机关难于全面掌握与申请行政许可有关的信息，导致出现认定事实上的错误，从而加大了作出错误行政许可决定的几率。

2. 合理的行政许可程序有利于行政许可过程高效、便民。行政许可做到高效、便民，就要认真设计实施行政许可的程序。繁琐、高成本和官本位的程序，不仅会阻碍程序自身目的的实现，还会影响实施行政许可的社会效果；不仅降低行政效率，而且扰民、困民。[①]将既能提高行政效率，又能保护公民权益的合理程序予以法律化、制度化，免去不必要的程序或者简化繁琐的程序，是提高行政管理效能、方便行政相对人的必然要求。

3. 设置精良的行政许可实施程序是防止行政权力滥用和权力寻租的重要手段。现代行政程序的一个重要功能是限制、制约行政机关滥用权力。公民、法人或者其他组织通过有关公开化的制度设计和行政相对人的参与机制(如行政机关事前公布的有关行政许可程序的规定、作出行政许可决定时的说明理由)，可以了解行政机关行使自由裁量权考虑的因素与法律规定之间的距离，从而监督行政许可实施机关正确行使自由裁量权。

4. 具有民主精神的行政许可程序是实现公众参与权的重要途径。行政许可的实施程序中对公民参与、行政机关听取意见、听证等制度的规定，体现了行政机关将公民、法人和其他组织作为行政管理中的主体而不是客体加以对待，这是对公民、法人或者其他组织人格尊严的尊重，这不仅有利于建立良好的政民关系，而且有利于推动政治文明建设。

5. 设定具有针对性的行政许可程序是解决存在问题的重要措施。在行政许可法中对实施行政许可的程序加以规范，也是为了适应解决我国行政许可实施存在的突出问题的现实需要。[②]由于行政许可程序规定的缺位以及某些行政许可程序规定的不公正，严重影响了行政许可制度实施的社会效果，必须根据公正程序或正当程序的要求完善行政许可程序。只有这样，才能实现行政许可的目的。

(三)行政许可实施程序的基本原则与制度

1. 基本原则

我国行政许可法设定行政许可所遵循的基本原则是：

(1)程序法定原则，即行政许可的程序的设立必须有法律上的依据，许可机关在实施行政许可时必须严格遵循法定程序和正当程序，不得随意增加、变更、废除法定程序。

(2)公开公正的原则，即要求许可机关平等对待各方当事人，并对有关信息、情报加以公开披露，及时、全面地履行告知、公告、提供咨询以及说明理由的义务。

(3)民主参与的原则，即行政许可的全过程应高度尊重行政相对人的参与权，使行政许可的实施过程成为行政许可机关与许可申请人、利害关系人之间良性互动的过程，在此过程中行政许可机关应认真听取并考虑许可申请人、利害关系人的意见，高度尊重申请人、利害关系人的知情权和表达权。

(4)高效便民的原则，即在符合上述原则的前提下，行政许可程序应简便、快捷、高效，尽量为申请人提供方便，尽可能减少行政相对人为获得行政许可所付出的成本。

2. 行政许可实施程序的基本制度

行政许可的实施必须坚持以下程序性制度。

(1)公开制度

行政许可事务公开制度，是指除法律规定免于公开的情形之外，行政机关必须向公民提供有关行政许可范围、主体、管辖、程序、法律后果等资料、信息、情报的制度。《行政许可法》第三十条第一款规定，行政机关应当将法律、法规、规章规定的有关行政许可的事项、依据、条件、数量、程序、期限以及需要提交的全部材料的目录和申请书示范文本等在办公场所公示。第三十三条规定，行政机关应当建立和完善有关制度，推行电子政务，在行政机关的网站上公布行政许可事项。第四十条规定，行政机关作出的准予行政许可决定应当予以公开，公众有权查阅等等。

(2)回避制度

回避制度，系指行政机关的工作人员在行使职权过程中，因其与所处理的行政事务有利害关系，为保证实体处理结果和程序进展的公正，依法暂停其职务行使的制度。根据《行政许可法》第四十八条的规定，行政机关应当指定审查该行政许可申请的工作人员以外的人员为听证主持人，申请人、利害关系人认为主持人与该行政许可事项有直接利害关系的，有权申请回避。此外，在实施行政许可的过程中，如果参与审查和决定的工作人员与所申请许可的事项有利害关系的，也应当主动申请回避。

(3)告知制度

告知制度，是指行政机关应对所作的不予行政许可决定说明理由，并就行政许可的有关信息、资料，以及申请人、利害关系人的实体性权利和程序性权利,向申请人和利害关系人告知、解释的制度。《行政许可法》第三十二条规定,申请事项依法不需要取得行政许可的,许可机关应当即时告知申请人不受理;申请事项依法不属于本行政机关职权范围的,应当即时作出不予受理的决定,并告知申请人向有关行政机关申请;申请材料不齐全或者不符合法定形式的,应当当场或者在五日内一次告知申请人需要补正的全部内容。第三十六条规定,行政机关对行政许可申请进行审查时,发现行政许可事项直接关系他人重大利益的,应当告知该利害关系人。第三十八条规定,行政机关依法作出不予行政许可的书面决定的,应当说明理由并告知申请人享有依法申请行政复议或者提起行政诉讼的权利。

(4)听取意见制度

听取意见制度,是指行政许可实施主体在实施行政许可的过程中,应允许申请人、利害关系人陈述事实、申辩理由,并听取、考虑其意见的制度。如《行政许可法》第三十六条规定,行政机关对行政许可申请进行审查时,发现行政许可事项直接关系他人重大利益的,应当告知该利害关系人,而申请人、利害关系人有权进行陈述和申辩,行政机关应当听取申请人、利害关系人的意见。第四十六条规定,法律、法规、规章规定实施行政许可应当听证的事项,或者行政机关认为需要听证的其他涉及公共利益的重大行政许可事项,行政机关应当向社会公告,并举行听证。第四十七条规定,行政许可直接涉及申请人与他人之间重大利益关系的,行政机关在作出行政许可决定前,应当告知申请人、利害关系人享有要求听证的权利;申请人、利害关系人在被告知听证权利之日起五日内提出听证申请的,行政机关应当在二十日内组织听证。

3. 便民制度

便民制度,是指行政主体在实施行政许可的过程中应尽量为行政相对人提供方便,尽可能降低行政许可申请人成本,行政机关应当积极创造条件方便人民群众的制度。如在方便公民、法人或者其他组织申请行政许可方面,《行政许可法》第二十九条规定,申请书需要采用格式文本的,行政机关应当提供行政许可申请书格式文本;申请人提出行政许可申请,可以通过信函、电报、电传、传真、电子数据交换和电子邮件等方式提出,可以委托代理人提出,不必都亲自前往行政机关提出申请。第三十条规定,行政机关应当公开有关行政许可的规定,并向申请人进行解释、说明;第三十二条规定,申请材料存在可以当场更正的错误的,应当允许申请人当场更正;申请材料不齐全或者不符合法定形式的,应当当场或者在五日内一次告知申请人需要补正的全部内容。第三十四条规定,行政机关应当大力发展电子政务,方便申请人了解有关行政许可规定、提出行政许可申请。

4. 期限制度

期限制度,是指为了提高行政效率、降低行政成本,行政主体和相对人必须在法定或指定的期间内完成一定行为的制度。《行政许可法》在第四章第三节专门规定了实施行政许可的期限。其具体内容是:除可以当场作出行政许可决定的外,行政机关应当自受理行政许可申请之日起二十日内作出行政许可决定。二十日内不能作出决定的,经本行政机关负责人批准,可以延长十日,并应当将延长期限的理由告知申请人。但是,法律、法规另有规定的,依照其规定。《行政许可法》第四十二条规定,依照本法第二十六条的规定,行政许可采取统一办理或者联合办理、集中办理的,办理的时间不得超过四十五日;四十五日内不能办结的,经本级人民政府负责人批准,可以延长十五日,并应当将延长期限的理由告知申请人。第四十三条规定,依法应当先经下级行政机关审查后报上级行政机关决定的行政许可，下级行政机关应当自其受理行政许可申请之日起二十日内审查完毕。但是，法律、法规另有规定的，依照其规定。第四十四条规定行政机关作出准予行政许可的决定，应当自作出决定之日起十日内向申请人颁发、送达行政许可证件，或者加贴标签，加盖检验、检测、检疫印章。第四十五条规定行政机关作出行政许可决定，依法需要听证、招标、拍卖、检验、检测、检疫、鉴定和专家评审的，所需时间不计算在本节规定的期限内。行政机关应当将所需时间书面告知申请人。

(四)我国行政许可实施程序的基本特点

针对我国行政许可实施程序中存在的现实问题，按照现代行政法治特别是程序法制对行政许可制度提出的要求，行政许可法专设第四章对行政许可的实施程序予以规范。行政许可法有关行政许可实施程序的规定具有以下特点：

1. 为便于申请人申请行政许可，大胆进行制度创新。行政许可法确立了公开制度、行政许可申请书的格式文本制度、多种形式申请制度、一次性告知制度、当场受理与当场决定制度、推行电子政务等等。

2. 严格规范行政许可实施程序的主要环节。行政许可法对行政许可的申请、受理、审查、决定、变更、延续等主要环节都进行了详细的规范，以防范行政机关实施行政许可时随意性太大、自由裁量权无边的现象。

3. 通过制度设计，保证行政许可决定的正确性、公正性。行政许可法规定了听取第三人意见制度、听证制度、作出准予行政许可决定的标准制度(无数量限制的行政许可申请人符合法定条件即应取得行政许可、有数量限制的行政许可按规则确定被许可人)、作出不予行政许可决定的说明理由制度等。

4. 一般程序与特殊程序相结合。行政许可法考虑不同行政许可事项的不同特点，既规定了从申请、受理到作出行政许可决定的一般程序，又针对行政许可的不同类型规定了特别程序，分别规定了实施行政许可的特殊主体程序、听证程序、不同类型的程序（包括招标拍卖程序、考试考核程序、核准程序、登记程序等）、有数量限制的许可程序等。

二、行政许可一般程序

行政许可一般程序是可以适用所有类型的行政许可的程序。行政许可法中的一般程序仅包括行政许可的申请、受理、审查、决定四个环节。考虑到变更、延续程序实际上也属于一般程序的范围，故本书也将其纳入一般程序加以阐述。这些内容都与行政许可程序参加人的权益直接相关，在《行政许可法》中具有重要地位。

（一）申请与受理程序

行政程序的启动有两种方式：一是行政机关依据自身职权启动行政程序；二是依据当事人的申请启动行政程序，行政机关无权主动作出行政行为。行政许可程序属于后者，其程序的发动必须以当事人向行政许可实施主体提出申请为前提。实践中，存在的主要问题是：行政机关有关行政许可的规定很少公开，申请人不清楚如何申请行政许可或向谁提出行政许可；申请人申请行政许可都要前往行政机关办公场所亲自提出申请，费时费力，也容易导致行政机关与申请人之间的不正当接触；行政机关收到行政许可申请后，对申请材料不符合要求的，不一次告知申请人如何改正，而让申请人反复修改、多次奔波；行政机关收到申请材料后不出具书面凭证，申请人起诉行政机关的不作为违法时难以举证。行政许可法针对这些弊端，作出了一系列的规定。

1. 申请的实质要件

申请行政许可是指公民、法人或者其他组织向行政机关提出拟从事依法需要取得行政许可的活动的意思表示。公民、法人或者其他组织拟从事依法需要取得行政许可的活动的,必须提出行政许可申请;公民、法人或者其他组织不提出申请,行政机关便无义务审查其申请,也不能擅自准许公民、法人或者其他组织从事依法应当取得行政许可的活动。

一个有效的行政许可申请必须具备如下要素:(1)申请人必须具有相应的行为能力;(2)申请人必须明确作出申请许可的意思表示;(3)被申请的行政机关必须依法享有实施相应行政许可的权力;(4)多数情况下,申请人应当向被申请机关提交符合条件的申请书及其他法定的申请材料,并满足一定的形式要件;(5)某些行政许可必须在一定的期限内提出申请,如企业税务登记必须在企业获准成立之日起的一定期限内,向税务机关提出申请。

2. 申请的主体

可以提起行政许可申请的主体,既包括公民个人,也包括法人或其他组织。根据《行政许可法》的规定,申请人可以亲自申请,也可以委托代理人提出行政许可申请。但是依法应当由申请人到行政机关办公场所提出行政许可申请的,申请人委托代理人提出申请,申请无效,行政机关不予受理。原则上允许委托代理人提出申请,这为申请人提供了灵活方便的选择,而其例外情况多为具有人身属性、不可替代的许可申请。例如,申请机动车驾驶证,便须由申请人自己接受身体检查,不能由他人代替。再如,根据《收养法》的规定,外国人在中华人民共和国收养子女,应当与送养人订立书面协议,亲自向民政部门登记,并到指定的公证处办理收养公证。申请人委托代理人提出申请,应当出具授权委托书,载明委托事项和代理人的权限。代理人受申请人的委托提出申请,应当向行政机关出示能证明其身份的证件。

3. 申请的形式

在国外以及其他地区,行政许可申请的形式通常以书面为主,但也允许口头申请。如葡萄牙《行政程序法》规定,利害关系人应以书面方式提出申请,并规定了书面申请的具体记载事项;我国台湾地区《行政程序法》规定,当事人得以书面或口头方式提出申请,行政机关有义务对口头申请制作笔录。我国行政许可法强调了书面形式,即在一般情况下,作为行政机关与行政管理相对人之间的行为,可通过书面方式进行。理由是:在申请人与行政机关之间就申请人是否提出行政许可申请产生争议时,便于有据可查;为了维护申请行为的严肃性,便于行政机关处理行政许可申请,申请宜以书面方式提出。如果申请人以口头方式提出行政许可申请,行政机关工作人员应当请申请人以书面方式提出。

随着现代通信技术和互联网的发展,申请人可以通过信函、电报、电传、传真、电子数据交换和电子邮件等多种方式向行政机关提出申请。这既是适应现代电子科技发展特别是网络化进程而作出相应改革调整的需要,也是贯彻现代行政程序法高效便民原则的要求。以电子数据交换与电子邮件方式提出申请同样属于正式的书面申请,这些新申请方式的广泛运用无疑将大大节省行政许可的社会成本,提高行政许可机关的办事效率,是行政许可申请多样化最主要的发展方向,同时各级政府和行政机关也有义务不断提高这些新申请方式的安全性与普及率。通过信函、电报、电传、传真、电子数据交换和电子邮件方式提出行政许可申请,主要适用于只需要申请人提交有关书面材料,不用提交实物、样品的行政许可。其中,通过电子数据交换、电子邮件方式提出行政许可申请,在许多地方还是新鲜事物,面临着材料的保密性、签名的真实性、材料的安全性等方面问题以及相应的人、财、物配套要求,在具体操作程序上有待完善;如果发生争议,存在举证困难等问题,因此,行政许可法只作了倡导性的规定,没作严格要求。

行政许可申请书需要采用格式文本的,行政机关应当向申请人提供行政许可申请书格式文本,这是行政机关的一项义务。作此规定的目的在于:一方面,通过统一申请文本、规范文书内容、提高办事效率,以方便公民申请;另一方面,有助于健全申请登记,也是证明申请人曾经向许可机关提出申请的证据材料,在行政诉讼中可以作为书证使用。行政机关制定的申请书格式文本,其内容应当简单明了,通俗易懂。[③] 为了防止填写行政许可申请书构成对个人、企业的不合理负担、侵犯商业秘密与个人隐私,行政许可法规定,行政许可申请书格式文本的内容只能包含与证明申请人是否符合行政许可条件有关的事项,不得包括与行政许可事项没有直接关系的其他内容。一般说来,如果某一事项与行政许可申请人是否具备取得行政许可的条件没有直接关系,该项内容就不应该出现在行政许可申请书中。基于便民原则,行政机关提供行政许可申请书格式文本的,还应当指导申请人填写申请书格式文本,行政机关可以示范如何填写有关申请书,也可以公开填写好的行政许可申请书的示范文本。根据《行政许可法》第五十八条的规定,行政机关提供行政许可申请书格式文本,不得收费。

4. 申请的方式

多数行政许可事项,行政许可申请人是否符合取得行政许可的条件和标准，是可以通过申请人提供的有关书面材料来证明的，其本人是否亲自到场一般不影响能否取得行政许可。此外，申请人前往行政机关提出行政许可申请，容易出现因行政机关工作人员与申请人过多接触而进行权钱交易的现象，还会增加申请人的奔波劳累，所以从促进政府行为廉洁、高效的目标出发，应当严格控制前往行政机关提出行政许可申请的行政事项范围。因此，行政许可法没有规定申请人必须亲自前往行政机关办公场所提出行政许可申请。当然，一些与个人面貌特征相关、依法需要申请人亲自到行政机关场所提出申请，以防止冒名顶替、弄虚作假的行政许可事项，申请人依法还是应当到行政机关办公场所提出行政许可申请。如果确有必要直接到行政机关办公场所申请的，也应当由法律、法规、规章予以明确。凡法律、法规、规章没有明确规定必须到办公场所提出行政许可申请的，行政机关均不得拒绝接受申请人委托代理人或者通过邮寄、数据电文等方式提出行政许可。

5. 申请人的责任

首先，申请人提出申请，必须有真实、明确的意思表示，不得含糊其辞，使行政机关难以判断。其次，对于法律、法规规定有申请期限的许可，申请应当在法定期限内提出。④最后，行政许可是行政机关实施行政管理的一种事前控制手段，为防止不适合的人取得行政许可，法律、法规、规章往往规定了必须具备的条件，只有符合规定的条件才能取得行政许可。公民、法人或者其他组织是否符合规定的条件、能否取得行政许可，必须由其自己举证，而举证主要是由申请人提交申请材料完成的。通过将申请人提出符合法律规定形式、数量和种类的申请材料及提供的情况与法定条件相比较，行政机关才可以判断申请是否符合法定条件。目前存在的问题是，有的行政许可申请人提供虚假材料、不提供真实情况，以骗取行政许可。[5]针对这种情况，《行政许可法》第三十一条规定，申请人申请行政许可，应当如实向行政机关提交有关材料和反映真实情况，并对其申请材料实质内容的真实性负责。根据上述规定，申请人提供申请材料、反映情况，不仅其申请材料形式本身要真实，其所反映的实质内容也要真实。[6]要求申请人对申请材料的真实性负责，是因为申请人为使行政机关获准其申请，必须向其提供相应材料并告知有关情况，以便行政机关审查决定，而为了保证许可决定的公正，申请人提供的材料必须属实。申请行政许可必须提供的材料包括有关事实证明材料、有关法律文书、有关前置行政许可文书等，如申请设立有限责任公司、股份有限公司必须提交由会计师事务所出具的验资报告，申请律师执业证书必须提交国家司法考试合格证书等材料，申请从事食品服务业经营必须提交卫生许可证与个人身体健康证明等等，这些材料的有无，直接关系到行政机关是否批准其行政许可申请。申请人应当对申请材料实质内容的真实性负责，至少包括两个方面的含义：一是如果造成损害，应当主要由申请人承担；[7]二是如违反上述规定，可以按照《行政许可法》第七十八条、第七十九条的规定追究行政许可申请人相应的法律责任。

6. 实施机关的相关义务

实践中比较突出的问题是，行政机关收到申请人的行政许可申请后，有的严重不负责任，既不告诉申请人行政许可申请是否符合法定形式、格式，也不告诉申请人有没有收到行政许可申请材料，一旦申请人申请行政复议、提起行政诉讼，就以未收到申请一推了事；有的故意刁难申请人，申请人的申请材料存在错误、不齐全、不符合法定形式的，不是一次告知申请人哪些申请材料需要补充、修改以及如何补充、修改，而是每次只告诉申请人申请材料中需要修改、补充的部分内容，这样，申请人需要不停地修改、多次补充材料，增加了人民群众的负担。针对这些问题，行政许可法区别不同情况，规定了行政机关必须履行的义务：

一是依法提供格式文本，且格式文本不得包含有与行政许可无关的内容。如某公民申请排污许可，其性别、婚姻状况等即与该公民能否取得该项行政许可无关，行政机关制定的行政许可申请书格式文本就不应包括这方面的内容。但如果某一企业申请生产特定的化学品，行政机关制定的申请书格式文本中包含的要求企业提供有关生产原料的燃点、闪点、毒性等理化性能指标以及事故应急救援措施等内容的，因其能够直接反映申请人是否具备取得化学品生产许可所要求的有符合国家标准的生产工艺、设备或者储存方式、设施，有健全的安全管理制度，应当视为与申请行政许可事项有直接关系。

二是申请人口头申请的，应当作好记录。我国行政许可法虽未明确规定口头方式，但我们认为对于一些较为简单的行政许可，应当允许相对人进行口头申请，例如申请在特定区域临时停车，对于申请人确实没有书写能力的，也应当允许申请人口头申请。但行政机关应当对当事人的口头申请制作笔录并经当事人核实后存档。当然，在大多数情况下应当要求当事人以书面形式提出申请。

三是应当将法律、法规、规章规定的有关行政许可的事项、依据、条件、数量、程序、期限以及需要提交的全部材料的目录和申请书示范文本等在办公场所公示。现代社会，随着行政管理活动的分工越来越细，行政管理规则的程序化、技术化越来越强，各类行政许可的申请程序及取得行政许可的条件也越来越呈现专门化的特点，申请人对行政许可的申请条件、申请程序以及申请行政许可要提交的材料往往不知道或者知之甚少。[8] 为了便于申请人提出行政许可申请,提高行政机关工作效率,同时,也为了解决因有关行政许可规定不够公开、透明而带来的行政机关实施许可"暗箱操作"的问题,行政许可法明确要求行政机关公示有关实施行政许可的规定。之所以规定在办公场所公示,一是为了增强公示内容的权威性,防止信息失真;二是为了便于公民、法人或者其他组织能够在固定的场所比较方便地查阅有关行政许可的规定,如果行政机关将有关行政许可的规定以及需要提交的全部材料目录和申请书格式文本在不为人所知的地方公示,显然达不到方便申请人申请行政许可、方便社会公众监督行政机关的目的。⑨对行政许可的事项的公示,可以使申请人了解该行政机关的职权范围,使其将许可申请提交给有权的机关。对行政许可数量的公示,可以使申请人了解其申请的许可是否为有数量限制的许可,并促使其及时提出申请。对行政许可依据、条件的公示,可以使申请人对自己是否符合行政许可的实质要件做到心中有数,同时申请人可以据此监督行政机关是否依法作出行政许可决定。对于程序、期限的公示,可以使申请人了解行政机关受理、审查和作出决定的流程,同时也可以了解自己的程序权利。将需要提交的全部材料的目录和申请书示范文本在办公场所公示,是为了让申请人了解行政机关受理申请时对申请材料的形式上的要求,方便申请人准备申请材料、撰写或填写申请表格,节省申请人的时间,提高行政机关的工作效率。

对于某些有数量限制、需要通过竞争取得的行政许可(比如采矿权的行政许可、货物出口的配额)或者有时间限制的行政许可(如法律职业资格认可的年度考试),为了便于行政机关处理行政许可申请,法律、法规、规章往往规定一段集中受理行政许可的期限,对于在规定时间以外提出行政许可申请的,往往不列入同期审查的对象。更为严重的问题是,对有数量限制的行政许可,如果行政机关已经将所有的行政许可证件全部颁发出去,在规定的集中受理行政许可申请的申请期限以后提出申请的公民、法人或者其他组织即使条件更优,也很难获得行政许可。为了防止出现这种情况,行政机关应当事先公布集中受理行政许可的期限,并应当使所有对该行政许可事项有兴趣、可能提出申请的公民、法人或者其他组织知悉,并且受理行政许可申请的期限长短应当与处理行政许可申请事项相适应,集中受理行政许可申请期限的信息的公布时间距开始受理的时间不能太短,以免想提出行政许可申请的人无法得知相关行政许可的信息、无法充分准备有关申请材料。

四是提供完整、准确、可靠的信息。申请人要求行政机关对公示内容予以说明、解释的,行政机关应当说明、解释。行政机关公示有关行政许可的规定以及向申请人答疑解惑,体现了现代政府便民、服务的施政原则。《日本行政程序法》第九条规定,除行政上特别的障碍外,行政厅必须在法令规定的申请受理机关的事务所张贴及以其他适当方法公布审查基准。中国加入《世贸组织工作组报告书》第 336 段也规定,中国应设立或指定一个或多个咨询点,在咨询点中可获得有关或影响货物贸易、服务贸易、与贸易有关的知识产权或外汇管制的法律、法规及其他措施的信息,以及公布的文本。该信息就包括负责实施特定措施的国家或国家以下一级主管机关(包括联络点)的名称。这一义务同样适用于行政许可程序。

根据《行政许可法》的规定,行政机关应当公示与本机关实施的行政许可有关、申请人申请行政许可需要了解的全部信息。行政机关公示的内容,不仅包括实施行政许可所依据的法律、法规、规章的有关规定,也包括行政机关制定的为实施行政许可而对申请与受理、审查程序所作的具体规定,其内容应当涵盖行政许可的事项、依据、条件、数量、程序、期限、费用以及需要提交的全部材料目录、行政许可申请书示范文本等与申请行政许可有关的全部信息。在实践中,除了本条明确列举的应当公示的内容外,行政许可的实施机关往往还应当将本机关的通信地址、联系电话、具体受理行政许可事项的机构以及监督电话等予以公布,以便于申请人通过书面方式提出行政许可申请、监督行政机关实施行政许可的行为。

五是不得要求申请人提交与其申请的行政许可事项无关的技术资料和其他材料。行政机关实施行政许可,只能要求申请人提交与行政许可事项有关的材料,因为只有与申请行政许可事项有关的材料才能直接反映、证明行政许可申请人能否依法取得行政许可。但是,在实践中,行政机关往往不告知申请人应当提交的全部材料,收到申请人的申请后不停地要求申请人补充各种材料,有的材料与申请行政许可事项一点关系都没有。针对这些问题,为了规范行政行为,减少行政机关实施行政许可的随意性,行政许可法从两个方面做了规定:一方面,第三十条从正面规定行政机关应当将申请人申请行政许可需要提交的全部材料的目录和申请书示范文本予以公开,接受申请人和社会的监督;[10]另一方面,又从反面规定行政机关只能要求申请人提供与申请行政许可事项有关的材料,不得要求申请人提交与其申请的行政许可事项无关的其他材料。无论是技术资料,还是其他资料,只要是与行政许可事项无关的材料,申请人均有权拒绝提供。一般说来,行政机关公示的申请行政许可应当提交的材料目录中没有列明的材料均应视为与申请行政许可事项无关。

六是及时告知申请人有关情况。这在下文中将详细叙述。

7. 收文凭证

根据《行政许可法》第三十二条第一款的规定，行政机关不予受理行政许可、告知申请人不需要申请行政许可、告知申请人向其他行政机关提出申请、一次告知申请人应当需要补正的全部材料的，受理行政许可申请的，都应当出具书面凭证，并且书面凭证应当加盖行政机关专用印章、注明日期。这样规定，便于申请人申请行政复议、提起行政诉讼，也便于行政机关进行内部监督。但如果行政机关受理申请后，既不出具受理凭证，也没有作出不予受理等决定，又久拖不结，应如何处理？这一问题的存在，一定程度上与行政许可法只规定了行政许可申请的受理凭证、未规定行政许可申请的收文凭证有关。实践中，申请人提出行政许可申请后，行政机关既不作出是否准予行政许可的决定，也不通知申请人对行政许可申请的处理情况，申请人为保护自己的合法权益，可以申请行政复议、提起行政诉讼。但是，申请人必须证明其向行政机关提出过行政许可申请，如果行政机关收到行政许可申请后不出具相应的凭证，必然导致公民、法人或者其他组织很难证明已经提出行政许可申请，因而其行政复议、行政诉讼请求很难得到支持。为减少行政机关实施行政许可的不作为现象，同时，便于监督行政机关是否在规定期限内作出行政许可决定，我们认为，尽管法律没有作出硬性规定，为了避免争议，行政机关应当向申请人出具收文凭证。

8. 受理前的审查

行政机关收到行政许可申请后，首先要确定是否予以受理。为此，行政机关需要对申请人提交的申请材料目录及材料格式进行形式审查。在确定是否受理行政许可申请时，行政机关不审查行政许可申请材料的实质内容，也不审查申请人是否具备取得行政许可的条件，但必须审查下列内容：(1)申请事项是否属本行政机关管辖范围；(2)申请事项是否属于依法需要取得行政许可的事项;(3)申请人是否按照法律、法规和规章的规定提交了符合规定数量、种类的申请材料;(4)申请人提供的行政许可申请材料是否符合规定的格式;(5)申请材料是否具有形式上的错误;(6)其它事项,如申请人是否属于不得提出行政许可申请的人,申请人提供的材料是否有明显的计算、书面错误以及类似错误等。

(1)申请事项依法不需要取得行政许可的,应当即时告知申请人不受理,并出具书面证明。对不需要取得行政许可的事项,之所以还要求行政机关告知申请人不受理,并且还要出具书面凭证,主要是防止因行政机关错误认定申请人从事某种活动不需要申请行政许可,而申请人从事有关活动后,行政机关又事后以依法需要申请行政许可为由追究申请人的责任。申请人是根据行政机关告知其不需要取得行政许可而从事有关活动的。对于依法应当申请行政许可的活动,如果申请人申请行政许可,行政机关错误地认为不需要申请行政许可的,事后发现申请人未经行政许可从事有关活动的,其责任应当由行政机关承担,而从事该项活动的公民、法人和其他组织不承担任何责任。公民、法人或者其他组织行使合法抗辩权的惟一证据就是行政机关告知其不需要取得行政许可的书面凭证。

(2)申请事项依法不属于本行政机关职权范围的,应当即时作出不予受理的决定,并告知申请人向有关行政机关申请。不属于本行政机关职责权限内的事,行政机关无权对申请人提出的行政许可申请作出实体处分。即使行政机关知道申请人申请事项依法需要取得行政许可的,也不得代替其他行政机关作出处理。这里所说的依法不属于本行政机关职权范围内的事项,包括超越法定事物管辖权的事项、[11]超越法定级别管辖权的事项、[12]超越法定地域管辖权的事项。[13]需要注意的是,这里的行政机关职权范围必须是依法确定的,即法律、法规、规章明确规定的行政机关职权范围。实践中,一些行政机关工作人员或因业务不熟、马虎大意或故意推诿,主观地认为行政许可事项不属于本行政机关职权范围就不予受理,这与本条规定的依法不属于本行政机关职权范围是有显著区别的。对依法属于职权范围内的事项,行政机关以不属于职权范围为由作出不予受理决定的,要依法追究有关责任人员的责任。从便民的原则出发,对行政许可申请事项,尽管不属于特定行政机关的职责范围,但该行政许可的实施机关知道受理该行政许可申请的行政机关的,应当告诉申请人向相应的有权行政机关申请行政许可或者径送有权行政机关处理。

(3)申请材料存在可以当场更正的错误的,应当允许并指导申请人当场更正。

实践中,一些行政机关工作人员机械恪守行政许可申请书(表)、行政许可申请材料不得涂改的要求,对申请人行政许可申请材料中某些细小差错(如部分文字错误、颠倒顺序),即宣布行政许可申请人的申请材料全部作废,要求申请人重新制作申请材料、重新申请行政许可,使申请人在行政机关、其他机关、申请人居所之间来回奔波,给申请人增加了不少负担。针对这种情况,行政许可法规定,申请材料存在可以当场更正的错误的,应当允许申请人当场更正。按照便民原则,行政机关可以指导申请人当场更正或者经申请人同意后代为更正,并在更正的地方加戳说明即可。[14]这里所说的可以当场更正的错误,主要指文字错误、计算错误或者其他类似错误。对行政许可申请材料存在这些错误的,行政机关应当允许行政许可申请人当场更正,不得仅仅以此为由拒绝受理行政许可申请。[15]如果行政机关未能当场发现行政许可申请材料存在可以更正的错误的,可以考虑通过下列方式解决:参照澳门地区行政程序法的规定,行政机关可以与申请人联系后直接予以改正；申请材料如果还同时存在材料不齐全或者不符合法定形式等问题的，行政机关可以一次告知申请人需要补正的全部内容，要求申请人补正申请材料中的有关内容。[16]

(4)申请材料不齐全或者不符合法定形式的，应当当场或者在五日内一次告知申请人需要补正的全部内容，逾期不告知的，自收到申请材料之日起即为受理。在我国，不少法律规范明确规定了申请应当提交的材料，[17]但有的规定不明确。实践中，一些行政机关发现申请人提交的材料不齐全或者不符合法定形式的，不是一次告知申请人应当补充、更正的全部事项，而是今天要求申请人补充一份材料、明天要求申请人修改申请材料中的另一部分，让申请人多次提交材料、多次补充、更正，使申请人往返劳顿。为减少申请人的奔波之苦，一些地方在行政审批改革中"一次告知、两次办结制"，即对申请人提交的材料不齐全、不符合规定形式的，行政许可的实施机关应当一次性告诉申请人需要补正的全部内容，这样，申请人最多去行政机关两次就可以完成递交行政许可申请的活动。行政许可法肯定了这一做法。根据《行政许可法》第三十二条第一款第四项的规定，行政机关在受理前的形式审查中发现申请人提交的申请材料不齐全或者不符合法定形式的，应当当场一次告知申请人补正有关材料；不能当场告知的，也应在5日内告知。申请人按照行政机关的要求一次补正了相应的材料后，行政机关即应当受理。行政机关逾期不告知的，自收到材料之日起即为受理。

行政许可法对于行政机关发出补正告知的期限作出了规定，但未对申请人完成补正的期限作出规定。这并不是说，申请人补正可以无限期地进行。《无公害农产品认证程序》规定：申请材料不规范的，申请人应当自收到通知之日起15个工作日内按要求完成补充材料并报中心。[18]规定申请人补正期限,可以促使申请人尽快提交补正材料,以尽快确定许可申请是否被受理,因此是必要的。虽然行政许可法对此未作规定,但有关法律、法规制定机关可以针对某一具体的行政许可的情形,规定补正期限;实施机关也可以视情况合理地指定期限。

申请材料不齐全与申请材料不符合法定形式是有区别的。申请材料不齐全是指申请材料的数量、种类没有达到法定要求,如应当提供多种材料,而行政许可申请人只提供了部分材料;而申请材料不符合法定形式则指申请人提供材料在形式上不具备法定要求。[19]对申请材料不齐全的,申请人需要补充依法需要提交的其他材料;对申请材料不符合法定形式的,申请人则需要提供符合规定形式的材料或者补正形式错误的申请材料。

如果行政机关告知错误,申请人经行政机关一次告知并按照其告知内容补正了有关材料,行政机关事后发现行政许可申请材料不符合有关条件和格式的,实施机关宜在取得申请人的谅解后要求申请人补正有关内容;不能补正的,可以作出不予行政许可的决定。因此对申请人财产造成损失且申请人要求予以赔偿的,行政机关应当依法承担赔偿责任。同时,对行政机关工作人员的错误告知行为要依法追究责任。

(5)对于明显不符合实质要件的,也可以作出不予受理的决定。实践中,有些法律、法规和规章明确规定了特定的公民、法人或者其他组织不得申请行政许可。[20]《行政许可法》第七十八条也规定,行政许可申请人隐瞒有关情况或者故意提供虚假材料申请行政许可的,行政机关不予受理或者不予行政许可,并给予警告;行政许可申请属于直接关系公共安全、人身健康、生命财产安全事项的,申请人在一年内不得再次申请行政许可。第七十九条规定,被许可人以欺骗、贿赂等不正当手段取得行政许可的，行政机关除依法撤销该行政许可外，并依法给予行政处罚；取得的行政许可属于直接关系公共安全、人身健康、生命财产安全事项的，申请人在三年内不得再次申请该行政许可；构成犯罪的，依法追究刑事责任。对申请人是否具有以上法律规定的情形的审查，似乎已经超出了形式审查（审查材料的数量、种类、形式，不审查材料的实质内容与申请人的真实情况）的范围。但对申请人明显不具备申请资格的，为了节约成本、提高效率，笔者以为，在这种情况下，实施机关可以在说明理由和依据后，在申请人无异议的情况下，依法直接作出不予受理的决定；否则，应先行受理，然后依法作出不予行政许可的决定。

9. 申请的受理

受理是指经对公民、法人或者其他组织提出的申请进行形式审查后，行政机关认为行政许可申请事项依法属于本机关职责范围，申请材料齐全、符合法定形式的，因而对其申请予以接受的行为。行政许可法规定，申请事项属于本行政机关职权范围，申请材料齐全、符合法定形式，或者申请人按照本行政机关的要求提交全部补正申请材料的，应当受理行政许可申请。

(1)受理的手续

受理或者不予受理行政许可申请，应当出具加盖本行政机关专用印章和注明日期的书面凭证。实践中，一些比较简单的行政许可案件，公民、法人或者其他组织当场申请行政许可的，行政机关可以不经受理程序当场即可决定是否准予行政许可，在这种情况下，似可不出具书面受理凭证。如申请特区通行证的，申请人在前往区公安分局，提交规定的材料后，即可当场领取通行证。如果强调必须先有一个受理程序再作出行政许可决定，反而繁琐扰民。[21]

根据《行政许可法》第五十七条的规定，对有数量限制的行政许可，行政机关应当根据受理行政许可申请的先后顺序作出准予行政许可的决定。据此，行政机关作出书面受理凭证还应当按照受理的先后顺序进行编号。

(2)受理的期限

受理期限问题在行政许可的申请与受理中是一个不能不关注的问题，因为在实践中往往出现行政许可申请提出后，行政机关拖延审查，过了很长时间才要求申请人补正材料。这时行政许可申请的受理日期是从申请人补正后计算，还是从申请人提出申请时计算？也就是说，要不要对行政机关受理行政许可规定一个期间。《行政许可法》第三十二条第一款第四项规定，申请材料不齐全或者不符合法定形式的，应当当场或者在五日内一次告知申请人需要补正的全部内容，逾期不告知的，自收到申请材料之日起即为受理；第五项中同时规定，申请人按照本行政机关的要求提交全部补正的申请材料的，应当受理行政许可申请。根据上述规定，如果能够当场作出决定的，应当当场告知申请人补正申请材料；不能当场作出决定的，也可以在收到行政许可申请材料5天内告知申请人补正申请材料。这一规定似乎隐含着一个为期5天的受理期间。但是，一般来说，相对人提出的材料是否齐全、是否符合规定的形式，行政机关是可以当场作出判断的；不能当场作出决定的，从提高行政效率出发，也应当尽快审查后告知申请人。[22]因此，如果行政机关怠于审查致使收到行政许可申请材料后长时间才发现行政许可申请材料不齐全或者不符合法定形式的，其受理期限不宜从申请人补正后计算，宜从申请人提出行政许可申请时计算(但是，申请人补正材料所花的时间应当排除在行政机关审查时间以外)。[23]从立法精神看，应当严格控制行政机关受理行政许可的审查期间，除法律、法规明确规定外，行政机关受理中的审查时间应当纳入审查行政许可申请的期限内，以督促其尽快审查行政许可申请、作出行政许可决定。少数行政许可事项比较复杂，行政机关需要很长时间才能准确判断申请人提交的申请材料是否齐全、是否符合法定形式的，可以通过单行法律、法规延长行政机关作出行政许可决定的审查期限，同时将受理的期间纳入审查期间予以解决。

(3)受理的后果

一个具备上述要素的有效的行政许可申请，必然引发如下后续程序和法律后果：合法的申请必须得到受理；已受理的申请必须在相应期间内得到答复；对申请的答复应当遵循法定的程序、具有合法的内容和必要的形式；对答复不满意可通过一定渠道寻求法律救济。自受理之日起，有关行政许可期限的规定开始适用，行政机关即负有在法定期限内作出是否准予行政许可决定的义务。行政机关在法定期间内不作出行政许可决定的，申请人可以依法通过行政复议、提起行政诉讼追究行政机关不作为的法律责任。

10. 电子政务的推行

在行政审批制度改革中，一些地方积极尝试通过发展电子政务，在政府网站上公开有关行政许可的规定，受理公民、法人或者其他组织采取数据电文等提出的行政许可申请，既提高了办事效率，也方便了申请人提出行政许可申请；同时，通过网络，行政机关之间可以沟通、交换行政许可信息，提高了办事效率，改善了行政许可的监督检查效果，起到了积极的社会效果。从世界范围看，实行电子政务也是大势所趋，我国政府也高度重视电子政务的建设。[24]因此，行政许可实施机关实施行政许可，也应当充分利用计算机技术和互联网平台。从目前的技术看，通过计算机网络，可以实行网上公布行政许可事项的规定、网上申请行政许可、网上审查行政许可申请、网上查询行政许可审查进展情况等工作。但是,在现阶段,电子邮件、电子数据交换等电子形式的文件,其真实性、安全性和保密性等网络安全问题和技术保障问题,还有待于从法律上加以解决。同时,各地经济、社会、文化发展水平不一致,在我国,全面推广电子政务还有待时日。因此,行政许可法对发展电子政务实施行政许可作了倡导性的规定。根据行政许可法的规定,行政机关应当创造条件并建立相关制度,如建立政府网站、将有关行政许可的规定在网站上公布、提供可以网上申报或者下载的行政许可申请书格式文本、指定专人负责接收申请人通过数据电文提出的行政许可申请等,方便申请人及时、有效地通过网络提出行政许可申请。行政机关与相关部门,尤其是作出行政许可决定的机关、前置行政许可的实施机关与后置行政许可的实施机关,在有关申请人的申请材料、申请人的信息方面应当创造条件,实现网络互联互通、信息实时交换,以便及时处理行政许可申请,监督检查申请人、被许可人的活动,提高执法效率。

但是,也应当注意到,通过电子数据交换申请行政许可的,由于技术上的原因,只要申请材料不符合规定格式的,计算机系统就会将申请材料自动退回。有的计算机系统只会告诉申请人其材料不符合格式,而不会告诉如何改正,如海关实行电子数据报关,当进出口货物的收发货人向海关传输申报的电子数据时,如果电子数据不能通过计算机的逻辑审查,其电子数据将自动退回,不会告诉申请人如何补正。对此,一方面要通过提升技术手段加以解决;另一方面可由行政机关将申请中经常出现的问题予以公示,以便于申请人及时修改其申请材料。

(二)审查与决定程序

行政许可的审查程序是指行政机关对已经受理的行政许可申请材料的实体内容进行核查的过程。行政许可的决定程序是指行政机关根据审查行政许可申请材料的结果，作出是否准予行政许可的决定的过程。行政许可的审查程序是行政机关作出行政许可决定的必经环节，审查的质量决定着行政许可决定的质量。行政许可的决定程序是行政许可审查程序发展的必然结果。

1. 审查程序

法律设定的行政许可条件的实现有赖于行政机关的审查把关。行政机关审查不严，对不具备行政许可条件的人予以行政许可，就会使设定行政许可制度的目的落空。因此，从这一角度看，行政机关审查行政许可申请人提交的申请材料，与其说是其法定职权，不如说更是其法定职责。针对实践中一些行政机关工作人员在审查中重权力轻责任、"给了好处乱办事，不给好处不办事"等问题，行政许可法对审查问题给予了高度重视。

(1)书面审查与实地审查

根据行政许可法的规定，行政机关审查行政许可申请材料最主要的方式是书面审查，即只审查申请人申请材料反映的内容。实行书面审查具有以下优点：一是申请人申请行政许可主要是通过提交有关申请材料来证明自己具备法定条件的，因此，行政机关的审查也应集中于其提交的申请材料上；二是行政机关实行书面审查能够减少行政机关办理行政许可的工作人员与申请人的不正当接触机会，有助于提高行政机关审查行政许可申请行为的公正性；三是行政机关实行书面审查，可以减少行政管理成本，减轻申请人的负担。

但是，书面审查也有其局限性：一是有些申请材料反映的情况不实，只审查申请人的申请材料可能难以发现真实情况；二是即使申请材料反映内容属实，但由于申请与审查存在时间差，可能申请材料反映的客观情况在行政机关审查时已经发生了变化。因此,对于某些许可,仅仅实行书面审查是不够的,必须辅之以其他审查方式。从实践看,行政机关审查行政许可申请还可以采取实地核查、当面询问、听证会、听取第三人意见、召开专家论证会等形式。行政机关可以依据设定行政许可的法律规定,结合行政许可事项的性质采取相应的审查方式。[25]例如,《食品卫生法》规定,食品卫生监督机构对食品生产经营企业和摊贩的申请材料进行初审后,应在规定的期限内委派食品卫生监督员深入现场进行卫生审查,对不符合卫生要求的环节,提出意见,给予指导,待改正后再进行审查,直至符合国家规定的卫生要求。又如,《无公害农产品认证程序》第九条规定,申请材料符合要求的,但需要对产地进行现场检查的,中心应当在10个工作日内作出现场检查计划并组织有资质的检查员组成检查组,同时通知申请人并请申请人予以确认。检查组在检查计划规定的时间内完成现场检查工作。

(2)形式审查与实质审查

所谓形式审查,是指行政机关仅对行政许可申请的形式要件是否具备进行审查,即审查其申请材料是否齐全完整、是否符合法定形式等,而对于申请材料的真实性、合法性不作审查。例如,《民办教育法》第十八条规定,民办学校取得办学许可证,并依照有关的法律、行政法规进行登记,登记机关应当按照有关规定即时予以办理。根据这一规定,民办学校的登记机关,不需要对民办学校的设立是否符合条件作实质审查,即不需要对民办学校办学的资金来源是否真实、教师是否具备资格、场地和校舍是否符合国家的有关规定等进行审查,因为这些内容已经由民办学校的审批机关如教育行政部门或者劳动部门等进行过审查。民办学校登记,目的仅是确立其法人资格,因此,只要取得了审批机关颁发的办学许可证,登记机关就应当即时予以登记。

形式审查要注意审查申请材料反映的申请人条件的适法性，即审查申请人提交的申请材料反映的情况与法律、法规和规章规定取得行政许可应当具备的条件是否一致。[26]由于形式审查不对申请材料内容的真实性进行审查，因此行政许可法规定，对于能够当场作出决定的，行政机关应当当场作出决定，以方便申请人，提高行政效率。

所谓实质审查，是指行政机关不仅要对许可申请的形式要件是否具备进行审查，还要对申请材料的实质内容是否真实、合法进行审查。[27]核查申请材料的真实性可以通过以下途径实现：一是由申请人承诺声明所述情况真实，否则承担相应的不利法律后果或者予以制裁；二是用申请材料中反映的内容互相进行印证；三是用行政机关已经掌握的信息与申请材料的内容进行印证；四是请求其他行政机关协助核实有关申请材料反映内容的真实性；五是，实地核查申请材料反映内容的真实性。有些行政许可，尤其是对物的行政许可，行政机关必须核实申请材料反映的内容是否与实际情况一致。[28]对于许可申请的实质审查，有的可以采取书面审查的方式，即通过申请材料的陈述了解有关情况，进行审查，但有的实质审查还需要进行实地核查，才能确认真实情况。例如，《液化气体铁路罐车(罐体)运输许可证发证规则》第七条规定，在对液化气体铁路罐车办理审查发证或复审过程中，必要时可实地核查液化气体铁路罐车。对于需要采取实地核查的，行政机关应当指派两名以上工作人员进行核查。行政机关工作人员在进行实地核查时，应当向当事人或其他有关人员出示执法身份证件，以表明自己正代表国家执行公务，否则当事人可以拒绝接受核查。例如，《专利实施强制许可办法》第十一条规定，国家知识产权局应当对请求人陈述的理由和提交的有关证明文件进行审查。需要实地核查的，国家知识产权局应当指派两名以上工作人员实地核查。要求行政机关派两名以上工作人员进行核查,主要是为了保证核查工作的公正性。

(3)听取申请人意见与听取利害关系人意见

在审查行政许可申请的过程中,必须重视申请人的意见,这是毫无疑问的。但申请人的主张及其依据一般都已经反映在其申请材料中。[29]但是,有的行政许可事项往往涉及第三人重大利益以及公共利益。例如,授予申请人建筑许可,可能直接影响该建筑物相邻权人的采光权、通风权。如果等到行政机关作出决定后,再由第三人提起诉讼,一旦准予行政许可的决定违法,就要撤销该决定并相应拆除建筑物,这会导致无法恢复的损害后果。为了防止此类事件的发生,有必要在行政机关作出准予行政许可的决定前就设置保护第三人的合法权益、社会公共利益的相关程序。

根据《行政许可法》的规定,行政机关在对行政许可申请进行审查后,发现行政许可事项直接关系申请人以外的第三人重大利益以及重大公共利益的,[30]行政机关作出在准予行政许可的决定前,应当告知利害关系人并听取其意见。在有数量限制的行政许可中,多人同时提出行政许可申请的,行政机关拟对其中一部分申请人作出准予行政许可的决定前,也应当告知其他申请人,并听取其意见。

行政许可法对行政机关审查过程中将行政许可申请事项告知利害关系人的方式未作具体规定。行政许可事项涉及特定公民、法人或者其他组织合法权益,行政机关能够知悉利害关系人的,可以直接向有关利害关系人转送申请书及申请材料;涉及不特定的多数人或者公共利益的,行政机关可以将行政许可申请及申请人的材料予以公告。[31]利害关系人可以提出反对准予行政许可的意见及理由,申请人也可以反驳利害关系人提出的意见。行政机关应当兼听双方意见,确保申请人和利害关系人都有陈述、申辩的机会和权利,并对他们提出的理由和依据进行认真研究,在此基础上作出相应的行政许可决定。

行政许可法有关听取利害关系人意见的规定限于直接关系他人重大利益的行政许可事项。但笔者认为,对于不直接涉及第三人的合法权益或者不涉及第三人重大利益的行政许可,为了审查申请人提供材料内容的真实性、合法性,扩大行政机关信息来源,行政机关也应尽可能地听取有关第三人的意见,以便掌握更充分的信息,作出公正、准确的行政许可决定。

对于情况复杂的或者重大的行政许可,实施机关应当采取极为慎重的态度,除给申请人、利害关系人以陈述和申辩的机会外,对符合听证条件的,应当按照听证程序举行听证。

(4)初审与终审

在我国,对有些行政许可事项,由多层级行政机关实施行政许可,下级行政机关审查同意(初审)后送请上级行政机关审查决定(终审)。[32]如《血液制品管理条例》规定,申请设置单采血浆站的,由县级卫生部门初审,经设区的市卫生部门审核同意,报省级卫生部门审批;经审查符合条件的,由省级卫生部门核发《单采血浆许可证》,并报国务院卫生部门备案。[33]

对同一事项,由多层级行政机关实施行政许可,在实践中暴露出来的突出问题是,上下级行政机关要求申请人提交同样的申请材料、上下级行政机关对同样的申请材料重复审查。在多层级行政许可中,申请人要往返于不同级别的多个行政机关,报送同样内容的多份材料,方便了行政机关,申请人则不堪重负。[34]针对这一问题,行政许可法作了如下有针对性的规定:

一是上下级行政机关对同一事项实施行政许可的,不再由申请人逐个地跑各级行政许可机关,而是由下级行政机关将初步审查意见和全部申请材料直接报送上级行政机关。多层级行政机关对同一事项实施行政许可,又可以分为两种情况:一种情况是,上下级行政机关权限划分比较清楚,上下级都有实体审查权。下级行政机关先行审查,主要是为了就近了解、核实申请人的真实情况,而上级行政机关最终作出决定,一般是基于经济布局、额度控制等需要。在这种情况下,上下级行政机关都有实体审查权,但审查权限与审查的重点是不一样的。[35]另一种情况是,上下级行政机关对同一事项只有审批权大小的划分,没有事项上的区别。[36]根据行政许可法的规定,在这两种情况下,对申请人来说,只要向下级行政机关提出申请书和材料即可,不需要向多个行政机关递送多份申请材料。过去由行政许可申请人与不同级别行政机关打交道的外部程序转化为上下级行政机关之间的内部程序,大大减轻了行政许可申请人的负担。

二是多层级行政机关实施行政许可的,上级行政机关不得重复要求申请人报送有关材料。如果上级行政机关要求申请人报送的材料与下级行政机关审查的材料并不重复的,上级行政机关可以要求申请人提供,但前提是,该材料应当是与申请行政许可事项有关的并且是依法必须由申请人提供的。否则,属于本法第三十一条规定的情形,应当予以禁止。

2. 决定程序

行政许可实施主体进行审查之后,具有依法作出决定的义务。[37]但作出决定的内容、方式、效力因许可事项的性质不同而不同。

(1)当场决定与定期决定

实践中,一些行政机关对公民、法人或者其他组织提出的行政许可申请或者故意拖延,或者严重不负责任,不在法定期间内作出处理决定,不作为现象比较普遍。针对这一问题,行政许可法确定了两种决定方式。

能够当场作出决定的，行政机关应当当场作出决定。行政机关当场作出行政许可决定，适用于比较简单的行政许可事项、行政机关能够经审查后当场作出申请人是否符合法定条件、能否取得法定行政许可的情形，如猪肉是否符合食品卫生标准的检疫、因市政建设临时占用道路的审批等事项，行政机关可以当场作出决定。

不能当场作出决定的，行政机关应当在法定期限内作出决定。对行政机关作出行政许可决定的期间，行政许可法第三节作了专门规定，行政机关应当遵守该节和有关法律、法规关于作出行政许可决定的期限的规定，不允许行政机关对行政许可申请久拖不决。

无论是当场决定还是定期决定，行政机关都应当按照规定程序作出行政许可决定，都必须根据审查结果作出相应的行政许可决定。所谓“按照规定程序”，是指依照行政机关审查决定行政许可的工作程序作出决定，如哪些问题由主要领导或者主管领导决定，哪些问题需要请示报告，哪些问题需要由负责人集体讨论决定等等。对这些程序，行政机关可以本着行政首长负责制原则作出具体规定。

(2)准予许可决定与不准予许可决定

行政机关经过审查行政许可申请，对申请人的申请必须作出一定的回应。这种回应是通过行政机关在其作出的书面决定中对申请人是否具备取得行政许可的条件予以认定体现的。申请人的申请符合法定条件、标准的，行政机关应当依法作出准予行政许可的决定；申请人的申请不符合法定条件、标准的，行政机关应当作出不予行政许可的决定。不允许出现对行政许可申请不予答复的情况。行政机关当场作出行政许可决定的，也应当按照本条的规定，认真审查申请人是否符合法定条件、申请人提供的材料反映的内容是否真实，在此基础上作出书面的准予行政许可或者不予行政许可的决定。

行政机关审查行政许可申请并作出是否准予行政许可的决定，必须考虑两个方面的情况：一是法定条件和标准，而不是行政机关或工作人员自行设定的、没有法律根据的条件、标准。二是申请人是否符合法定条件和标准。申请人的具体情况必须与法定条件、标准相一致或者优于法定条件、标准，申请人必须满足法定的全部条件和标准，申请人缺少其中任何一项条件，行政机关均不得作出准予行政许可的决定，只能作出不予行政许可的决定。行政机关及其工作人员在作出许可决定时，只能考虑应当考虑的因素，而不能受不相关因素的干扰，否则，就构成了滥用职权。[38]

行政机关作出的准予行政许可决定，应当予以公开，公众有权查阅。[39]公开行政许可决定，具有以下优越性：便于群众监督行政机关实施行政许可的行为，督促其依法行政；便于社会公众了解从事特定活动的公民、法人或者其他组织是否取得行政许可，有利于监督被许可人的活动；有利于预防和减少未经行政许可从事依法应当取得行政许可的活动的现象；为公民、法人或者其他组织生产、生活提供一定的信息，增加交易安全。正因为如此，公开行政决定已成为法治国家的一种普遍做法。[40]

如何公开准予行政许可决定？笔者认为，行政机关可以根据行政许可事项的性质和本机关的实际情况，选择适当的方式公开行政许可决定。行政许可决定的公开形式应当与公众对此问题的关注程度相适应，社会公众关注度较高的，如有数量限制的行政许可的被许可人、资格资质类行政许可的被许可人等，行政许可决定应当在普遍发行的报刊或者互联网上公开；而对社会公众关注度不高的事项，行政许可决定只要在行政机关办公场所公开即可。对行政机关公开的准予行政许可的决定,公众有权查阅。行政机关应当创造条件,保障公众的查阅权,而不得设置限制性条件阻挠公众进行查阅。[41]

当然,涉及国家秘密、[42]商业秘密[43]和个人隐私[44]的内容除外。在某些情况下,国家秘密、商业秘密、个人隐私和知情权会发生冲突。一方面,公众希望知道更多的有关行政管理的情况,并对有关信息加以利用;另一方面,每个人又不希望自己以及与自己有关的情况被他人过分关注,以维护自己的商业秘密和隐私权。要协调保护商业秘密、隐私权与知情权的关系,在我国的法律目前尚未对此类问题作出明确规定的情况下,应当注意以下问题:第一,行政机关收集的申请人的有关情况,应当是行政机关作出行政许可决定所必需的,行政机关不得要求申请人提交与行政许可事项无关的材料;第二,行政机关公开行政许可决定,如涉及申请人的有关情况,应当征求申请人的意见;第三,在我国目前情况下,对于个人隐私、商业秘密的认定不宜过宽,尤其是对于本身具有公示作用的行政许可更是如此。[45]

与之相联系的问题是:(1)公众查阅是否应当收费;(2)公众除了查阅外,可否摘记、复制有关准予行政许可的决定。笔者认为,除非法律、法规有明确的规定,公众查阅不得收取费用;除非法律有明确的禁止性规定,应当允许公众摘记、复制,但复制费应由复制人承担。

行政机关作出不予行政许可的决定,是指行政机关对申请人的行政许可申请书、申请材料以及申请人的实际情况审查后,认为其具备法定的全部行政许可条件或者不属于有数量限制的行政许可的条件优先者,因而对其行政许可申请事项作出消极的判断而依法作出的对行政许可申请予以拒绝的书面决定。[46]行政许可法针对现实存在的问题,[47]明确规定行政机关拒绝行政许可申请的,必须履行以下三项义务：

一是作出不予行政许可的书面决定。行政机关对申请人提出的行政许可申请不予批准的，可以通过下列形式作出不予行政许可的书面决定：(1)作出加盖本行政机关印章、注明日期的不予行政许可的书面决定；(2)在申请人的申请书、材料上注明不予行政许可的意思表示，并加盖本行政机关印章、注明日期。

二是说明不予行政许可的理由和依据。说明理由作为行政程序的一项制度，具有诸多积极功能和作用。[48]行政机关作出行政决定时说明理由，有利于促使行政机关在作出决定时就事实与法律问题进行认真考虑，慎重地作出决定；有利于行政相对人理解、信服其决定，化解行政相对人的对立情绪，从而有利于行政决定的执行；可以使公众更加了解行政机关对特定事务的见解和态度，提高其对行政行为的合理预期；有利于不服行政许可决定的相对人尽快通过行政机关内部救济途径寻求问题的解决，减少行政诉讼；有助于试图寻求司法救济的相对人了解行政决定作出的理由，权衡自己是否有足够的理由和胜诉的把握，避免无效诉讼或在诉讼中无的放矢；有利于复议机关或司法机关审查行政争议，了解行政机关作出该决定的动机与见解，方便其审查与裁决；有利于在可能发生的同类案件中树立先例，促进法律的平等适用及对公民的平等保护等等。正因为如此，说明理由已成为一种公认的正当程序要求。[49]说明理由制度主要适用于对相对人合法权益产生不利影响的行政行为，但说明理由也不是绝对的。[50]我国行政许可法将行政机关说明理由的义务，限定于行政机关作出不予行政许可的书面决定。这主要是考虑到，说明理由主要是为了申请人了解行政机关的观点，以保护其利益。行政机关批准许可人的申请，也就是说作出了有利于申请人的决定的情况下，没有必要再向申请人作出解释。但笔者认为，对具有复效性质(即授益和负担同时存在)的行政许可或存在利害关系人的准予许可决定，实施机关也应说明理由。说明的内容应包括事实方面的、法律方面的以及自由裁量是否符合法定目的等方面的内容。

三是告知申请人申请行政复议、提起行政诉讼的权利。为防止出现申请人因不懂得行使救济权而不能有效维护其合法权益，行政许可的实施机关在作出不予行政许可的决定时，应当告知申请人享有申请行政复议、提起诉讼的权利。具备条件的，行政机关还应当告知申请人申请行政复议、提起行政诉讼的时间、方式，而不宜简单地以“依法申请行政复议、提起行政诉讼”应付了事。这不仅是保护申请人权利的需要，也是尽快稳定行政许可决定的需要。

(3)附期限的许可决定与附条件的许可决定

根据行政许可法的规定，在是否准予行政许可的问题上，行政机关似乎只能作出两种决定：要么肯定申请人的全部行政许可请求，作出准予行政许可的决定；要么否定申请人的全部行政许可请求，作出不予行政许可的决定。但是，在实践中，还有附期限和附条件的行政许可。

附期限的准予行政许可决定，即准予行政许可的决定只在规定的时间内后才生效。如行政机关作出准予个人取水许可申请，但同时规定该行政许可仅在三个月后有效。附期限的行政许可，其期限直接影响行政许可的效力，与之不同的是准予行政许可决定内容的期限，该期限不影响行政许可决定的效力。如行政机关许可申请人在某一地方经营早市，长期有效，但只允许在周末营业。这里的期限是行政许可决定的内容，而不是准予行政许可的决定所附的生效期限。

附条件的准予行政许可决定，即行政许可的生效必须以某种条件成就或申请人承认某种条件为前提。具体包括以下类型：

一是以某种条件的发生或成就而生效。如行政机关在作出准予申请人建设房地产项目的同时，附加条件要求申请人必须在半年内拆除旧房。如果申请人不能满足此条件，到期未拆除旧房，该房地产建设许可就自动无效。[51]

二是保留废止权的准予行政许可的决定。如行政机关在作出准予行政许可的决定的同时，保留将来废止行政许可的可能性。如行政机关向申请人颁发国有土地使用权证书的同时规定，一旦城市规划调整或者市政用地需要，该行政机关保留收回国有土地使用证的权力。保留废止权的行政许可，其目的是向被许可人事先说明未来废止的可能性，以排除信赖保护的情事发生。

三是附义务的准予行政许可的决定。行政机关在作出行政许可决定的同时，课予当事人一定的作为或者不作为义务。如公安机关许可外国人在中国居留，同时规定其不得在中国境内工作。[52]附义务的行政许可，申请人未履行义务时，行政许可的存在效力并不直接受到影响，但是主管行政机关拥有撤销此行政许可的可能性；另外，行政机关可以采取行政强制执行措施，迫使申请人履行负担义务。而附条件的行政许可直接影响行政许可的存在效力。附义务的行政许可中的被许可人的义务是其与其他被许可人相比，有特殊要求的义务。

四是附内容限制的行政许可决定。对有数量、规模、幅度限制的行政许可，申请人符合全部行政许可条件但因客观条件限制又不能全部满足申请人要求的，行政机关可以作出部分准予行政许可的决定。如申请人申请取水800立方米，并且完全符合条件；但由于天旱，如果全部批准又影响他人的正常用水需求的，行政机关可以核减其用水数量后予以批准。

行政机关在批准行政许可时，可能要求申请人只能在特定的前提下开展活动或者只批准其行政许可申请的部分内容，或附以期限或条件，以避免机械地适用要么全部肯定、要么全部否定的行政决定可能造成的不合理的情形。行政许可法实施后，是否允许这些情况存在？笔者认为，根据依法行政的原则，行政机关不能自行为行政许可申请人、被许可人增加法外的负担，因此附期限、附条件的许可应当受到一定程度的限制。但下列情况可以例外：一是法律明确容许行政机关附加条件和期限，则行政机关可以附加条件和期限。[53]二是行政机关对该行政许可拥有自由裁量权，在裁量权范围内，行政机关可以作出附加条件的行政许可。三是附加的条件是为了保护相对人的利益或公共利益，并不违反法律的禁止性规定、不与行政许可的根本目的相抵触。四是附加条件具有正当理由且申请人表示同意的。申请人行政机关作出的行政许可决定中的附加条件如果与行政许可的根本目的相抵触，或者违背平等原则、比例原则（最小侵害）等法定的基本原则时，一般应当予以禁止。[54]

(4)书面决定与视为许可

根据《行政许可法》第三十八条的规定，申请人的申请符合法定条件、标准的，行政机关应当依法作出准予行政许可的书面决定。原则上行政机关所作出的准予或拒绝相对人行政许可申请的决定，必须以书面形式作出。其中，准予许可的书面决定一般包括如下记载事项：许可机关的名称、地点、联系方式及其他必要信息，许可事项及其内容，被许可人姓名、住址，许可的有效期限，许可日期等信息；而不予许可的书面决定一般必须包括如下记载事项：许可机关的名称、地点、联系方式及其他必要信息，申请事项及其内容，申请人姓名、住址等，不予行政许可的理由，作出决定的日期，申请人对此决定不服寻求救济的途径等信息。行政许可书面决定必须由行政机关向申请人送达，其送达方式除法律特别规定之外，应参照《民事诉讼法》有关送达的规定。

但在实践中，并非所有的行政许可都必须是书面的。笔者认为，至少有以下情况可以不是书面的：

一是视为许可的情形。如《集会游行示威法》第九条规定,主管机关接到集会、游行、示威申请书后,应当在申请举行日期的2日前,将许可或者不许可的决定书面通知其负责人。不许可的,应当说明理由。逾期不通知的,视为许可。《大气污染防治法》、《水污染防治法实施细则》都规定,拆除排污处理设施应当向环保机关申报,环保机关应当在1个月内做出决定,逾期不批复的,视为同意。在上述情况下,视为被许可人必须证明自己已经提交合法的申请或申报以及在法定期间内有权行政许可机关没有答复。

二是某些检验、检测和检疫许可。如《进出口商品检验法》规定,商检机构根据工作需要对检验合格的进出口商品可以加贴商检标志或者封识;《动物防疫法》规定,动物防疫监督机构对屠宰场(点)屠宰的动物实行检疫并加盖动物防疫机构统一使用的验讫印章;《建设工程质量管理条例》规定,建设单位应当将施工图设计文件报县级以上人民政府建设行政主管部门或者其他有关部门审查。施工图设计文件未经审查批准的,不得使用。

(5)许可决定与许可证章

公民、法人和其他组织申请行政许可,拟从事某项活动的,必不可少地要与其他公民、法人或者组织交往。如何判断公民、法人或者其他组织取得行政许可,如何监督公民、法人或者其他组织未取得行政许可从事依法需要取得行政许可的活动,一个有效的办法是行政许可实施机关对被许可人发盖行政许可证章,被许可人从事有关活动时展示有关行政许可证章。发盖行政许可证章既可对被许可人的行为起证明作用,也便于对被许可人的行为进行监督,同时还有助于区别被许可人与未取得行政许可的人,提高行政管理的效率。因此,行政许可法要求行政许可实施机关在作出行政许可决定之后,应向申请人发盖行政许可证章。

实践中,大多数行政许可都需要颁发行政许可证件,但不是所有的行政许可都要发证。[55]不仅政府规章设定的行政许可中有非颁发行政许可证件类的行政许可,法律中也设定了不颁发行政许可证件的行政许可。如《集会游行示威法》规定,主管机关接到集会、游行、示威申请书后,应当在申请举行日期的2日前,将许可或者不予许可的决定书面通知其负责人。对集会游行示威许可申请,行政机关只作出是否准予行政许可的决定,不颁发行政许可证件。但是,不颁发许可证的行政许可通常必须给被许可人出具某些凭证,以证明其获得许可,通常采用以下方式:一是在行政许可申请书上加注文字,说明准予行政许可的时间、机关及内容,并加盖行政机关印章;二是与申请人签订合同。如对于特许事项,如果行政机关批准企业使用国有土地的,可以与之签订国有土地使用权出让合同,明确被许可人取得行政许可事项的内容及其应当履行的义务。此外,在法律、法规明确规定行政机关的不作为依法视为准予行政许可的情况下,"视为行政许可"也不可能颁发证件。

对需要颁发行政许可证件的,行政机关可以根据不同情况,颁发相应的行政许可证件[56]:

一是许可证、执照或者其他许可证书。如《营业性演出条例》规定,申请设立营业性文艺表演团体、营业性演出场所,应当按照国家规定的审批权限向县级以上人民政府文化行政部门提出申请,经审核批准,取得营业性演出许可证。《公司法》规定,成立有限责任公司,必须在工商行政部门注册,取得营业执照。

二是资格证、资质证或者其他合格证书。如《律师法》规定,经律师资格考试合格的,可以取得律师资格证书。《建筑法》规定,施工企业、勘察单位、设计单位、监理单位,经资质审查合格,取得相应等级的资质证书后,方可在其资质等级许可的范围内从事建筑活动。《国境卫生检疫法实施细则》规定,国际航行船舶的船长,必须每隔6个月向卫生检疫机关申请1次鼠患检查,卫生检疫机关根据检查结果实施除鼠或者免予除鼠,并分别发给除鼠证书或者免予除鼠证书。

三是行政机关的批准文件或者证明文件。如,《外资企业法》规定,设立外资企业,应当取得国务院对外经济贸易主管部门或者国务院授权的机关的批准证书。《国境卫生检疫法实施细则》规定,国际通行交通工具上的中国籍员工,应当持有卫生检疫机关或者县级以上医院出具的健康证明。

四是法律、法规规定的其他行政许可证件。如《野生动物保护法》规定,捕猎野生动物必须申请特许猎捕证。《野生植物保护条例》规定,采集国家保护的野生植物必须申请采集证。

行政机关实施检验、检测、检疫的,有的颁发检疫合格证件,有的也可以在检验、检测、检疫合格的设备、设施、产品、物品上加贴标签或者加盖检验、检测、检疫印章,不必颁发行政许可证件。

行政许可证件一般应当载明证件名称、发证机关名称、持证人名称、行政许可事项名称、行政许可证件的有效期,有的行政许可证件还有编号。行政机关应当在行政许可证件上加盖本行政机关印章,标明发证日期。

行政许可证件一经行政许可机关发放即具有法律效力。行政许可证件的法律效力取决于行政许可行为的法律效力。行政许可证件具有如下效力:一是公定力。即许可证件一经发放,一般即认定其合法有效。利害关系人如认为其违法只能在法定期限内通过复议或诉讼途径解决,并且暂不影响或停止行政许可证件的效力。当然,如果行政许可证件的发放具有重大明显违法情形,属于无效的行政许可,不具有公定力。二是确定力。申请人一经取得许可证,许可机关非依法不得收回或撤销;被许可人与许可机关之间的关系具有确定性;一般来说,只要许可证持有人依法使用许可证件,在许可范围内依法从事活动,许可机关就不得改变行政许可。三是证明力。行政许可机关向申请人发放许可证,即表明许可机关认可或同意被许可人可以行使一定的权利或从事一定的活动;被许可人也只有在领取了许可证件之后才能在许可的权利范围内进行活动;被许可人在从事有关的许可活动中,可以持许可证件向许可机关、其他行政机关以及其他公民、组织证明自己的权利能力和行为能力。四是拘束力。许可证一经发放,被许可人必须在许可的范围内进行活动,不得违反;许可机关也不得随意加以干预,其他机关或组织、个人也不得侵犯其法定权利。

(6)有区域限制许可与无区域限制许可

行政许可的实施有地域管辖。所谓地域管辖,是指同级人民政府及其所属部门在各管辖区内实施行政许可的权限分工。一般来说,行政许可实施的地域管辖并不影响行政许可的适用范围。例如,《特种设备质量监督与安全监察规定》规定,安装、维修保养、改造单位必须具备相应的条件,向所在地省级特种设备安全监察机构或者其授权的特种设备安全监察机构申请资格认可,取得资格证书后,方可以承担认可项目的业务。该资格证书在全国范围内有效。但有的行政许可的适用范围与实施机关的管辖范围一致,例如,《种子法》规定,通过国家级审定的主要农作物品种和主要林木良种由国务院农业、林业行政主管部门公告,可以在全国适宜的生态区域推广。通过省级审定的主要农作物品种和主要林木良种由省、自治区、直辖市人民政府农业、林业行政主管部门公告,可以在本行政区域内适宜的生态区域推广;相邻省、自治区、直辖市属于同一适宜生态区的地域,经所在省、自治区、直辖市人民政府农业、林业行政主管部门同意后可以引种。

但在我国,不少行政许可事项实行属地化管理,加上地方保护主义的影响,实践中,一些全国统一标准的行政许可事项,在一地取得行政许可后,在另一地还要办理同样的行政许可。[57]这一问题的存在，既妨碍了全国统一大市场的形成，也给公民、企业的生产和经营活动增加了许多负担，必须予以解决。因此，《行政许可法》第四十一条明确规定，法律、行政法规设定的行政许可，其适用范围没有地域限制的，申请人取得的行政许可在全国范围内有效。这一规定的目的主要在于防止某些地方政府和部门利用行政许可权力推行地方或部门保护。

法律、行政法规设定且适用范围没有地域限制的行政许可，一般是指有关资格、资质类的行政许可和国家不实行特殊管理的产品、物品、服务。[58]这里的地域限制必须是从法律、行政法规设定的行政许可事项本质所要求的，或者法律、行政法规明确规定的，而不是行政机关及其工作人员主观臆断决定的。如《水法》设定了取水许可制度，公民申请取水许可，行政机关在作出准予取水许可决定的同时，必须就其取水量、取水地点作出决定，申请人在取水地点以外取水是不合法的，这一行政许可适用上的地域限制是行政许可事项性质所决定的。[59]再比如，《民用爆炸物品管理条例》设定了爆破器材购买行政许可，申请人向所在地县、市公安局申请领取《爆炸物品购买证》，凭证向指定的供应点购买，申请人需要在指定的供应点以外购买爆炸物品的，需要另行取得行政许可，这一行政许可在适用范围的地域限制是法律、行政法规所规定的。对于适用范围有地域限制的行政许可事项，被许可人取得行政许可后只能在规定的地域范围内活动，超出行政许可范围进行活动的，构成《行政许可法》第八十条第二项规定的违法行为，行政机关应当予以行政处罚；构成犯罪的，依法追究刑事责任。

如果法律、行政法规设定行政许可时，只规定了最低的行政许可标准，允许各地根据不同情况规定更高的行政许可标准，在一个地方取得行政许可后，在另一地方是否不需要办理同样的行政许可？这种现象在有关设备设施的许可以及环境保护、卫生等行政许可中比较普遍。如汽车排污必须达标后才能销售，但是在北京、上海等地可能其排污标准更严格，在外地能够取得具备取得行政许可条件，在北京不具备取得行政许可的条件。对此，有学者认为，对此问题应当从以下几个方面去认识：(1)各地规定比法律、行政法规更严的行政许可标准，必须得到法律、行政法规的明确授权；(2)基于便民原则，即使一个地方的行政许可条件、标准严于另一地方的行政许可条件、标准，也不能全部否认公民、法人或者其他组织在行政许可条件、标准较低的地方依法取得的行政许可的效力。在这种情况下，可以要求申请人提供证明其符合本地方依法制定的较高标准的材料；但是，行政许可条件、标准高的地方不得要求申请人重复提供材料、不得重复审查作出行政许可决定机关已经审查的内容。[60]

所谓在全国范围内有效，是指被许可人根据已经取得的行政许可，可以在全国范围内从事该行政许可项下的全部特定活动。在其他地方从事同一活动，无需办理同一行政许可或者目的相同的同类行政许可。如果其他地方的行政机关认为该公民、法人或者其他组织不应当取得行政许可，或者作出行政许可决定地区以外的其他行政机关认为该行政许可决定违法或者不当的，可以依法向该行政许可的实施机关或者其上级机关反映，要求依法撤销该行政许可。但是，在该行政许可被依法撤销或者收回之前，其他地区均应承认其法律效力，这是行政行为的存续力所决定的。

(三)变更与延续程序

1. 变更程序

《行政许可法》第四十九条规定，被许可人要求变更行政许可事项的，应当向作出行政许可决定的行政机关提出申请；符合法定条件、标准的，行政机关应当依法办理变更手续。这是对变更程序的规定。

(1)变更的概念与特点

行政许可的变更,是指根据被许可人的请求,行政机关对许可事项的具体内容在许可被批准后加以变更的行为。许可证具有确定力,无论是对持证人还是对许可机关,许可证一经颁发,非经法定程序不得随意变更。但随着情况的发展变化,原先的许可内容可能不再适应被许可人的需要,此时被许可人可以向许可主体申请变更许可内容。变更的内容,可以是许可的条件、许可的范围等。如股份有限公司在注册后增发股票增加注册资本,就需要对原告的公司营业执照中有关注册资本的内容予以变更。如果申请人拟从事的活动,依法属于取得另一行政许可的,公民、法人或者其他组织应当重新申请行政许可,就不属于行政许可的变更。如取得爆炸物品生产许可证的企业,在取得爆炸物品生产许可证后还想从事销售爆炸物品的,就不能提出变更行政许可的申请,必须重新申请爆炸物品销售许可证。

(2)变更行政许可的申请时间

变更许可是对被许可人已经取得的行政许可的内容进行变更,因此,申请人应当在其取得的行政许可失效前提出,并且应当向作出准予行政许可的决定的行政机关提出申请。

(3)变更的程序与方式

行政许可的被许可人,在从事行政许可的有关活动中,如果对行政许可中所列的事项需要变更或者其活动需要超出许可范围的,应当向作出准予行政许可决定的机关提出对原许可事项予以变更的申请。对被许可人而言,未经行政许可机关通过法定程序,持证人不得自行更改许可证内容,或从事超过许可范围的活动。对行政许可机关而言,变更许可证应对变更申请进行认真审查,确定其是否符合法定的条件和标准,并且依照法定程序办理变更手续。对被许可人提出的变更行政许可的申请,行政机关应当依法进行审查,经审查,被许可人提出的申请符合法定条件、标准的,行政机关应当依法办理变更手续;需要重新更换许可证的,应当予以更换。为便于申请人变更行政许可,行政机关应当事前公布有关变更行政许可的条件和程序,以便申请人能够及时履行必要的手续,避免使合法权益遭受不必要的损害。目前,我国有些法律、法规或规章已经作出了一些规定,[61]这些规定如不与行政许可法相抵触,应当仍然有效。

(4)变更的效力

行政许可的变更实质上是对原行政许可的修改,一般需许可主体审查后重新核发许可证。变更的原因可能是活动内容、方式、性质发生改变,原许可证一般不能继续适用。

2. 延续程序

一般来说,行政许可证件是有期限的,[62]被许可人只能在行政许可的有效期内从事许可活动,行政许可超过有效期的,从事行政许可的有关活动便没有法律依据,是违法的。因此,被许可人需要在有效期届满后继续从事有关活动的,应当在有效期届满前,向行政机关申请延伸行政许可的有效期。《行政许可法》第五十条规定,被许可人需要延续依法取得的行政许可的有效期的,应当在该行政许可有效期届满三十日前向作出行政许可决定的行政机关提出申请。但是,法律、法规、规章另有规定的,依照其规定。行政机关应当根据被许可人的申请,在该行政许可有效期届满前作出是否准予延续的决定;逾期未作决定的,视为准予延续。这是对行政许可延续程序的规定。

(1)延续的概念与适用条件

行政许可延续,亦称行政许可延展,是指在行政许可的有效期届满后,延长行政许可的有效期限。对于需要延续行政许可的事项,被许可人才有必要提出延续行政许可的申请。对于一次有效的行政许可,如特区通行证、爆破作业许可等,不能申请延续;没有有效期限制的行政许可，如律师资格等，不需要提出延续申请。只有对有效期的行政许可，有效期满后，被许可人准备继续从事依法需要取得行政许可的该项活动的，需要申请延续行政许可。[63]

(2)申请延续的期限

由于行政许可事项涉及的领域很广，不同事项的审查方式不同，难易程度也不一样，对某些事项的审查需要较长时间，因此，行政许可法规定，对于法律、法规和规章对提出行政许可延续申请的期限另有规定的，依照其规定。例如《船舶登记条例规定》，船舶国籍证书有效期届满前1年内，船舶所有人应当持船舶国籍证书和有效船舶技术证书，到船籍港船舶登记机关办理证书换发手续。《药品管理法实施条例》规定，《药品生产许可证》有效期为5年。有效期届满，需要继续生产药品的，持证企业应当在许可证有效期届满前6个月，按照国务院药品监督管理部门的规定申请换发《药品生产许可证》。《电信业务经营许可证管理办法》规定，经营许可证有效期届满，需要继续经营的，应当提前90日，向原发证机关提出续办经营许可证的申请。不再继续经营的，应当提前90日向原发证机关报告，并做好善后工作。[64]行政许可法施行后，上述规定在不与上位法抵触的情况下，对提出行政许可延续申请的期限的规定仍然有效。

(3)延续许可的程序

被许可人提出延续行政许可有效期的，为了使作出行政许可决定的机关审查其申请预留足够的时间，便于行政机关在有效期届满前作出是否准予延展的决定，被许可人应当在行政许可有效期届满前一定期间提出申请。根据行政许可法的规定，行政许可被许可人应在有效期届满前三十日向作出准予行政许可决定的行政机关提出延展行政许可的申请，但是法律、法规、规章对提出申请的期限另有规定的，从其规定。

作出行政许可决定的行政机关收到公民、法人或者其他组织延续行政许可的申请后，应当依法及时审查，并在行政许可有效期届满前作出是否准予延续行政许可的决定，以便被许可人在取得行政许可后能够持续、稳定地进行生产、生活。

行政机关经审查，认为申请人仍然符合取得行政许可的条件的，可以作出准予其延展行政许可的决定或者在有关行政许可证件上加注说明。行政机关经审查，认为申请人不再具备取得行政许可的条件的，可以作出不予延展行政许可的书面决定，但是必须向申请人说明不予延展的理由、法律依据并告知其依法申请行政复议、提起行政诉讼的权利。

(4)默示同意的条件及后续问题的处理

被许可人在行政许可有效期届满30日前向行政许可机关提出延续申请，行政机关应当在该行政许可有效期届满前作出是否准予延续的决定。如果行政机关逾期既没有作出准予延续的决定，也没有作出不予延续的决定，在这种情况下，根据行政许可法的规定，推定为行政机关准予延续。[65]关于行政机关未在行政许可有效期限届满前作出是否准予延续的行政决定的，是否视为批准申请人的申请的问题，在立法时曾有不同意见。[66]作出这样的规定，主要是考虑到：一是被许可人在从事有关活动时，与其他公民或组织会发生一定的民事权利义务关系。被许可人在有效期届满前提出延续申请，行政机关未作出是否批准的决定，对于行政许可机关的默示如果不作出推定，将会使被许可人的民事权利义务关系处于一种不确定状态，可能会对被许可人利害关系人的利益产生影响，甚至造成较大的财产损失。二是行政许可的延续是对行政许可有效期的延长，不涉及对行政许可内容的改变。一般来说，行政机关的对延续申请的审查程序较初次申请的审查程序简单，如果法律、法规没有修改，或者客观情况没有变化，被许可人又没有违法的情形，行政机关应当予以延续。根据行政许可法的规定,默示批准只适用于延续申请,不适用于行政许可的初次申请和行政许可的变更。对于行政许可的初次申请和行政许可的变更,行政许可法没有作默示批准或者默示驳回的规定,行政机关如果逾期没有作出规定的,申请人可以依据有关法律的规定寻求救济。我国《行政复议法》规定,公民、法人或者其他组织"认为符合法定条件,申请行政机关颁发许可证、执照、资质证、资格证等证书,或者申请行政机关审批、登记有关事项,行政机关没有依法办理的",可以申请行政复议。行政诉讼法规定,公民、法人和其他组织对"认为符合法定条件申请行政机关颁发许可证和执照,行政机关拒绝颁发或者不予答复"不服提起的诉讼,人民法院应当予以受理。

对于一些重大的行政许可事项,如果认为默示批准延续可能对公共利益产生危害,可以考虑在设定该行政许可时不规定行政许可的延续,而代之以重新申请的办法,即被许可人在行政许可有效期届满后,如需继续从事有关活动,应当向行政许可机关重新申请。例如《枪支管理法》规定:"民用枪支制造许可证件、配售许可证件的有效期为 3 年;有效期届满,需要继续制造、配售民用枪支的,应当重新申请领取许可证件。"此外,为了维护公共利益,避免不适当的延续可能带来的对公共利益的危害,行政许可实施机关必须恪尽职责,尽可能在法定期限内即在原行政许可有效期限届满前作出审查结论并及时依法办理。

对于默示延续的,笔者认为,原许可机关应当为被许可人换发许可证件;拒绝换发的,被许可人可以依法请求救济。

三、行政许可的特别程序

(一)概述

《行政许可法》按照效能与便民的原则,借鉴外国通行做法,对行政许可的一般程序作了规定,《行政许可法》还针对各类行政许可的特点规定了不同的特别程序,主要是:特殊主体实施行政许可的程序、特殊的听取意见的程序、不同性质的许可事项所需要的特别程序(具体包括特许事项,行政机关应当通过招标、拍卖等公平竞争的方式决定是否予以特许;认可事项,行政机关一般应当通过考试、考核方式决定是否予以认可;核准事项,行政机关一般要实地检测、验收;登记事项,行政机关一般对申请登记的材料只进行形式审查,申请人对申请材料的真实性负责)等。

之所以要设立行政许可的特别程序,是因为:现行法律、法规规定的行政许可包括审批、审核、批准、认可、同意、登记等不同形式,涉及不同部门、不同行政管理事项,不同种类的行政许可,其性质、功能、适用条件和程序有很大差别。比如,有关国有土地的出让审批,应当实行招标、拍卖;工商登记就无需招标、拍卖。再如,取得律师资格需要考试,集会游行示威许可就不能采取考试方式等等。因此,为了对行政许可加以规范,强化对实施行政许可的监督,《行政许可法》借鉴外国通行做法,根据行政许可的性质、功能、适用事项的不同,在规定了行政许可的一般程序的同时,规定了几种特别程序。

行政许可一般程序与特别程序的关系应当是:一般程序是所有行政许可都必须遵循的程序,而特别程序只适用于特定的行政许可。一般程序规定是行政许可行为所要遵循的基础程序,而特别程序只在法律有明确规定的情形下适用,不得扩展适用。这样,一方面通过特别规定防范在特殊领域内可能出现的弊端,同时,有一般程序作保障,又保证了许可行为能够公开、公正、顺利地进行。

(二)特殊主体实施许可的程序

《行政许可法》第五十二条规定:"国务院实施行政许可的程序,适用有关法律、行政法规的规定。"这一规定表明,在实施行政许可方面,国务院被当成了一个特殊主体,并适用法律、法规规定的特殊程序。

按照我国宪法的规定,国务院是我国的最高国家行政机关,领导和管理国家的经济工作、城乡建设、民政、公安、司法行政和监察等事务。行政许可权是国务院进行行政管理的必不可少的手段。目前,已有一些法律、行政法规对国务院的行政许可权作了规定。比如,《土地管理法》第四十五条规定,征用基本农田、基本农田以外的耕地超过三十五公顷的以及其他土地超过七十公顷的要由国务院批准。再比如,《文物保护法》第六十二条规定,一级文物超过国务院规定数量的出境展览需经国务院批准。

在起草行政许可法过程中,有人提出,国务院也是行政机关,实施行政许可也应当适用本法规定的一般程序。但是,多数人认为,国务院实施行政许可通常都涉及重大、复杂的事项,不可能按照行政许可法规定的一般程序实施。如涉及国家安全、社会公共利益或者外交政策等,国务院实施行政许可的程序,在有关公开原则和时效制度等方面需要作一些特殊规定。例如,《核出口管理条例》对核出口申请进行初审和复审分别规定了 15 天的期限,同时规定对国家安全、社会公共利益或者外交政策有重要影响的核出口,必要时,应当报国务院审批。报国务院审批的,不受本条例规定的上述期限的限制。又如,《招投标法》第四十条规定:“国务院对特定项目的评标有特别规定的,从其规定。”同时,国务院实施行政许可的具体程序也不是无章可循的,有关法律、行政法规以及国务院工作规则等都有相应规定。行政许可法采纳了后一种意见。

国务院实施行政许可的程序,适用有关法律、行政法规的专门规定,充分考虑到了国务院实施行政许可的特殊性。问题是,有些现行法律、行政法规对国务院实施行政许可的程序规定不够具体、明确,这也给公民、法人或者其他组织申请行政许可带来了一定的困难。在今后的立法中,在规定国务院的行政许可权时,应当尽可能对相关程序作出详细规定。同时,也应当明确,行政许可法对行政机关实施行政许可的原则和制度作出的一系列规定,如实施行政许可,应当遵循公开、公平、公正的原则,便民的原则,信赖保护原则,公民、法人和其他组织对行政机关实施行政许可,享有陈述权、申辩权,以及实施行政许可程序的说明理由制度、听证制度等等,都适用于国务院实施行政许可的程序。

行政许可法第五十二条的规定只是对国务院实施行政许可的程序作了特别规定。国务院设定行政许可的程序,仍然适用行政许可法的规定。

(三)听取意见的特别程序——听证程序

1. 听证的概念与意义

听证的一般意义是指听取对方意见。但是,在英美法系中,听证还包含着一种特定的涵义,即根据案卷作出(a hearing occurs on the record)决定。而与之相近的听取别人的意见但不受该意见约束的则称为咨询(consultation)。依案卷作出决定是一个正式化的程序,包括了双向听取意见、提供证据、对质、根据排它性的证据作出决定等一系列规则。听证程序是行政主体作出行政决定之前给予当事人就有关事实了解真相、发表意见的机会,是通过公开、公正、民主的方式实现行政目的的程序。听证制度源于英国普通法上的一个古老的原则:自然公正原则,它包含两个方面的基本要求:一是任何人不得作自己案件的法官;二是对相对人作出有不利影响的行为,应听取相对人的意见或申辩。听证制度主要源于后一项要求,听取意见的基本要求是:(1)相对人有在合理时间之前得到通知的权利;(2)相对人有了解行政主体观点和根据的权利;(3)公民有充分表达意见并为自己辩护的权利。

听证制度是现代行政程序法的重要制度。现代法治国家大都建立有听证制度。在国外,听证有正式听证与非正式听证之分(如美国);有法定听证、任意听证与非法定听证之分(如英国);有辨明程序与听证程序之分(如日本)。这都是适应各国行政法治的发展特点所作的分类。其中,较有影响的是美国的正式听证程序制度,正式听证实行依案卷作出决定的原则,其公开性、公正性程度较高。"当正当程序要求听证时,它通常要求具备审判型或者对抗型听证的许多要素"(Goldberg v Kelly, 397 US254,267—271(1970))。在我国法律中,听证是指行政主体在作出影响公民、法人或者其他组织合法权益的决定前,向其告知听证权利和决定理由,公民、法人或者其他组织随之向行政主体表达意见、提供证据、申辩、质证以及行政机关听取意见、接纳其证据的程序所构成的一种法律制度。

听证与听取申请人、利害关系人的陈述和申辩,虽然都是行政机关听取当事人的意见的程序,但这两种制度又有重要区别:首先,听取意见的时机不同。听取申请人、利害关系人的陈述和申辩的时间范围较大,行政机关在对行政许可申请进行初步审查后,直到作出行政许可决定前,行政机关只要发现行政许可直接关系第三人的利益,都应当及时告知申请人和利害关系人;在此期间内,申请人、利害关系人也都有权向行政机关进行陈述和申辩。除行政机关依职权主动举行的听证外,听证程序是在行政机关对行政许可形成了审查意见,在作出行政许可决定前,告知申请人、利害关系人有听证的权利,申请人、利害关系人必须在被告知的5日内决定是否申请听证,否则即视为放弃听证权利。其次,听取意见的程序和方式不同。听取陈述和申辩的主体与审查行政许可申请的人员是同一的,听取的方式既可以是书面的,也可以是口头的,听取的程序也比较简单。而听证一般应当公开举行,听证主持人必须是审查行政许可申请的工作人员以外的人员,在听证中申请人和利害关系人应当有机会与行政许可机关当面对质,听证过程中审查行政许可申请的工作人员必须提供审查意见、证据、理由，申请人和利害关系人可以进行质证。最后，听取意见的效力不同。听取申请人和利害关系人陈述和申辩，行政机关应当予以记录，但记录对于行政许可决定不具有绝对的拘束力，行政机关听取意见后，还可以自行调查取证，并据此作出许可决定。在听证程序中，行政机关应当根据听证笔录作出行政许可决定，也就是说听证笔录对行政许可决定具有拘束力。

起初，听证主要适用于对相对人设置负担的行为，而不适用于包括行政许可在内的授益性行为，主要是认为申请人通过其申请已经表达了意见，在行政主体作出驳回决定之前举行听证的实际意义不大。此后这一观念发生了变化。一方面，在行政许可中，存在着大量具有复效性质（即授益和负担同时存在）的行为；另一方面，在英美等国，出现了区分特许与一般许可的理论，认为对前者不适用听证，对后者则适用听证。现在，人们普遍认为，行政许可直接影响公民、法人或者其他组织的生活和生产经营活动，没有取得行政许可，公民、法人或者其他组织就不能从事特定活动，也就不能通过一定行为取得利益，单就这一点就要求行政程序必须公正。随着对行政许可性质认识的改变，行政机关在作出某些行政许可决定前，应当举行听证已经成为一项原则。在我国，1996 年制定的行政处罚法第一次规定相对人有请求听证的权利，对促进行政处罚的公开、公正、公平，保障相对人的行政管理参与权，维护相对人的合法权益，推进我国行政程序法律制度的建设，都起到了积极作用。在起草行政许可法过程中，许多人都主张在行政许可程序中引入听证制度。

在行政许可中设置听证程序，具有重要意义：一是设立听证程序，为申请人和利害关系人提供了一个法定的陈述意见和申辩质证的机会，既保证了申请人和利害关系人平等参与行政管理的程序权利，又可以有效保护其实体权益。实践中，由于缺少公正程序的制约，行政机关实施行政许可时，有的不认真审查申请材料，在充分收集信息前，就轻率地作出行政许可决定，要么危害第三人合法权益与公共利益，要么损害申请人的合法权益。设立听证程序可以避免或减少这类事情的发生。二是设立听证程序，为行政机关作出正确的行政许可决定提供了基础。“兼听则明、偏听则暗”。通过听证程序听取利害各方的意见，行政许可的实施机关可以充分了解各种不同意见，发现案件的有关事实，便于正确认定事实、公正地作出决定。三是设立听证程序，可以提高行政效率。设立听证程序，让利害各方的意见在行政程序中充分得到展现、吸纳，可以促进行政管理方与行政管理相对人的相互沟通，可以有效预防和减少争议，减少公民、法人或者其他组织申请行政复议或者提起行政诉讼的可能性，从而使行政机关较少地陷入有损行政效率的行政复议或行政诉讼的程序之中。四是设立听证程序，可以有效地防止利用行政许可权寻租现象的发生。实践中，由于没有公正程序的制约，有的行政机关给了好处就许可、不给好处不许可。在行政许可实施程序中设立听证程序，有利于解决这些问题，并提高行政许可决定的公正性、公开性和可接受性。

在行政审批制度改革中，一些地方和部门已经在行政许可中引入了听证制度。如上海市商委规定，从 2001 年 11 月 1 日起，凡在上海市内环线以外地区开设 1 万平方米大型超市的，将由上海连锁商业协会牵头组织听证会，工商行政管理部门将依据听证结论核发执照。同时，随着行政处罚法的实施，在我国行政管理中，听证观念已经广为接受，听证的制度建设已经有较大发展，这些都为在行政许可中引入听证程序创造了条件。

2. 听证的范围

由于听证程序具有诸多优点，听证理应适用于行政主体的所有行政行为，但采用听证程序必然要耗费人力、物力和财力，增加行政成本，影响行政效率。因此，不可能要求所有的行政许可决定作出前都必须举行听证。因此,有必要理性地确定适用听证程序的范围。

在国外和其他地区行政听证的适用范围不尽相同,但比较集中的有两种形式:一是以实行听证为原则,以不实行听证为例外,但例外的范围各不相同。如《美国联邦行政程序法》规定,下列情形不适用于听证:法院可以就法律和事实问题进行重新审理的案件;行政官员的选用和任期(行政法官的任命除外);完全基于检查、试验或选举而作成决定的程序;军事或外交职务上的行为;机关充当法院代理人的案件;劳工代表资格的证明;另外,当事人放弃听证权利的,或立法性事实;可用计算、观察、考试、测验或选择代替听证的以及紧急行为不适用听证。[67]日本行政程序法规定了各种不适用听证的情形。葡萄牙和我国澳门地区规定了三种不适于听证的情形,除被排除的情形外,其他的行政行为均可进行听证。二是以不听证为原则,以实行听证为例外。如韩国和我国台湾地区的法律规定,行政许可只能在法律明确规定实施听证或行政机关认为有必要实施听证的情形下,才实施听证。

确定行政听证的适用范围应考虑以下因素:听证程序范围的确定要均衡个人利益与公共利益,即只有在行政行为有可能较严重侵害个人利益的情形下才适用听证程序,而在一般情况下,应允许行政机关自由裁量决定是否适用听证程序,在轻微影响当事人权益或当事人放弃听证权利的情况下,不适用听证程序。行政听证程序的适用必须考虑成本与效益的关系。这里所谓的成本是指行政机关适用听证程序而花费的人力、物力、财力和时间;效益是指适用听证产生的经济社会效益。如果仅考虑程序带来的经济社会效益而忽视其成本,或考虑成本而不顾许可事项的长远经济社会利益都是不妥当的。

在制定《行政许可法》的过程中,对听证程序的适用范围存有不同意见:一种意见认为,听证制度在我国适用时间较短,组织听证的成本费用高,建议只对少数情况规定听证;另一种意见认为,为了使行政机关的行政许可决定合法、公正,保护当事人的合法权益,有效解决在行政许可方面存在的诸多问题,应该在更大的范围内适用听证,除了当事人申请听证外,还应当规定一些事项,让行政机关主动组织听证。《行政许可法》采纳了后一种意见,规定了行政机关依职权主动组织听证的事项。

对于如何规定行政机关依职权主动组织听证的事项,也曾引起不少争议。在《行政许可法》第二次审议稿中曾经对此作出如下规定:“有关资源、环境保护、城市征地建设等涉及社会利益的重大行政许可事项,行政机关应当向申请人或者利害关系人说明有关情况,并举行听证会。”在审议过程中,不少同志认为这一规定过宽且与《行政许可法》规定应当适用招标、拍卖的事项在程序适用上可能存在重叠、冲突之处。鉴于行政许可行为复杂多样,难于作出概括统一的规定,故将主动听证事项的范围留待单行法规定,以照顾到不同种类行政行为的特点。

行政许可法关于听证范围的规定,主要由第四十六条和四十七条加以规定。行政许可法第四十六条规定:法律、法规、规章规定实施行政许可应当听证的事项,或者行政机关认为需要听证的其他涉及公共利益的重大行政许可事项,行政机关应当向社会公开,并举行听证。[68]

对于行政许可行为的听证,目前在我国的法律、法规、规章中作规定的还为数较少,只有个别的作了规定。如《公共文化体育设施条例》规定:“因城乡建设确需拆除公共文化体育设施或者改变其功能、用途的,有关地方人民政府在作出决定前,应当组织专家论证,并征得上一级人民政府文化行政主管部门、体育行政主管部门同意,报上一级人民政府批准。”“涉及大型公共文化体育设施的,上一级人民政府在批准前,应当举行听证会,听取公众意见。"《外国投资者并购境内企业暂行规定》规定:"外国投资者并购境内企业涉及本规定第十九条所述情形之一,外经贸部和国家工商行政管理总局认为可能造成过度集中、妨害正当竞争、损害消费者利益的,应自收到规定报送的全部文件之日起90日内,共同或经协商单独召集有关部门、机构、企业以及其他利害关系方举行听证会,并依法决定批准或不批准。"《利用外资改组国有企业暂行规定》:"利用外资改组国有企业,改组方应当向同级经济贸易主管部门提出改组申请。接受申请的经济贸易主管部门应当依照指导外商投资方向规定的权限和有关法律法规进行审核。中央企业及其全资或具有控制权的企业进行改组的、被改组企业直接或间接持有上市公司股权的、改组后的企业资产总额不低于3000万美元的,由国务院经济贸易主管部门审核;对可能导致市场垄断、妨碍公平竞争的,在审核前组织听证。"上述规定中设置的听证程序,主要是从公共利益的角度考虑的。随着我国民主程度的进一步提高,法律、法规和规章中规定听证程序的将越来越多。凡法律、法规和规章中明确规定听证程序的,行政许可属于其规定的情形的,行政机关在作出行政许可决定前,应当举行听证。

行政机关主动听证的事项,一般是涉及公共利益的重大事项,目的是为了便于行政机关掌握有关信息,维护社会公共利益。从各国的行政程序立法看,原则上将听证程序限定于行政机关作出对当事人不利的行为中。但对于何为"对当事人不利的行为",行政机关拒绝申请许可的行为是否为不利行政行为,则有不同的意见。[69]我国《行政许可法》只规定"行政机关认为需要听证的其他涉及公共利益的重大行政许可事项,行政机关应当向社会公开,并举行听证",但如何认定"涉及公共利益的重大行政许可事项",则是一个难点。涉及公共利益的重大事项,通常影响的是不特定的多数人的利益,如征地拆迁、环境污染、城市建设等,这种影响一般是全局性的、长期的、潜在的。个别的公民、法人和其他组织由于信息不对称等原因,在行政许可对其当下的切身利益没有直接影响的情况下,他们并不能够立即感知或了解行政许可可能对他们的将来产生的直接或间接的影响,因此这时他们也不会要求听证。但这类行政许可实施后,又确有可能对社会带来很大的影响。这就要求行政机关对行政许可申请进行审查的过程中,应当考察行政许可事项是否会影响到公共利益。如果行政机关认为行政许可事项对公共利益可能产生较大的影响,行政机关就应当将有关的行政许可事项予以公告,使社会对此予以关注,听取社会各界包括有关专家的意见。行政机关经过对申请人的利益与公共利益进行考量后,认为准予许可不会对公共利益造成损害的,应当作出准予许可的决定;反之,则应拒绝颁发许可。

《行政许可法》第四十七条规定:行政许可直接涉及申请人与他人之间重大利益关系的,行政机关在作出行政许可决定前,应当告知申请人、利害关系人享有要求听证的权利;申请人、利害关系人在被告知听证权利之日起五日内提出听证申请的,行政机关应当在二十日内组织听证。根据本条规定,行政许可直接涉及申请人与利害关系人之间重大利益的,申请人提出听证申请的,行政机关即有组织听证的义务;申请人不提出听证申请的,行政机关可以不组织听证。如何判断申请人与他人之间的利害关系属于"重大利益关系"是理解本条的一个重点和难点。对什么是"重大利益关系",法律没有明确作出规定和解释,留给行政机关自由裁量。一般说来,下列关系似应认定为具有"重大利益关系":申请许可的事项将对他人的生产或生活造成严重的损害、妨碍;多人同时竞争的有数量限制的行政许可;给予申请人行政许可将直接影响其相邻权人、竞争对手甚至消费者重大经济利益、重大环境利益的规划许可、建设用地许可等无数量限制的行政许可[70]；等等。由于在涉及第三方重大利益时，对申请人与第三人的影响各不相同，一般是对一方有利则对另一方则不利，因此即使在有利的一方放弃听证权利，只要另一方要求举行听证，行政机关也应按法定程序组织听证，也就是说，只要有重大利益关系的一方申请听证，行政机关就应组织听证。

《行政许可法》第五十三条规定，实施有限自然资源的开发利用、公共资源配置以及直接关系公共利益的特定行业的市场准入等需要赋予特定权利的事项的行政许可的，行政机关应当根据招标、拍卖等公平竞争的方式作出决定。有数量限制的行政许可，特别是有限自然资源的开发利用，一般都是直接涉及申请人与他人之间重大利益关系的，这样，是适用听证程序，还是适用招标、拍卖程序？已有不少学者认为，凡未采用招标、拍卖方式的或者涉及申请人、利害关系人重大利益的特许事项，行政机关应当告知申请人或者利害关系人有要求听证的权利。

3. 听证程序参与人

听证程序参与人包括申请人、被申请人、听证主持人和利害关系人。实践中如何确定利害关系人是一个值得研究的问题。

在日本，特别重视申请人以外的人参与听证。《日本行政程序法》第十条：行政厅对申请作出的处分，以依照法令应考虑申请人以外之人的利益为该许可认可等的要件，根据需要，必须尽量召开公听会或者以其他适当的方式，为有关申请人以外的人提供听证的机会。在美国，个人和组织只要实质的利益受到不利的影响，而且这种不利的影响的发生，与行政决定具有一定的联系，就应允许该利害关系人参加听证程序。所谓不利的影响不以经济利益为限，包括非经济利益在内；有权参加行政裁决正式听证程序的人，不限于对行政决定具有直接利害关系的明显的当事人，也包括间接利害关系人，例如竞争者和消费者在内。在我国台湾地区，因程序之进行将影响第三人的权利或法律上利益者,行政机关得依职权或者依申请,通知其作为第三人参加听证程序。

我国行政许可法第四十七条的规定未限制利害关系人的范围,应当将利害关系人理解为包括其合法权益受行政许可决定影响的公民、法人或者其他组织。如在建筑许可中,利害关系人可以是直接与建筑所在地相邻的人;而水库大坝以及机场建设的用地许可,不仅直接与建设用地相邻而且受该建设直接影响的任何人都可能是利害关系人。在后一种情况下,行政机关宜通过公告方式通知所有利害关系人。

听证程序的参加人(除主持人以外)均享有以下权利:(1)在合理时间得到通知的权利,包括有关涉案原因及事项的内容;(2)申请人、利害关系人有权要求举行听证,同时亦可以放弃听证的权利;(3)陈述、辩论等表达意见的权利;(4)通过交叉质证和其他适当手段反驳不利证据的权利;(5)委托律师参与或陪同听证的权利;(6)得到完整的笔录,包括口头作证与辩论的全部记录,以及书面证据和其他程序中的书面材料的权利;等等。

在听证的过程中,听证主持人享有指挥听证的进行、询问证人、安排证据调查的顺序,对妨碍听证的人采取必要的措施,对听证中出现的程序问题作出决断等权力。

行政主体就听证而言具有以下义务:(1)告知的义务。如果行政机关认定行政许可直接涉及申请人与他人之间重大利益关系,行政机关在作出行政许可决定前,必须告知申请人、利害关系人有要求听证的权利。(2)在法定期限内举行听证。行政机关在收到申请人、利害关系人要求举行听证的申请书之日起20日内,应当举行听证。(3)承担组织听证费用的义务。为了保障当事人申请听证的权利和保证听证的公正性,听证的费用不应由申请人或他人承担,应当由国家承担。但申请人和他人为维护自身权益而采取的调查、聘请律师和自行进行鉴定等行为而产生的费用,应由申请人和他人自行承担。

申请人和要求举行听证的其他人对听证亦负有一定的义务。申请人和要求进行听证的其他人应当在被告知有听证权利之日起5日内提出要求举行听证的申请,并遵守听证的其他相关规则。申请人、要求进行听证的其他人在5日内提出举行听证的申请是启动听证程序的必要程序,超过5日期限要求听证的,就自动丧失了听证权利。此外,申请人和利害关系人必须遵守听证秩序。

4. 听证程序制度

根据我国行政许可法的规定,听证必须遵守以下制度:

(1)公开制度。根据行政许可法第四十六条和四十八条的规定,听证应当公开举行。听证的公开进行包括以下要求:听证事项向社会公告;听证过程对社会公众开放,允许公众和新闻界参加旁听;允许新闻媒体进行采访和报道。但对于涉及国家秘密、商业秘密和个人隐私权的听证案件,不得公开进行。公开听证具有如下积极作用:有利于人民群众理解和支持政府的决定,即使作出的决定不利于当事人,但由于该决定是通过公正的程序作出的,当事人也较容易接受,并容易得到执行;有利于强化对行政主体行政许可行为的监督;有利于增强行政机关及其工作人员的责任心,提高行政许可质量;有利于防止某些申请人的行贿和某些行政机关工作人员借行政许可之机向申请人索要财物等腐败行为。

(2)回避制度。回避制度源于"任何人都不能作自己案件的法官"的自然公正原则。但如果因行政机关工作人员与所处理的行政事务有任何非直接的利害关系都要回避,也会影响行政效率。因此,《行政许可法》第四十八条规定,听证主持人与行政许可事项有直接利害关系时,申请人、利害关系人有权申请回避。此外,我们认为:当主持人发现自己与听证事项有利害关系时应主动回避;当行政机关发现主持人与听证事项有利害关系时,应指令其回避。只有在选任过程中严格坚持职能分离原则和回避制度,才能保证主持人的公正性,为听证的合法有效展开奠定基础。

(3)以听证笔录作为决定基础的制度。听证与咨询的一个重要的区别,就在于听证后的决定必须以听证笔录作为基础。根据行政许可法的规定,听证应当制作笔录,听证笔录应当交听证参加人确认无误后签字或者盖章。听证笔录应做到准确无误,并应包括如下内容:(1)听证案件的名称;(2)听证主持人的姓名、职务;(3)听证参加人的姓名、住址、职务等;(4)听证举行的时间、地点;(5)听证当事人的陈述、申辩、质证等;(6)证据调查的内容;(7)其他应当记录的重要事项。听证笔录一般应以书面形式作出,并由听证参加人审阅。听证参加人审阅听证笔录后认为其没有错误的,应签名或者盖章;听证参加人对内容提出异议的,听证主持人应告知相关参加人,各方认为异议有理的,应当予以补充或者更正;听证参加人对内容提出异议,听证主持人认为异议没有理由的,或者听证其他参加人拒绝签字、盖章的,听证主持人应当在听证笔录上记明情况。

(4)听证费用制度。根据行政许可法的规定,申请人、利害关系人不承担行政机关组织听证的费用,行政机关应当承担组织听证的费用,但申请人、利害关系人参加听证的费用应自理。

5. 听证准备

根据行政许可法的规定和听证实践,行政主体举行听证应做好如下准备工作:

(1)履行告知义务。行政机关应在举行听证的 7 日前将举行听证的时间、地点通知申请人和已知的利害关系人,必要时应予公告。听证涉及到当事人的重要权利,当事人必须了解听证所涉及的事项,以及听证如何进行。只有这样才能进行充分的准备。这就要求行政机关除告知听证的时间、地点外,还应说明听证所要涉及的事项、问题、行政机关拟作出行政许可决定的内容以及当事人权利及不参加听证的后果等。[71]行政机关在作出行政许可决定前多长时间告知申请人、利害关系人为宜？行政许可法未作明确规定，但从第四十七条有关"申请人、利害关系人在被告知听证权利之日起5日内提出听证申请的，行政机关应当在二十日内组织听证"的规定看，行政机关至少应当在作出行政许可决定5日前告知，否则，行政机关作出行政许可决定后，申请人、利害关系人提出听证申请的，行政机关将陷于已经作出行政许可决定、但依法又要举行听证并根据听证笔录作出行政许可决定的困境。为便于行政机关组织听证，第四十七条同时规定，申请人、利害关系人应在被告知听证权利之日起5日内提出听证申请，否则就会丧失听证请求权；对申请人提出听证申请的方式，行政许可法未作明确规定，我们认为以书面提出申请为好，以维护听证的严肃性。在申请人和利害关系人数量众多，而听证场所有限时，行政机关可以通过抽签、报名等方式挑选利害关系人的代表参加听证。

(2)确定听证主持人。决定举行听证后，行政机关应当指定该审查行政许可的工作人员以外的工作人员为听证主持人；申请人或者利害关系人认为主持人与本行政许可事项有直接利害关系的，有权申请回避。听证主持人在听证程序中具有独特的地位和重要作用，类似于司法程序中的法官，负责主持听证程序的进行，因此听证程序主持人的公正性事关整个行政许可程序的公正性。确定主持人应坚持职能分开的原则，也就是说，听证主持人可以是同一行政机关的工作人员，但不能是负责该行政许可审查的工作人员。主持人既可以是行政机关的其他工作人员，也可以是非行政机关的其他有能力胜任的人员，如专家、学者等等。职能分离原则在一定程度上有利于听证主持人保持客观公正的立场，避免将调查时的偏见带到听证程序中来。

6. 听证的步骤

根据行政许可法的规定，举行听证时，审查该行政许可申请的工作人员应当提供审查意见的证据、理由，申请人、利害关系人可以提出证据，并进行申辩和质证。由此可见，听证必须具有以下几个步骤：一是由审查行政许可申请的工作人员，提出审查行政许可申请材料、证据，并陈述理由。二是由申请人提出证据，并就审查行政许可申请的工作人员提出的证据及理由进行陈述。三是由利害关系人根据其利益关系（可以加入申请人一方，可以加入审查行政许可申请的工作人员一方，也可以有独立的立场）提出自己的证据、理由。四是由当事人各方就有关争议焦点进行陈述、辩论和质证。至于由谁承担举证责任、陈述的先后顺序，应视具体情况具体确定。

7. 听证的法律效力

听证后，行政机关是否必须根据听证笔录作出行政决定？对这一问题，目前尚无统一的说法。在美国，行政机关采用正式程序（司法型听证）进行的裁决，像法院的判决一样，只能根据案卷的记载作出决定，不能以案卷以外的事实作为基础。这被称为案卷的排他性原则。据此，行政机关不能在听证之外接纳证据，只能以听证笔录作为行政决定的惟一依据。案卷排他原则的功能在于：一是确保行政管理相对人的法定权利不因行政机关的恣意武断行为而受到侵害，防止行政机关在没有充分事实基础的前提下就匆忙作出决定；二是便于行政管理相对人根据行政机关作出行政决定的根据申请司法审查；三是便于法院全面评估行政决定的合理性。在德国、韩国、日本、瑞士等国家规定的听证记录对行政决定的作出有一定的约束力，但行政决定不是必须以听证记录为根据。根据这些国家行政程序法的规定，听证记录对行政机关的决定有一定的约束力，行政机关应斟酌听证记录作出行政决定，但行政机关不是必须以听证记录为根据，只有在行政程序法之外的其他法律明确规定以听证记录为根据的,行政机关才必须以听证记录为根据,不能以听证记录之外或当事人不知道或没有论证的事实作根据。我国台湾地区的行政程序法则规定,行政机关斟酌行政听证笔录后作出行政决定。听证笔录不是行政机关作出决定的惟一依据,行政机关作出行政决定,可以不采纳听证过程中的重要意见或者在听证以外采纳新的证据,但是,行政机关应当说明理由,听证参加人有权对行政机关的新证据、未采纳听证中的意见提出证据进行反驳、质证。国务院提请全国人大常委会审议的《行政许可法》(草案)曾规定:"行政机关应当充分考虑听证笔录,并自听证结束之日起 15 日内作出是否准予行政许可的决定。"审议中,有些委员提出,充分考虑一词主观性太强,容易使听证笔录变成可有可无的会议记录,不能对行政机关作出行政许可决定产生拘束力,不能有效避免听证后作出行政许可决定的随意性,操作性也较差。为防止听证流于形式,应当规定听证笔录是行政机关作出行政许可决定的惟一依据。行政许可法采取了委员们的审议意见,规定通过听证作出行政许可决定的,行政机关应当根据听证笔录作出行政许可决定。[72]

根据听证笔录作出行政许可决定,要求行政机关只能根据听证笔录中认定的事实作出决定。对应当听证的行政许可,行政机关作出准予行政许可、拒绝行政许可的决定,都必须以听证中所展示并经过对质得以认证的、确有证明力的证据作为事实依据,而这些事实依据又都必须是听证记录中有所记载的。

(四)不同许可种类的特殊程序

1. 概说

《行政许可法》(草案)曾将行政许可分为普通许可、特许、认可、核准、登记五类,但由于有的常委对这种分类持有异议而删去。但行政许可法实际上针对不同许可(主要是特许、认可、核准、登记)的特点规定了不同的特别程序。因此,我们仍有必要对上述分类进行学理上的分析。

特许是由行政机关代表国家向被许可人授予某种权利，主要适用于有限自然资源的开发利用、有限公共资源的配置、直接关系公共利益的垄断性企业的市场准入等。海域使用许可、无线电频率许可是典型的特许。特许的主要功能是分配稀缺资源，一般有数量控制。对于特许事项，行政机关应当通过招标、拍卖等公平竞争的方式决定是否予以特许。

认可是由行政机关对申请人是否具备特定技能的认定，主要适用于为公众提供服务、直接关系公共利益并且要求具备特殊信誉、特殊条件或者特殊技能的资格、资质的认定。认可的主要功能是提高从业水平或者某种技能、信誉，没有数量限制。对于认可事项，行政机关一般应当通过考试、考核方式决定是否予以认可。

核准是由行政机关对某些事项是否达到特定技术标准、经济技术规范的判断、确定，主要适用于直接关系公共安全、人身健康、生命财产安全的重要设备、设施的设计、建造、安装和使用，直接关系人身健康、生命财产安全的特定产品、物品的检验、检疫。核准的主要功能是为了防止社会危险、保险安全，没有数量控制。对于核准事项，行政机关一般要实地检测、检验、检疫。

登记是由行政机关确立个人、企业或者其他组织的特定主体资格。登记的功能主要是确立申请人的市场主体资格。登记事项没有数量控制，行政机关一般只对申请登记的材料进行形式审查，申请人对申请材料的真实性负责。

2. 特许的特别程序

《行政许可法》第五十三条规定："实施本法第十二条第二项所列事项的行政许可的，行政机关应当通过招标、拍卖等公平竞争的方式作出决定。但是，法律、行政法规另有规定的，依照其规定。行政机关通过招标、拍卖等方式作出行政许可决定的具体程序，依照有关法律、行政法规的规定。行政机关按照招标、拍卖程序确定中标人、买受人后，应当作出准予行政许可的决定，并依法向中标人、买受人颁发行政许可证件。行政机关违反本条规定，不采用招标、拍卖方式，或者违反招标、拍卖程序，损害申请人合法权益的，申请人可以依法申请行政复议或者提起行政诉讼。"这是对特许程序的概括规定。

(1)特许的基本特征

特许是直接为相对人设定权利能力、行为能力、特定的权利或总括性法律关系的行为，又称为设权行为。例如，矿业权的设定，公有水面填土造地的许可，河川的流水、河川内的土地的占用许可就是设定权利的特许事例。与为了公益上的目的而对公民的权利和自由进行规制的一般行政许可不同，电、煤气、自来水等供给事业及铁路、公共汽车等运输事业，因为是提供国民生活所必需之服务的公益性极高的事业，其营业本来不适合于委任给私人自由经营，而应该得到国家的特别承认，在接受国家业务监督的前提下实施的事业。因此，这些公益事业的许可，不是学理上的一般许可，而是由国家赋予经营公益事业特权的行为，在法律上不是单纯的许可，而应该作为特许(称为公企业的特许)来构架。[73]《行政许可法》第十二条第二项规定的许可行为实质就是特许行为。特许行为的实质在于其往往是在法定条件之外为相对一方当事人设定权利、利益或权利能力。

特许具有以下几个方面的特征：(1)特许具有设权性。即行政管理相对一方当事人通过行政特许行为取得行政法上的某种权利，并从此权利得到更多的益处。(2)特许具有有限性。资源的有限性决定了特许的有限性。特许只能为一定数量的申请人享有，并且特许一旦授予某一个人、组织以后，就排除了其他个人、组织享有该项特许的机会。此类行政许可的一个重要的功能就是对稀缺资源进行配置,因此取得特许的人一般要给付对价。[74](3)特许具有不可随意处置性。相对人经许可所获得的权利,通常情况下可以行使,也可以不行使,只要不违反法律规定,行政机关一般不会进行干预,但特许则不同,相对人获得特许之后,不仅要在主管行政机关的监督之下连续、不断地为公民平等地提供良好且稳定的服务,而且中止或停止营业,必须事先得到主管部门的同意。[75]

(2)采取公平竞争方式的必要性

有限自然资源的开发利用是指对土地、森林、草原、水流、矿产资源、海域等自然资源的开发利用。公共资源的配置是指公共运输线路、电信资源(包括无线电频率、卫星轨道位置、电信网码号等)等有限公共资源的配置。直接关系公共利益的特定行业的市场准入是指企业进入电力、铁路、民航、通信等行业从事相关经营活动,这些行业一般都是形成自然垄断的公用事业。上述事项的行政许可均属于有数量限制的行政许可。

采取公平竞争的方式有利于实现可持续发展战略。此类行政许可的实施,有些会给自然资源、生态环境带来一定影响,有些则直接对公众的日常生活,对国家利益、公共利益造成影响。如果选错了被许可人,将会带来极大的负面影响。

采取公平竞争的方式有利于实现资源的有效配置。招标、拍卖等公平竞争的方式最能体现许可主体行政许可活动的公开性、公平性、公正性和竞争性。因此,最有利于实现资源的优化配置。

采取公平竞争的方式有利于协调个人利益和国家利益之间的关系。由于自然资源、公共资源具有的有限性、供给的稀缺性,公用事业的市场巨大及国家对市场准入的限制,决定着在这些领域获取行政许可具有巨大的经济价值,被许可人一旦取得此类行政许可,取得行政许可赋予其的特定权利,将会给其带来巨大的经济利益。

采取公平竞争的方式有利于防止寻租现象。实践中存在的问题是,行政机关作出决定的程序不透明、暗箱操作的情况比较严重,特许权给谁不给谁缺乏严格的程序制约。同时,由于特许数量的有限性,在缺少程序制约下,特许成为了某些人“设租”、“寻租”,谋取私利的渠道。例如,在国有土地使用的开发利用方面,“条子地”、“关系地”、“人情地”屡禁不绝,不仅造成大量国有资产流失,也严重败坏了社会风气。

(3)公平竞争方式适用的范围

要保障取得特许的人条件最优、出价最高,以提高资源配置的效率,促进资源配置的公平。公开招标、拍卖是目前为止经实践证明行之有效的确保特许决定公平、高效的程序。这种方式既有利于促进资源配置的效益,也有利于建立公平竞争的秩序。因此,对于上述行政许可事项,一般应当采取招标、拍卖等公平竞争方式,选择最优的申请人从事上述行政许可事项的活动。只有这样,才能有效地实现行政许可的目的。

目前,我国一些法律、法规和规章,对于实施上述事项的行政许可,规定了采取招标、拍卖等方式。近年来,不少地方尝试对资源配置类型的行政许可事项采取了招标、拍卖等其他公平竞争方式作出决定,积累了一定的经验。[76]但实践中,采取招标、拍卖的方式作出行政许可决定的比例还不高,多数仍然采取“双轨制”,没有规定作出行政许可决定必须采取招标、拍卖等公平竞争的方式。例如,分配电信资源,可以采取指配的方式,也可以采用拍卖的方式。土地使用权的出让,既可以采用协议出让,也可以采用招标的方式。为此,行政许可法特别规定,对于实施有限自然资源的开发利用等事项的行政许可时,行政机关应当通过招标、拍卖等公平竞争的方式作出决定。同时,考虑到目前的现实情况，行政许可法规定法律、行政法规对采取何种方式决定行政许可另有规定的，依照其规定。行政许可法施行后，在制定、修改有关法律、行政法规时，对这一问题应当按照行政许可法的原则和精神，结合具体的行政许可的特点作出规定。对于地方性法规和规章，在行政许可法施行后，则应当进行清理，不符合行政许可法规定的，应当进行修改，如果规章中的有关规定确需保留的，应当上升为行政法规。

所谓招标，是指行政机关发布招标公告，邀请特定或者不特定的公民、法人和其他组织参加有限自然资源开发利用、公共资源配置、直接关系公共利益的特定行业的市场准入等行政许可的投标，行政机关根据投标结果作出决定的行为。所谓拍卖，是指行政许可机关以公开竞价的方式，将有关行政许可权授予公民、法人和其他组织中的最高应价者的行为。除招标、拍卖的方式外，行政机关还可以通过其他公平竞争的方式作出行政许可决定。

现行法律、行政法规也规定了以招标、拍卖等公平竞争方式决定行政许可的例外情形。例如，《城市房地产管理法》第十二条第二款规定："商业、旅游、娱乐和豪华住宅用地，有条件的，必须采取拍卖、招标方式；没有条件，不能采取拍卖、招标方式的，可以采取双方协议的方式。"第二十一条规定："土地使用权划拨，是指县级以上人民政府依法批准，在土地使用者缴纳补偿、安置等费用后将该幅土地交付其使用，或者将土地使用权无偿交付给土地使用者使用的行为。"但是，除了法律、行政法规另有明确规定的外，《行政许可法》第十二条第二项规定的行政许可事项，作出行政许可决定都必须采用招标、拍卖等公平竞争的方式。

(4)公平竞争的程序

行政机关采取招标、拍卖等方式作出行政许可应当依照什么程序,这是起草行政许可法时一个存在争议的问题。有人认为,招标、拍卖应当适用《招标投标法》和《拍卖法》的规定。也有人认为,《招标投标法》主要适用于工程建设项目以及与工程建设有关的重要设备、材料等的采购,《拍卖法》主要适用于拍卖企业进行的拍卖活动,行政机关采取招标、拍卖方式时的主体、对象等和《招标投标法》、《拍卖法》的规定存在较大差异,不宜完全适用《招标投标法》和《拍卖法》。《行政许可法》基本采纳了后一种意见,但并不完全排除《招标投标法》和《拍卖法》的适用。

根据行政许可法的规定,行政机关通过招标、拍卖作出行政许可决定的具体方式,依照有关法律、行政法规的规定办理。这里的法律、行政法规包括招标投标法、拍卖法的有关规定。如果法律、行政法规对行政机关采取招标、拍卖等方式作出行政许可决定的程序有规定的,应当适用有关规定;如果其他法律、行政法规没有作出规定的,可以参照招标投标法和拍卖法的原则和规定进行。

招标和拍卖都属于公平竞争的方式,但二者对竞争者的评价方式不同。拍卖是以公开竞价的形式,将特定物品或者财产权利转让给最高应价者的方式。招标对中标人的要求,不仅是出价最高,还有其他综合标准。行政许可机关适用何种方式实施有关的行政许可,需要根据招标和拍卖的不同特点进行选择。[77]

通过招标作出行政许可决定的,招标人必须正确行使权利,忠实地履行义务,选择恰当的招标方式;[78]投标人必须具备条件,并遵循投标规则;[79]开标、评标和中标必须严格依法办事;[80]行政许可机关应当根据行政许可法规定的期限,按照招标文件和中标人的投标文件签订书面协议,并依法向中标人颁发行政许可证件。[81]对外招标,还应符合国际惯例。[82]

通过拍卖方式作出行政许可决定的,拍卖人、委托人、竞买人和买受人必须符合法定条件;[83]拍卖必须严格遵守法定程序;[84]行政许可机关应当根据行政许可法的规定的期限,作出行政许可决定,并依法向买受人颁发行政许可证件。[85]

(5)救济程序

招标、拍卖基本上是民事活动,当事人认为招标、拍卖程序违法的,可以依法提起民事诉讼,这是各国通例。但在我国,比较突出的问题是,行政机关运用行政权力干预招标、拍卖活动,或者不依法举行招标、拍卖或者不依据招标、拍卖结果择优作出行政许可决定。这些违法行为从其性质上讲,都是行政违法行为,通过民事诉讼无法救济。针对实践中的这些问题,为保护申请人的合法权益,行政许可法专门规定授予行政相对人依法申请行政复议、提起行政诉讼的权利。当申请人认为申请事项属于依法应当采取招标或拍卖方式而没有采取的,例如,在招标投标中,违反法律规定,将必须进行招标的项目化整为零或者以其他任何方式规避招标的,或认为许可主体没有根据招标或拍卖结果择优作出决定的,例如,招标人在评标委员会依法推荐的中标候选人以外确定中标人的,依法必须进行招标的项目在所有投标被评标委员会否决后自行确定中标人的,相对人均可依法申请行政复议或者提起行政诉讼,请求救济。

在招标投标、拍卖过程中,申请人认为行政主体有其他违法行为的,也可申请救济。如:在招标投标过程中,泄露应当保密的与招标投标活动有关的情况和资料的,投标人串通损害国家利益、社会公共利益或者他人合法权益的;招标投标过程中,招标人以不合理的条件限制或者排斥潜在投标人的,对潜在投标人实行歧视待遇的,强制要求投标人组成联合体共同投标的,或者限制投标人之间竞争的;招标投标过程中,依法必须进行招标的项目的招标人向他人透露已获取招标文件的潜在投标人的名称、数量或者可能影响公平竞争的有关招标投标的其他情况的，或者泄露标底的；依法必须进行招标的项目，招标人违反《行政许可法》规定，与投标人就投标价格、投标方案等实质性内容进行谈判的；评标委员会成员收受投标人的财物或者其他好处的，评标委员会成员或者参加评标的有关工作人员向他人透露对投标文件的评审和比较、中标候选人的推荐以及与评标有关的其他情况的；任何单位或个人违反《行政许可法》规定，限制或者排斥本地区、本系统以外的法人或者其他组织参加投标的，为招标人指定招标代理机构的，强制招标人委托招标代理机构办理招标事宜的，或者以其他方式干涉招标投标活动的；拍卖过程中，拍卖人及其工作人员违反法律规定，参与竞买或者委托他人代为竞买的；竞买人与拍卖人之间恶意串通，给他人造成损害的。对于这些违法行为，除了申请人的监督之外，《招标投标法》还规定了行政机关内部的监督。《招标投标法》第六十三条规定："对招标投标活动依法负有行政监督职责的国家机关工作人员徇私舞弊、滥用职权或者玩忽职守，构成犯罪的，依法追究刑事责任；不构成犯罪的，依法给予行政处分。"

3. 认可的特别程序

《行政许可法》第五十四条规定："实施本法第十二条第三项所列事项的行政许可，赋予公民特定资格，依法应当举行国家考试的，行政机关根据考试成绩和其他法定条件作出行政许可决定；赋予法人或者其他组织特定的资格、资质的，行政机关根据申请人的专业人员构成、技术条件、经营业绩和管理水平等的考核结果作出行政许可决定。但是，法律、行政法规另有规定的，依照其规定。公民特定资格的考试依法由行政机关或者行业组织实施，公开举行。行政机关或者行业组织应当事先公布资格考试的报名条件、报考办法、考试科目以及考试大纲。但是，不得组织强制性的资格考试的考前培训,不得指定教材或者其他助考材料。”这是对认可行为的特别程序的规定。

(1)认可的特征

认可系指特定的行政主体对提供公共服务并且直接关系公共利益的职业、行业所需要的特殊信誉、特殊条件或者特殊技能等资格、资质的确认,一般称为资格资质类行政许可。国家对一些特殊的职业、行业设定资格、资质认可,是因为这些职业、行业直接关系公共利益,其从业人员必须具备与该专业要求相适应的知识、技能,从业组织必须具备相应的技术、管理、人员要求。检查个人是否具备相应的要求,比较可行的方法是考试。通过考试,可以淘汰不合格的人员,提高从业人员的整体素质。检查组织是否具备相应的从业要求,有效的手段是考核其专业人员构成、技术条件、经营业绩、管理水平等硬件,从而将不具备条件的组织阻止在特定行业以外。

(2)赋予公民特定资格的考试

根据行政许可法的规定:资格原则上须通过考试取得,法律、行政法规另有规定的,从其规定。对于不需要通过国家考试而作出的行政许可,申请人申请行政许可的程序适用本章第一节至第五节的规定。[86]

国家考试成绩和其他法定条件是行政机关作出行政许可决定的主要依据。目前,我国的某些资格考试已经实现了全国统一。这些统一资格考试,有的由法律规定,如注册会计师资格考试(注册会计师法);有的由行政法规规定,如注册建筑师资格考试(注册建筑师条例);有的由部门规章规定,如会计专业技术资格考试(会计专业技术资格考试暂行规定,人事部、财政部发布)。对于规定全国统一考试的资格许可,行政机关主要依据考试结果确定公民是否可以获得资格,例如,注册建筑师条例第 11 条规定，注册建筑师考试合格，取得相应的注册建筑师资格的，可以申请注册。但是，行政机关在作出资格许可决定时，通常都要依据其他法定条件。[87]

为了保证国家考试的公正性，尽量方便行政许可申请人，行政许可法对国家考试作了如下规定：

第一，考试由行政机关或者行业组织组织实施。在我国，多数国家考试仍由行政机关组织，但也有个别国家考试按照法律、行政法规和规章的规定由行业组织实施。比如，根据注册会计师法的规定，注册会计师全国统一考试由中国注册会计师协会组织实施。《证券业从业人员资格考试办法（试行）》规定："中国证券业协会是资格考试的组织机构，负责资格考试工作。"《医师资格考试暂行办法》规定："卫生部医师资格考试委员会，负责全国医师资格考试工作。""医师资格考试考务管理实行国家医学考试中心、考区、考点三级分别责任制。"《导游人员管理实施办法》规定："国务院旅游行政管理部门负责制定全国导游人员资格考试的政策、标准和对各地考试工作的监督管理。省级旅游行政管理部门负责组织、实施本行政区域内导游人员资格考试工作。"行政许可法作出了前瞻性、引导性的规定，即规定由行政机关或者行业组织组织实施国家考试。从市场经济发达国家的情况看，关于公民资格的许可，多数都由行业组织组织考试，并根据考试结果作出决定。例如，律师协会组织律师考试，根据成绩决定申请人是否获得律师资格，这种资格许可，从性质上看，不属于行政机关的行政许可。随着政府职能的转变和市场经济的不断发展，行政机关的这部分职能必将逐渐弱化，多数公民资格的许可必将由行业组织实施。行政许可法规定国家考试的组织可以由行业组织实施，实现了国家考试的组织者和行政许可的决定者的分离，对于促进行政机关最终将公民资格许可移交给行业组织实施具有积极意义。

第二,考试必须公开举行。公民特定资格的考试应当向社会公开,保证所有符合条件的公民都有机会参加。考试公开,首先就要做到有关考试的规定及考试的规则公开,以便个人做好相应的备考与其他准备工作。按照行政许可法的规定,行政机关或者行业组织应当事先公布资格考试的报名条件、报考办法、考试科目以及考试大纲,以方便申请人准备考试。[⑧]

第三,禁止借考试谋取不正当利益。在资格考试中,目前存在的一个突出问题是,一些行政机关或者行业组织利用自己组织考试的特殊身份,组织考前培训、指定教材或者其他助考材料,谋取不正当利益,造成了不正当竞争,损害了参考人员的合法权益。因此行政许可法规定行政机关不得组织强制性的资格考试考前培训,不得指定教材或者其他助考材料的规定。之所以作如此规定,一是为了防止行政机关借考试之机通过举办辅导班、指定教材等方式进行不正当竞争;二是为了避免漏题,影响考试的公正性;三是避免滋生腐败。为了从制度上解决这些问题,行政许可法规定,行政机关或者行业组织不得组织强制性的资格考试的考前培训,不得指定教材或者其他助考材料。[⑨]

在起草行政许可法的过程中,一种意见认为,公民特定资格的考试应当实行全国统一大纲、统一命题、统一考试规则。从实际情况看,有些国家考试已经实现了内容大致相同的“三统一”或者“四统一”。例如,《会计专业技术资格考试暂行规定》要求,会计专业技术资格实行全国统一组织、统一考试时间、统一考试大纲、统一考试命题、统一合格标准的考试制度。“三统一”代表了未来国家考试的发展方向。而行政许可法未作明确规定。对此,有不少学者主张,今后举行资格考试,应当尽量实现“三统一”。

(3)赋予法人或者其他组织特定资格、资质对于法人或者其他组织特定资格、资质的行政许可，主要依据是对申请人的专业人员构成、技术条件、经营业绩和管理水平等方面的考核，行政机关依据考核结果，作出行政许可决定。

为确保考核的公开、公正、公平。行政机关应当事前公布考核内容（专业人员构成、技术条件、经营业绩、管理水平的具体事项）、考核时间、各类考核事项的考核标准、考核等次及依据等与考核有关的事项。[90]行政机关在实施资格、资质的认可时，除了依据行政许可法的规定以外，还要注意有关专业规定。详细规定还要依据具体的法律、行政法规、国务院有普遍约束力的决定或者国务院部门规章的规定，例如，《全国工程勘察、设计单位资格认证管理暂行办法》、《建设部关于房地产价格评估机构资格等级管理的若干规定》、《建设工程设备招标机构资格管理试行办法》等。但不得在法定考核项目外擅自增加对法人或者其他组织的考核项目。

(4)不采取考试、考核方式的须有法律、行政法规的明确规定

对于赋予公民或组织特定资格、资质的行政许可，应当通过考试和考核通过。根据行政许可法的规定，如果法律、法规另有规定的，公民、法人或者其他组织可以通过其他方式取得有关的资格、资质。例如，律师法规定，在一般情况下，“取得律师资格应当经过国家统一的司法考试。具有高等院校法律专业本科以上学历，或者高等院校其他专业本科以上学历具有法律专业知识的人员，经国家司法考试合格的，取得资格。”但特殊情况下，“具有高等院校法学本科以上学历，从事法律研究、教学等专业工作并具有高级职称或者具有同等专业水平的人员，申请律师执业的，经国务院司法行政部门按照规定的条件考核批准，授予律师资格。”

4. 核准的特别程序

《行政许可法》第五十五条规定：“实施本法第十二条第四项

所列事项的行政许可的,应当按照技术标准、技术规范依法进行检验、检测、检疫,行政机关根据检验、检测、检疫的结果作出行政许可决定。行政机关实施检验、检测、检疫,应当自受理申请之日起五日内指派两名以上工作人员按照技术标准、技术规范进行检验、检测、检疫。不需要对检验、检测、检疫结果作进一步技术分析即可认定设备、设施、产品、物品是否符合技术标准、技术规范的,行政机关应当当场作出行政许可决定。行政机关根据检验、检测、检疫结果,作出不予行政许可决定的,应当书面说明不予行政许可所依据的技术标准、技术规范。"这是对核准特别程序的规定。

(1)核准的特征

核准,指特定的行政主体对直接关系公共安全、人身健康、生命财产安全的重要设备、设施、产品、物品,按照技术标准、技术规范,通过检验、检测、检疫等方式进行审定的行为。例如,《进出口商品检验法》规定:"列入《种类表》的进出口商品和其他法律、行政法规规定须经商检机构检验的进出口商品,必须经过商检机构或者国家商检部门、商检机构指定的检验机构检验。"《特种设备安全监察条例》规定:"锅炉、压力容器中的气瓶、氧舱和客运索道、大型游乐设施的设计文件,应当经国务院特种设备安全监督管理部门核准的检验检测机构鉴定,方可用于制造。"《国境卫生检疫法》规定:"入境、出境的人员、交通工具、运输设备以及可能传播检疫传染病的行李、货物、邮包等物品,都应当接受检疫,经国境卫生检疫机关许可,方准入境或者出境。"这类行政许可事项具有两个特点:一是技术性强。申请人能否取得行政许可,完全取决于技术标准、技术规范。这类行政许可事项多与安全有关,达不到规定的技术标准、技术规范,就会影响公共安全、人身健康、生命财产安全。因此,行政机关实施行政许可,必须进行检验、检测、检疫,并且将检验、检测、检疫结果与进行事前公布的技术标准、技术规范进行对比,达到或者通过技术标准、技术规范的,就予以行政许可;不符合或者未达到技术标准、技术规范的,不予行政许可。二是客观性强。行政机关没有多少自由裁量的余地。

(2)技术标准与技术规范

实践中存在的问题主要是:对这类行政许可,有的行政机关不是根据客观的技术标准、技术规范为依据,决定是否予以行政许可,而是以个人好恶、主观偏好为依据,有的甚至将行政许可与谋取不正当利益挂钩,给了好处不符合技术标准也准予行政许可,不给好处就总也不符合行政许可的条件,至于哪些地方不符合哪些技术标准、技术规范,行政机关也不告知,就是拖着不办。因此,行政许可法规定,行政机关只能根据事前公布的技术标准、技术规范为依据,根据检验、检测、检疫的结果决定是否准予行政许可。行政机关作出是否准予行政许可的决定依据的只能是技术标准与技术规范,而不得是其他非客观性的东西或者行政机关非法规定的条件。不予行政许可的,必须说明不予行政许可所依的技术标准、技术规范。其说明应当明确、具体,以利于申请人相应予以改进。

(3)检验、检测、检疫的机构

根据行政许可法和有关法律、法规的规定,进行检验、检测、检疫的机构包括行政许可机关,也可以是符合法定条件的专业技术组织。例如,《药品管理法》规定,药品监督管理部门设置或者确定的药品检验机构,承担依法实施药品审批和药品质量监督检查所需的药品检验工作。检验、检测、检疫的机构对其实施的检验、检测、检疫的结果负责。又如,《安全生产法》规定:“承担安全评价、认证、检测、检验的机构应当具备国家规定的资质条件,并对其作出的安全评价、认证、检测、检验的结果负责。”

(4)审核方式

老百姓总是反映办事太难。针对现实中的这些问题,行政许可法要求实施机关应当尽速办理行政许可事项。自受理申请之日起派两名以上工作人员检验、检测、检疫。对检验、检测、检疫结果不需要进一步技术分析即可认定设备、设施、产品、物品是否合格的,应当当场作出决定,行政机关不得久拖不决,给申请人造成不便。

(5)审核期限

根据行政许可法的规定,除可以当场决定的外,行政机关应当自受理行政许可申请之日起20日内作出是否准予行政许可的决定。行政机关作出行政许可决定,依法需要检验、检测、检疫所需的时间,不计算在行政机关的审查期限内。但行政机关应当将所需时间书面告知申请人。目前,有的法规中对采取检验、检测、检疫方式审查的行政许可的期限作出了规定。例如,《城市房地产开发经营管理条例》规定:“房地产开发项目竣工后,房地产开发企业应当向项目所在地的县级以上地方人民政府房地产开发主管部门提出竣工验收申请。房地产开发主管部门应当自收到竣工验收申请之日起30日内,对涉及公共安全的内容,组织工程质量监督、规划、消防、人防等有关部门或者单位进行验收。”《煤矿安全监察条例》规定:“煤矿安全监察机构对煤矿建设工程安全设施和条件进行验收,应当自收到申请验收文件之日起30日内验收完毕,签署合格或者不合格的意见,并书面答复。”行政许可法进一步规定,行政机关实施检验、检测、检疫,应当自受理申请之日起5日内指派两名以上工作人员按照技术标准和技术规范进行检验、检测、检疫。这一规定有利于促使实施机关尽快实施检验、检测、检疫,以提高行政效率。对于不需要对检验、检测、检疫结果作进一步技术分析即可认定设备、设施、产品、物品是否符合技术标准和技术规范的，行政机关应当当场作出准予行政许可的决定。例如，《进出境动植物检疫法实施条例》规定：“携带植物、动植物产品和其他检疫物进境，经现场检疫合格的，当场放行；需要作实验室检疫或者隔离检疫的，由口岸动植物检疫机关签发截留凭证。”

5. 登记的特别程序

《行政许可法》第五十六条规定：“实施本法第十二条第五项所列事项的行政许可，申请人提交的申请材料齐全、符合法定形式的，行政机关应当当场予以登记。需要对申请材料的实质内容进行核实的，行政机关依照本法第三十四条第三款的规定办理。”这是对登记的特别程序的规定。

(1)登记的特征

登记所涉及的事项主要是企业或者其他组织的设立等需要确定主体资格的事项，主要指企业注册和社团登记。此类许可的主要功能是通过使相对人获得某种能力向公众提供证明或者信誉、信息。通常情况下，行政机关只对申请人提供的材料进行形式审查，只要申请材料齐全、符合法定形式，行政机关就应当当场予以登记，行政机关对是否予以行政许可没有自由裁量权。相对于其他行政许可，这类行政许可是行政管理色彩最弱的一类，行政机关对于行政许可承担的责任也最轻。登记具有以下作用：一是登记机关通过登记赋予申请人企业法人资格，允许其在经营范围内从事经营活动，使其能以自己的名义和财产，独立承担民事责任；在未经登记或尚未领取营业执照前，不具备营业资格和能力。二是记载和公示的作用，登记机关将其法人资格和经营资格状况登记在册，并通过一定的方式将登记事项予以公示，使公众能够了解企业的营业内容，在与企业进行交易时，有所取舍和注意,以保护交易安全。

(2)审查方式

登记是进行形式审查还是进行实质审查,是一个有争议的问题。形式审查是对申请人提交的文件、证件的完备性、有效性所进行的审查。实质审查是对申请人提交文件、证件和填报的登记注册文件的真实性、合法性所进行的审查。过去,行政机关往往以全面审查为原则,既进行形式审查又进行实质审查,以为这样才能切实把好市场准入关,确认合格的市场主体,保证交易安全。但实践表明,对市场准入进行实质审查也有其弊端:其一,进行实质审查,费时费力,加大了审查成本,耗费了登记机关大量的人力和物力;其二,实质审查不仅不适当地减轻了市场主体的责任,而且成为其规避法律责任的借口;其三,在当前公权力缺乏有效制约的情况下,实质审查制非常容易导致国家公权力对私权利侵扰和过度干预;其四,实质审查容易误导公众,反而增加交易上的不安全。当然,形式审查也存在一些弊端,例如无法确保登记事项的真实性。但是,法律可对此规定防范措施。例如,对申请登记事项,申请人应对其申请材料的真实性和完整性负责。如此,形式审查既保证了交易安全,又有利于提高效率。

根据行政许可法的规定,实施机关对于登记事项,可以实行形式审查,需要实行实质审查的,也可以实行实质审查。登记机关应以形式审查为一般原则,但在特定情况下可以而且应当进行实质审查。以企业法人登记为例,登记机关一般来说只需对有关文件、证明和材料的是否完备进行审查。如对于有些登记材料,像股东签名、企业印鉴等,靠登记部门是无法辨别真伪的,有关企业开业登记材料所说明的一些条件,要等到企业经营一段时间以后才能真正具备,因此对于这些事项进行实质审查没有实质意义。对于企业章程的内容是否符合有关法律、行政法规，登记机关可以进行形式审查，但法律、法规明确要求进行实质审查的应当进行实质审查。此外，如果登记机关在审查中，发现企业章程中存在明显的违反法律、行政法规的规定，则可以要求申请人予以修改或者拒绝登记。验资证明是由会计师事务所或者审计事务所及其他具有验资资格的机构出具的证明资金真实性的文件。一般来说，登记机关不须对验资证明的真实性进行审查，这是因为，根据《注册会计师法》的规定，会计师事务所出具的验资报告，具有法律效力。因验资证明内容不真实所引起的法律责任和后果，应当由验资机构承担。但如果登记机关在审查过程中，对于验资证明的真实性有疑问，也可以进一步调查。但目前，某些企业登记和社团登记还需要对申请材料的内容进行核实，有的还需要到现场去核实。例如，根据《进口食品国外生产企业注册管理规定》，国外生产企业申请注册的，国家认证认可监督管理局要组织专家对输出国家(地区)提供的资料进行审查，对于符合要求的，派出评审组对所推荐的国外生产企业进行实地评审并向国家认证认可监督管理局提交评审报告，经国家认证认可监督管理局批准后对符合条件的国外生产企业予以注册。根据《行政许可法》的规定，对这类行政许可事项，行政机关应当按照《行政许可法》第三十条第三款的规定，指派两名以上工作人员进行核查。从长远看，这类行政许可都应当向形式审查方向发展，行政机关不再对申请人提供的申请材料进行实质审查。

(五)有数量限制的许可程序

《行政许可法》第五十七条规定："有数量限制的行政许可，两个或者两个以上申请人的申请均符合法定条件、标准的，行政机关应当根据受理行政许可申请的先后顺序作出准予行政许可的决定。但是,法律、行政法规另有规定的,依照其规定。”这是对有数量限制的许可程序的规定。

1. 有数量限制的含义

行政许可从是否有数量限制划分,可以分为有数量限制和无数量限制的行政许可。有数量限制的行政许可是指由于客观条件的限制,某一个地区在一段时期内,对于从事某种活动只能发放一定数量的行政许可。如果许可证申请人取得该项许可后限额即满,那么其他的申请人就不能再申请此项许可,如排污证、电台许可证、出口配额等。我国某些出口产品目前尚有配额限制,出口企业除取得出口产品许可证外,还需获得有关部门确定的出口配额。而是否给予某企业配额,除考虑申请企业的条件外,还要看是否有足够的配额。有数量限制的许可,多涉及对有限自然资源的开发利用、公共资源的配置以及直接关系公共利益的特定行业的市场准入等赋予特定权利的事项。

2. 对有数量限制的许可适用特别程序的必要性

有数量限制的行政许可,能够取得行政许可的人数量有限,而竞争行政许可的申请人数量较多,如果没有一个客观标准,就会为行政机关滥用自由裁量权形成可乘之机,就不能保证行政许可决定的公正性。如果行政机关将某项行政许可赋予特定申请人,其他申请人就可能失去相应的机会和资格,尤其是多个申请人共同申请某一项行政许可时,无论行政机关将行政许可授予哪个申请人,其他申请人都将因此而得不到相应的行政许可。为此,必须明确有数量限制的行政许可事项中,行政机关作出行政许可决定的标准,并且该标准应当公正、客观。

3. 适用条件

根据行政许可法的规定,适用《行政许可法》第五十七条有关根据受理行政许可申请的先后顺序作出准予行政许可决定,必须同时具备以下几个条件:一是申请事项有数量限制;二是有两个或者两个以上申请人;三是符合条件者多于所限制的数量;四是许可事项不属于应当通过招标、拍卖等公平竞争方式作出许可决定的事项。[91]

4. 确定方式

如何确定有数量限制的被许可人,在立法过程中是一个有争议的问题。一种意见认为,应当由行政机关在申请人中进行择优选择,通过比较申请人各个方面的综合素质,将行政许可授予条件最优的申请人。另一种意见认为,择优选择在实践中很容易变样,成为行政机关滥用权力的途径,并且是否凡许可都要择优也值得商榷。还有一种意见认为,可以考虑采取招标、拍卖以外的公平竞争方式,例如抽签、抓阄等方式决定行政许可,这样更显公平。鉴于受理先后作为标准既客观又公平,行政许可法最后采取了按受理先后顺序作为有数量限制的行政许可中行政机关作出准予行政许可决定的标准。即两个或者两个以上申请人均符合法定条件、标准的,将行政许可授予受理在先的申请人。受理在先是指受理日期在先、受理号在先。行政机关不能以后申请者的条件更优或需要特别照顾为由,收回已发出的许可,以避免造成社会财富的浪费和社会关系的不稳定,除非被许可人有法律、法规规定的应当撤销的情形或者被许可人放弃许可。例如,申请出租车运营许可,在数额未满的情况下,行政机关应当向符合条件的个人或企业颁发许可。后提出申请的,如果数额已满,就无法取得许可,除非现有的被许可人退出或者其许可被撤销。

5. 其他法定方式

行政许可法在规定按先后顺序决定行政许可的同时,明确规定法律、行政法规另有规定的,依照其规定。依照法律、行政法规的规定,行政机关作出准予许可的决定还可以采取以下方式:一是择优原则,由申请人公平竞争,条件最优的获得许可;二是照顾原则,由于行政许可是授益性的行为,申请人获得许可后,在从事特定活动过程可以获得经济上的利益。在有的情况下,行政机关可依据法律、法规的规定,对于少数民族、经济欠发达地区的申请人或者残疾人等弱势群体予以扶持,在同等的条件下,将数量有限的许可颁发给他们。根据行政许可法的规定,择优原则和照顾原则,只适用于有数量限制的行政许可,不适用于无数量限制的行政许可。对于遵循择优原则和照顾原则作出行政许可决定的,应当有法律或者行政法规的依据。法律或者行政法规规定应当采取招投标或拍卖的方式择优颁发许可的,就不能按照申请时间的优先顺序或者照顾特定人群的原则颁发许可。

注释:

①对一项行政许可事项,可以设计好的行政程序制度,申请人通过一两个行政机关、盖几个章、在较短的时间内就能迅速地完成行政许可申请;在不好的行政程序制度下,可能需要跑好几个行政机关、盖十几个章、费几年的时间也难以取得行政许可。

②从实际情况看,行政许可的实施程序存在以下问题:(1)行政许可程序不够公开透明。行政机关实施行政许可搞"暗箱操作",申请人难以了解行政机关实施行政许可的法律依据、条件、权限、过程和结果。(2)行政许可程序缺乏有效的公平机制,如听证制度、说明理由制度等,加之对行政许可的实施行为缺乏有效监督制约,导致行政机关实施行政许可随意性较大。有的法律法规没有规定明确、具体的行政许可条件和标准,无论是给予行政许可还是拒绝行政许可,全凭行政机关工作人员个人说了算,为行政机关工作人员乱许可、滥许可提供了机会。(3)对行政机关审查行政许可的期限规定得较少,行政机关办理行政许可事项时间过长,行政机关拖延处理行政许可申请的现象比较严重。(4)行政机关与申请人在程序中的权利义务不对等。有关法律、法规、规章涉及行政

许可程序的规定，多是规定申请人的义务，而较少规定对行政机关的要求；申请人违反程序可能导致不予受理、不予许可等不利后果，而行政机关对在实施行政许可中的程序违法行为很少承担法律责任。(5)行政机关漠视被许可人的权利，准予行政许可后可以随时收回、撤销、换证，既不征求被许可人意见，也不说明理由。

③实践中比较突出的问题是，许多行政机关制定的行政许可申请书格式文本非常复杂，即使文化程度很高的人既看不懂、也不会填写；有的行政许可申请书格式文本包含了许多与行政许可申请无关的内容，如籍贯、父母、婚姻状况等。

④一般情况下，法律、法规对于申请人提出许可申请没有期限限制，申请人可以随时提出申请。如申请人开办一个餐厅，进行企业登记，只要申请人具备了法律、法规规定登记机关进行登记的条件和要求，就可以向登记机关提出登记的申请。但在某些特殊情况下，基于事实上或者法律上的原因，要求申请人在一定的期限内提出，申请人不得逾期提出申请。例如，需要对产品、物品、设备等进行检测、检验、检疫的，往往要求申请人在一定的期限内送检；行政许可需要采取招标、拍卖方式的，投标人应当在招标人规定的提交招标文件的截止时间前，将投标文件送达投标地点。

⑤在国外，向行政机关提交虚假的材料是要承担刑事责任的。如法国，在一些行政许可中，申请人必须自己进行审查或者自己作出证明(签字、提交专家报告)。如果提交虚假材料，将受到制裁。但是，在我国，法律、法规较少规定行政许可申请人提交虚假材料的刑事责任(证券法等少数法律除外)，有的连行政处罚也没有。申请人提交虚假材料，没有被发现的，可以骗取行政许可；被发现的，最多也不过是不能取得行政许可而已。申请人提供虚假材料骗取行政许可的违法行为成本低、收益大，这会诱使更多的申请人通过提供虚假材料骗取行政许可，这既加大了行政机关的审查工作难度，也不利于在全社会树立诚信、守法的理念。

⑥如办理有限责任公司执照需要注册资本证明，申请人有30万元注册资本、并且出示30万元注册资本证明材料的，属于如实提供材料、反映真实情况。如果申请人只有10万元注册资本却出示了30万元注册资本的证明材料，则属提供虚假材料；同样，如果申请人有30万元注册资本，但是将别人30万元注册资本的证明材料复印后改为自己的证明材料提供给行政许可的实施机关的，也属于没有如实提供有关材料。

⑦有些行政许可事项，行政机关实行形式审查，由申请人自己对申请材料实质内容的真实性负责是可以的；但是，对行政机关实行实质审查甚至实地核查、当面检查的，如果规定由申请人对申请材料实质内容的真实性负责，是否意

味着行政机关对此不承担责任;如果行政机关对此不承担责任,就很难保证行政机关依法尽职地履行实质审查责任;如果行政机关承担责任,行政机关与申请人的责任如何区分,行政机关如何承担其审查责任,对此需要进一步加以研究。

⑧实践中,经常出现因行政机关未事前公开有关行政许可的规定,申请人因而不知道向谁提出申请、如何提出申请、应当提交哪些申请材料的现象,有的导致申请人不能及时、准确、有效地提出行政许可申请。为此,申请人需要不停地奔波于多个行政机关,有的是为了解决如何提出申请的疑难问题,有的是为了完善自己提交的申请材料;而行政机关也会因需要解决多数申请人的一次又一次具体、同样的问题而耗费大量人力、时间。

⑨但是,本条所要求的行政机关应当在其办公场所公示有关行政许可规定,也有一定的局限性。根据这一规定,行政许可申请人、社会公众为了了解有关行政许可的规定可能需要亲自前往行政机关的办公场所,这需要付出很大的财力、时间,不符合行政许可法要求、倡导的便民原则。如,广东省的企业如果向商务部申请有关行政许可,根据该条规定,商务部在其办公场所公示有关行政许可的规定就履行了该条规定的义务。但是,对申请人来说,为了了解有关行政许可的规定,就得专门去商务部一趟。我们以为,对行政机关公示有关行政许可决定的具体方式,可以作更加灵活的规定。公示的结果必须方便申请人查询,有利于申请人及时、有效、经济地获取信息。比如,除要求行政机关在办公场所公开有关行政许可的规定外,还应当要求其在政府公报、行政许可申请人所在地区普遍发行的报刊上或行政许可实施机关的政府网站上公示有关规定。行政许可法的有关规定已经包含了这些内容,如,该法第三十四条规定,行政机关应当创造条件,将有关行政许可的规定在政府网站上公开。

⑩这样,申请人在申请行政许可前能够清楚地知道应当提交的材料目录,减少了行政机关工作人员折腾申请人的机会,增强了申请人抑制行政机关不合理地要求与行政许可事项无关的材料的能力。

⑪如林业行政部门依法只能对林业行政管理范围内的事项作出处理,如果公民向其提出属于非林业行政管理范围的行政许可申请,林业行政部门应当依法不予受理,并作出不予受理的决定。

⑫如《水生野生动物保护实施条例》规定,需要捕捉国家一级保护水生野生动物的,应当向国务院渔业行政主管部门申请特许捕捉证;需要在本省、自治区、直辖市捕捉国家二级保护水生野生动物的,应当向省、自治区、直辖市人民政府渔业行政主管部门申请特许捕捉证。如果公民向省级人民政府渔业行政主管部门申请国家一级保护水生野生动物的特许捕捉证的,因该事项超越了省级人民政府渔业行政主管部门的级别管辖权,该行政机关只能作出不予受理的

决定。

⑬如《城市房地产开发经营管理条例》规定，房地产开发项目竣工后，房地产开发企业应当向项目所在地的县级以上人民政府房地产开发主管部门提出竣工验收申请。如果某市人民政府房地产开发主管部门收到项目位于另外一市的房地产开发企业提出的竣工验收申请，因该事项不属于本行政机关地域管辖权范围，该市人民政府房地产开发主管部门应当作出不予受理的决定。

⑭许多国家、地区的行政程序法都有类似规定，如《澳门地区行政程序法》第七十八条规定："如最初申请不符合第七十六条之规定，则须请申请人在行政机关指出之在最初申请所存有之缺陷改正。如利害关系人所作之请求仅为不合程式或不尽完善，则为避免其因此而遭受损失，行政当局之机关及人员应设法补正申请内之各种缺陷，但不影响上款规定之适用。"在英国，法院在解释某种程序的性质时，通常尽量照顾个人利益，缩小强制程序的范围。例如申请许可证，只要基本情况已经反映，符合主要的程序规则就可接受，不以申请人的细小错误而作为不受理的原因。

⑮目前我国有的法规中对此已有规定，如《货物进出口管理条例》规定："进口配额管理部门和进口许可证管理部门要求申请人提交的文件，应当限于为保证实施管理所必需的文件和资料，不得仅因细微的、非实质性的错讹拒绝接受申请。"

⑯其他国家立法及有关国际条约对行政许可的受理也有所规定。如葡萄牙《行政程序法典》规定，有权限的公务员须承担在有关申请提出时起10日内向利害关系人发出证明、复制本或经认证的声明书的义务；WTO《乌拉圭回合进口许可证程序协议》规定，如果一项申请文件有微小差错，只要这种差错不改变文件所包含的基本数据，许可证的申请就不应被拒绝。

⑰例如，《特殊标志管理条例》即对申请材料作出了非常具体的规定。该条例规定，申请特殊标志登记，应当填写特殊标志登记申请书并提交下列文件：(一)国务院批准举办该社会公益活动的文件；(二)准许他人使用特殊标志的条件及管理办法；(三)特殊标志图样5份，黑白墨稿1份。图样应当清晰，便于粘贴，用光洁耐用的纸张印制或者用照片代替，长和宽不大于10厘米、不小于5厘米；(四)委托他人代理的，应当附代理人委托书，注明委托事项和权限书；(五)国务院工商行政管理部门认为应当提交的其他文件。

⑱有些国家的行政程序法对补正期限作出了规定。如西班牙行政程序法规定补正的期限为10天。

⑲如《公司登记管理条例》规定，申请设立有限责任公司，应当向公司登记机关提交公司董事长签署的设立登记申请书、全体股东指定代表或者共同委托代理人的证明、公司章程、具有法定资格的验资机构出具的验资证明等九种文

件，如果申请人只提交了部分文件，未提交全部九种文件，则属申请材料不齐全；如果申请人提交了全部九种文件，但是其提供的公司设立登记申请书没有公司董事长签名，则属申请材料不符合法定形式。

⑳如《旅行社经理资格认证管理规定》规定："有下列情形之一者，不得参加旅行社经理资格考试：(一)曾有故意犯罪记录的；(二)曾经担任因违法被吊销经营许可证和营业执照，或者因经营不善破产清算的企业的法定代表人，并对上列情况负有个人责任或者直接领导责任的；(三)受到司法机关或者党纪、政纪部门审查，尚未作出处理结论的；(四)有赌博、吸毒、嫖娼等不宜从事旅游工作的不良行为的；(五)违反社会公德，造成严重不良影响的。"

㉑国务院提请全国人大常委会审议的《行政许可法》(草案)中曾经规定，行政机关能够当场作出是否准予行政许可的决定的，可以不出具书面受理凭证，但是这一规定最后没有保留。

㉒日本的行政程序法在受理期限上的规定与我国行政许可法的规定是类似的。《日本行政程序法》第七条规定："申请到达事务所时，行政机关应立即开始审查该申请。对申请书中记载事项不完备、没有附加申请书必需的附件、未在申请期限内提出申请以及不具备其他法令规定的申请形式要件的申请，应设定相当的期限要求申请人补充更正该申请，或者拒绝给予该申请所请求的许可认可。"根据这一规定，行政机关对申请的受理，采取"到达主义"，即当"申请到达事务所时"行政机关即开始负有审查义务。这样的立法方法有意地将"受理"阶段排除出了法定程序。

㉓实际上，有些行政许可事项，从申请到作出决定的期间只需要三五天，如《森林法实施条例》规定，对符合条件的，受理木材运输证申请的林业主管部门，应当自接到申请之日起3日内发给木材运输证。

㉔早在1992年，国务院办公厅就提出建设全国行政首脑机关办公决策服务系统的目标和具体实施方案，并在全国政府系统推行办公自动化。2001年，国务院办公厅又制定了《全国政府系统政务信息化建设的五年规划》，对我国政府信息化的指导思想、方针、政策等作出了明确规定。第一，我国在政府信息化的建设方面，大体用3—5年建设以"三网一库"为基本的政府系统的政务信息化枢纽框架，即：政府机关内部的办公业务网，国务院办公厅与各地区、各部门连接的办公业务网，以因特网为依托的政府公众信息网，政府系统共建共享的电子资源库。第二，我国推动政府信息化的指导原则是："以需求为导向，以应用促发展，统一规划，协同发展，资源共享，安全保密。"第三，我国政府信息化的任务主要集中在以下七个领域：一是大力推进政府业务的应用建设。具体包括政府机关内部的应用系统建设，公文、信息无纸化传输系统，多媒体应用系统以及办公决策服务系统；二是加强政府办公业务网和办公业务资源网网络建设；

三是筹建办公业务资源网及政府公众信息政府网站；四是建立和完善共享信息资源库；五是做好计算机网络安全保密工作；六是加强对公务员的培训工作；七是抓好与系统建设和应用相关的法规工作。

㉕行政机关对许可申请的非书面审查的方式比较多：(1)考核，例如，多数公民申请律师执业证书必须通过国家司法考试，申请注册会计师执业证书必须取得全国注册会计师考试全科合格证书；(2)检验、检测、检疫、勘验、鉴定、体检等技术性检查，例如，申请动植物进出口许可证必须经过检疫，申请机动车驾驶证必须通过身体检查等；(3)评审论证，如重大工程项目的立项必须组织评审机构进行论证、评定、审核；(4)实际调查，如食品生产经营企业和食品摊贩的设立、经营，必须通过食品卫生监督管理部门的实地调查，认为其符合卫生标准后方可获得许可。

㉖如《律师法》第八条规定，拥护中华人民共和国宪法并符合下列条件的，可以申请领取律师执业证书：(1)具有律师资格；(2)在律师事务所实习满一年；(3)品行良好。第十条规定，申请领取律师执业证书的，应当提交下列文件：(1)申请书；(2)律师资格证明；(3)申请人所在律师事务所出具的实习鉴定材料；(4)申请人身份证明的复印件。如果公民申请律师执业资格，提交了有关申请材料，司法行政部门就要审核申请人提供的材料能否证明其达到了律师法所规定的条件。

㉗例如，《建立卫星通信网和设置使用地球站管理规定》第五条规定："建立卫星通信网的，应当具备下列条件：(一)是具有法人资格的组织；(二)有可行性研究报告和总体技术方案；(三)有与卫星通信网建设、运营相适应的资金和专业人员；(四)有可利用的卫星转发器资源；(五)国家规定的其他条件。"第六条规定："建立涉及电信业务经营的卫星通信网，应当持有相应的电信业务经营许可证。"第九条规定："信息产业部无线电管理局对受理的申请，应当按照以下标准进行实质性审查：(一)拟建卫星通信网是否符合本规定第五条、第六条的要求；(二)拟使用频率和其他技术特性是否符合国家有关无线电管理的规定、国际电信联盟《无线电规则》及与其他国家或地区达成的双边协议的要求；(三)拟使用的国内空间电台是否业经信息产业部批准，并取得空间电台执照；(四)拟使用的国外空间电台是否已完成与我国相关空间电台和地面无线电台的协调，其技术特性是否符合与我国相关空间电台和地面电台达成的双边协议的要求；(五)拟使用的卫星转发器资源是否为合法经营者提供；(六)拟使用境外公司提供的转发器资源的，是否经过信息产业部批准；(七)拟建卫星通信网的总体技术方案是否合理可行。"

㉘如申请人申请消防行政机关验收消防设施的，消防行政机关不能只看申请人的申请材料，还必须实地核查有关消防通道是否畅通、消防设备设施是否

与申请材料所述一致。

㉙从申请人角度而言,为了取得行政许可,其申请书及申请材料主要是用来证明其具备取得行政许可的法定条件,不会或者很少会反映第三人的合法权益、公共利益的。

㉚如有关规划许可、建筑许可、消防许可等,可能关系相邻权人的采光权,有关排污许可,可能直接影响排污地周围群众的环境权。

㉛有的国家还要求申请人在向行政机关提交行政许可申请书的同时公开其申请书及所附有关材料,以便利害关系人提出意见。

㉜例如,《水生野生动物保护条例》规定:"需要捕捉国家一级保护水生野生动物的,必须附具申请人所在地和捕捉地的省、自治区、直辖市人民政府渔业行政主管部门签署的意见,向国务院渔业行政主管部门申请特许捕捉证;需要在本省、自治区、直辖市捕捉国家二级保护水生野生动物的,必须附具申请人所在地的县级人民政府渔业行政主管部门签署的意见,向省、自治区、直辖市人民政府渔业行政主管部门申请特许捕捉证。"广播电视管理条例规定:"地方设立广播电台、电视台的,由县、不设区的市以上地方人民政府广播电视行政部门提出申请,本级人民政府审查同意后,逐级上报,经国务院广播电视行政部门审查批准后,方可筹建。"

㉝再如《野生植物保护条例规定》,出口国家重点保护野生植物或者进出口中国参加的国际公约所限制进出口的野生植物的,必须经进出口所在地的省、自治区、直辖市人民政府野生植物行政主管部门审核,报国务院野生植物行政主管部门批准,并取得国家濒危物种进出口管理机构核发的允许进出口证明书或者标签。

㉞据调查,一个外资企业设立的行政许可,一共需要递交14套以上装订成册的全套资料;上下级行政机关对同一申请材料都进行审查。同时,申请人要跑不同级别的行政机关。据企业反映,南方某省的一技改项目审批,从轻工系统、计经委同时报批,大致经过以下环节:国家下发申报表——企业申报建议书——国家批准——可行性报告申报——可行性报告审批——初步设计报告申报——初步设计报告批准——扩初设计报告申报——扩初设计报告批准——施工设计、招标——施工竣工验收申请——国家验收通过,共计6次往返。在一个部门内部的审批,也要经过经办人初审、复审签字到科室领导审批签字再到部门分管领导审核签字,有的还要经过部门一把手的审核签字。这几个人中,只要有一个人因故不在岗,行政许可的一个环节就搁浅。参见汪永清主编:《中华人民共和国行政许可法释义》,中国法制出版社2003年9月第1版,第121－122页。

㉟如《音像制品管理条例》规定,申请设立音像制品出版单位,由所在地省、

自治区、直辖市人民政府出版行政部门审核同意后，报国务院出版行政部门审查。省、自治区、直辖市人民政府出版行政部门主要审查申请人是否具备相应的条件，而国务院出版行政部门更多地是审查申请人是否符合音像出版单位总量、布局和结构规则。

㊱如《土地管理法》第四十五条规定，建设用地征用基本农田以外的耕地超过35公顷的，由国务院批准。按照《土地管理法实施条例》的规定，其审批流程是：建设单位向市县人民政府土地行政主管部门提出用地申请，经其审查后，经市县人民政府同意后，逐级上报有批准权的人民政府批准。在这里，有的建设用地申请要经过市县人民政府、省级人民政府批准后才能报至国务院。但是，除国务院外，其他行政机关只有程序上的决定转送的权力，而没有实体上的批准权。

㊲许多国家的立法中都规定了行政机关在行政许可中的决定义务，这被称为"作出决定原则"。例如，《奥地利普通行政程序法(1991年)》第七十三条规定："对于当事人之申请及诉愿，如行政法规别无规定时，官署应至迟于接到后6个月内为裁决，不得有不必要之拖延。"再如，《西班牙公共行政机关及共同的行政程序法(1992年)》第四十二条规定：对利害关系人提出的包括行政许可申请在内的所有请求，"如程序的审理和裁决对公民和任何利害关系人均有影响，则行政机关有义务作出明确裁决。"又如，《葡萄牙行政程序法典(1996年)》第九条规定："行政机关对于私人向其提出的属其权限的所有事项，有作出决定的义务。"

㊳在实践生活中，一些行政机关将申请人依法取得行政许可的权利视为对行政许可申请人的恩惠，将依法作出准予行政许可决定的责任只视为颁发行政许可的权力，利用手中的行政许可决定权对申请人吃、拿、卡、要。一旦其要求满足了，即使申请人不符合条件，也予以行政许可；一旦其要求没满足，即使申请人符合条件，也不予行政许可。为防止行政机关实施行政许可中随意性太大，约束行政机关不当行使自由裁量权，行政许可法明确了行政机关作出行政许可决定的标准。

㊴在起草、审议行政许可法的过程中，还有一种意见，建议扩大公开的范围，不仅准予行政许可的决定要公开，行政机关作出的不予行政决定也应予以公开；不仅行政机关的准予行政许可的决定要公开，申请人的全部申请材料也应予公开。这一意见没有被采纳。主要是因为以下原因：(1)公开不是政府活动追求的惟一价值。对涉及国家秘密、商业秘密和个人隐私的内容，政府负有不得公开的义务。申请人的申请材料中有的涉及国家秘密、商业秘密和个人隐私的内容，如果一律要求公开，可能会出问题。(2)行政公开既要考虑到必要性，也要考虑到可行性。准予行政许可的决定要公开，是因为其影响第三人利

益和公共利益，尤其是在准予行政许可的决定是错误作出的情况下。而申请人的申请材料，有的不涉及他人利益、公共利益，有的即使公开了他人也不感兴趣。公开全部申请材料，既增加了不必要的行政负担，又有可能不能够带来实际利益。(3)如果申请人具备法定条件行政机关未予行政许可的，不影响他人的合法权益，而申请人又可能通过申请行政复议、提起行政诉讼维护自己的合法权益，不予行政许可的决定可以不公开；但是，如果申请人不具备法定条件行政机关却予以行政许可的，取得行政许可的公民、法人或者其他组织权益未受损害，不可能要求改变行政决定，而受到损害的可能是申请人以外的他人的合法权益和公共利益，公开准予行政许可的决定可以及时发现错误、维护他人的合法权益和公共利益。在特定情况下，只根据准予行政许可决定和行政许可申请人的情况，可能难以判断该申请人是否应当取得行政许可，社会公众很难评价行政机关作出的准予行政许可决定的合法性。因此，在国务院提交全国人大常委会审议的《行政许可法(草案)》曾规定："行政机关作出特许决定后，应当将特许决定和申请人的全部申请材料予以公示，但是涉及国家秘密、商业秘密和个人隐私的内容除外"、"行政机关作出认可决定后，应当将认可决定和申请人的全部申请材料予以公示，但是涉及国家秘密、商业秘密和个人隐私的内容除外"，这样，通过申请人与其他申请人情况的比较，可以判断对该申请人授予行政许可是否符合法定条件。但是，本法对此未作规定。参见汪永清主编：《中华人民共和国行政许可法释义》，中国法制出版社 2003 年 9 月第 1 版，第 137 - 138 页。

㊵其他国家的立法中对行政决定的公开也有所规定。例如，《葡萄牙行政程序法典(1996 年)》规定："如私人有所要求，有权取得行政当局提供与其有直接利害关系的程序进行情况的资料，并有权获知对该程序作出的确定性决定"；《法国改善行政机关与公众关系的多项措施及行政、社会和税务方面的各项规定(1978 年)》第三条、第六条规定：任何人对于与其有关的行政文件都有权知悉该文件中记载的资讯；但如果查阅或告知行政文件有可能产生某些法定的损害时，行政机关可以拒绝关系人查阅或不予告知。

㊶目前，一些行政机关已经规定了公众查询有关行政许可决定的资料的办法，为公众提供服务。如国家工商行政管理机关制定的《企业登记档案资料的查询办法》规定，工商行政管理机关依照管理权限办理企业登记档案资料查询。企业登记档案资料的查询，按照提供途径，可以分为机读档案资料查询和书式档案资料查询。机读档案资料的查询内容包括：一是企业登记事项：名称、住所、经营场所、法定代表人、负责人、经济性质或企业类别、注册资金或注册资本、经营范围、经营方式、主管部门、出资人、经营期限、注册号、核准登记注册日期等。二是企业登记报批文件：部门批准文件、章程、验资证明、住所证明、法人

资格证明或自然人身份证明、法定代表人任职文件和身份证明、名称预先核准通知书。三是企业变更事项：核准设立子公司或分支机构日期、变更有关名称、住所、法定代表人、经济性质或企业类别、注册资金或注册资本、经营范围、经营方式等事项和各种登记文件及核准变更日期。四是企业注销（吊销）事项：法院破产裁定、企业决议或决定、行政机关责令关闭的文件、清算组织及清算报告、核准注销（吊销）日期。五是监督检查事项：企业被处罚记录及日期、年度检验情况（企业经营情况、财务状况、开户银行及帐号除外）。书式档案资料的查询内容包括核准登记企业的全部原始登记档案资料。各组织、个人均可向各地工商行政管理机关申请进行机读档案资料查询。各级公安机关、检察机关、审判机关、国家安全机关、纪检监察机关，持有关公函，并出示查询人员有效证件，可以向各级工商行政管理机关进行书式档案资料查询。律师事务所代理诉讼活动，查询人员出示立案证明和律师证件，可以进行书式档案资料查询。书式档案资料中涉及的机密事项，须经工商行政管理机关批准方可查阅。工商行政管理机关内部审批文书，在办理涉及工商行政管理机关的案件时方可查阅。机读档案资料、书式档案资料查询，应查询人的要求，可以加盖工商行政管理机关档案资料查询专用章。

㊷根据我国《保密法》的规定，国家秘密是关系国家的安全和利益，依照法定程序确定，在一定时间内只限一定范围的人员知悉的事项。国家秘密包括下列秘密事项：国家事务的重大决策中的秘密事项；国防建设和武装力量活动中的秘密事项；外交和外事活动中的秘密事项以及对外承担保密义务的事项；国民经济和社会发展中的秘密事项；科学技术中的秘密事项；维护国家安全活动和追查刑事犯罪中的秘密事项；其他经国家保密工作部门确定应当保守的国家秘密事项。由于国家秘密涉及国家的安全和国家利益，因此，行政许可决定涉及国家秘密的，不能予以公开。

㊸关于商业秘密，目前国际上还没有统一的定义。美国的学者认为，商业秘密是指在营业中使用的、能使该秘密的所有人在同行竞争中占据优势的东西，它可以是一个配方、一项公式、一种模式或者是推销产品的计划等。我国的《反不正当竞争法》规定："本条所称的商业秘密，是指不为公众所悉，能为权利人带来经济利益，具有实用性并经权利人采取保密措施的技术信息和经营信息。"商业秘密通常表现为新技术、新方法、新工艺、新材料、新配方、新流程以及情报、经验、技巧、规程、报表、名单、计划、数据等。商业秘密必须具有经济价值，即能够为权利人带来实际的或潜在的经济利益和竞争优势。这是商业秘密与政治秘密、个人隐私等其他秘密的最为显著的区别。对商业秘密的保护，对权利人而言，维持了商业秘密的秘密状态，直接目的就是谋求经济上的利益。国家对商业秘密的保护，其目的是为了维护权利人的经济利益和社会的经济秩

序。对于商业秘密的保护,各国主要是以合同法、侵权行政法,反不正当竞争法和刑法的有关规定予以保护。

㊹隐私是指公民个人生活中不愿为他人公开或知悉的秘密。隐私权是自然人享有的对其个人的、与公共利益无关的个人信息、私人活动和私有领域进行支配的一种人格权。有的国家规定:公民个人有权知道行政机关是否存有关于他的记录以及记录所记载的内容,并要求得到复制品;个人认为关于自己的记录不正确、不完全或不及时的,可以请求行政机关修改;除了法律规定的免除情形外,行政机关公开个人的记录,必须取得个人的书面同意,否则不能公开。

㊺如企业法人登记,其功能之一是为企业赋予法人资格,允许其从事经营活动。登记的一个重要的功能是对企业的营业状态予以公示,保护交易安全。如果过多将企业的有关情况认定为商业秘密,登记的公示作用就无法发挥。

㊻如申请人申请驾照,行政机关认为其未通过规定的测试,因而对其申请予以拒绝,作出不予颁发驾驶执照的书面决定。

㊼实践中行政机关拒绝申请人的行政许可申请,存在的问题主要有:一是行政机关拒绝行政许可申请的,不作决定,有的甚至将行政许可申请材料不作任何处理,直接退还申请人。当申请人申请行政复议、提起行政诉讼时,很难证明行政机关拒绝行政许可这一行政行为的存在;二是行政机关拒绝行政许可申请的,不说明理由。申请人无从知晓行政机关拒绝行政许可的理由,不能有效地通过行政复议、行政诉讼维护自己的合法权益;三是行政机关拒绝行政许可申请的,不向申请人交待申请行政复议、提起行政诉讼的权利。有些申请人不知道可以通过行政复议、行政诉讼维护自己的权利,有的申请行政复议、提起行政诉讼时会因超过时效而不能受理。

㊽说明理由具有以下重要功能:一是说服功能。将行政决定的理由明白、易懂、令人信服地向行政相对人说明,可以增强公众对政府的信任感,避免对立。二是自律功能。要求说明理由,可促使行政主体事先充分考虑行政许可决定的事实根据和法律依据,在理由充分、推理严密的情况下形成自己的判断,慎重地作出决定,避免草率作出决定,防止行政专断,从而保证行政决定的正确性。三是保护功能。行政相对人只有通过行政机关了解其作出该决定的理由,才能认真考虑请求行政救济的可能性,确定是否提起和如何提起行政复议或者行政诉讼。四是便于监督功能。对于行政复议的受理机关或者人民法院来说,通过行政决定的理由,可以了解行政机关作出该决定的动机和依据,便于对其进行审查。五是引导作用。在行政许可决定中说明理由,还可以使行政机关在以后处理同类案件时有据可循,促成平等保护。公众也可以通过了解行政机关对特定事务在事实上和法律上的意见或态度,增加可预见性,从而引导公众的行为。

㊾许多国家的立法规定行政决定必须说明理由。例如,《德国联邦行政程序法》规定,书面作出或书面证明的行政行为都必须记载理由;《葡萄牙宪法》规定,行政行为如涉及公民的权利和受法律保护的利益,行政机关应当说明理由;《法国说明行政行为理由及改善行政机关与公众关系法(1979年)》规定,行政机关作出的对当事人不利的具体行政处理或作为例外规定的具体决定,必须说明理由;《英国行政裁判所和调查法》规定,在当事人请求时,行政裁判所的裁决和部长公开调查后的决定必须说明理由。我国政府在《关于中国入世工作组报告书》第308条第(g)项也承诺:"如果一项申请被终止或者拒绝,则立刻将终止或者拒绝的理由书面通知申请人,使其有可能自行决定,针对终止或者拒绝理由提出新的申请。"《执业医师法》第十五条规定:"受理申请的卫生行政部门对不符合条件不予注册的,应当自收到申请之日起30日内书面通知申请人,并说明理由";《集会游行示威法》第九条规定:"主管机关接到集会、游行、示威申请书后,应当在申请举行日期的2日前,将许可或者不许可的决定书面通知其负责人。不许可的,应当说明理由。"当然,从国外的规定看,有些行政许可事项,行政机关可以不说明不予行政许可的理由,主要有以下几类事项:(1)相对人已知道行政机关对事实情况和法律规定所持的观点,或者即使不作出书面说明的,相对人也能立即知道这些内容的;(2)行政机关大量公布类似的行政行为,或者借助于自动化设备公布的行政行为,且根据具体情况不必说明理由的;(3)依据法律规定不必说明理由的。

㊿如有的国家行政程序法或其他法律在规定行政决定应说明理由的同时,也都规定了例外情况,如情况紧急、行政行为所指定或所涉及的人已经知道或者可以知道的、法律规定保密的事项、行政行为没有限制公民权利的、大量作出的同种类行政行为或以自动机器作成的行政行为、有关专门知识、技能或资格考试、检定或鉴定的程序等。

51附条件的行政许可,条件的产生也是在特定期限内出现的,它与附期限的行政许可区别在于,附条件的行政许可中条件系事实的不确定发生,有可能发生,也有可能不发生;而附期限的行政许可中,所附期限则肯定会发生。

52需要注意的是,如果附义务的行政许可中所加义务的内容是重复法律原已明白规定的义务,借以提醒其注意不得违反相关法律,就不是附加义务。如颁发建筑许可执照的行政机关在许可决定中规定被许可人不得违反相关建筑法规。每一个取得行政许可的人都有守法的义务,因此这一规定就不是附义务的行政许可中义务。

53如,法律明确规定,被许可人取得用地许可后二年内不履行开发义务的,行政机关有权收回土地,则土地管理部门在发出用地许可的同时,可以附加规定要求申请人履行开发义务。

. 54如行政机关在批准学校的招生计划时附加规定要求该学校仅得招收男生,这一要求就与宪法上的平等原则相抵触,因而是无效的。

55证照式形式是行政许可的主要表现形式,如许可证、执照等。非证照式的行政许可文书,包括批准书、同意书等。我国许可证的名称五花八门,其中主要有许可证、执照、注册登记证、准×证(如准购证、准生证、准印证)、××证书(如取水证、运输证、适航证)、通行证、携运证、驾驶证、特许证(如特许猎获证)、护照、签证、凭照以及其他证照(如批准书、鉴定书、检验证书、审核书、查验决定等)。据调查,东部某省政府规章设定的行政许可中,以发证的形式表现(许可证、使用证、资格证、执照等)的行政许可约占87%,不以发证的形式表现(非要式的形式,如审批、登记、认定等)的行政许可约占13%。

56从现行法律规定和行政机关的操作看,一般情况下,行政机关准予行政许可申请的,要么只颁发行政许可证件、不送达行政许可决定,要么只送达行政许可决定、不颁发行政许可证件;拒绝行政许可申请的,只作出决定、不颁发证件。

57据报载,某地政府为限制某一外埠品牌的汽车进入本地市场,规定凡私人、私企、三资企业在购买该品牌的汽车时,除缴纳一般费用外,还要另外再交数万元的"特困企业解困基金"。这实际上是对该品牌汽车的销售进行地域限制,是不符合市场经济要求的。

58一般来说,对于行为的许可,有地域限制的较多。例如,集会游行示威活动,必须在有关机关指定的路线和区域范围内进行。又如,根据《烟草专卖法》的规定,取得烟草专卖批发企业许可证的企业,应当在许可证规定的经营范围和地域范围内,从事烟草制品的批发业务。对于资格资质的许可,没有地域限制的较多。例如,《律师法》规定,律师执业不受地域限制。根据海关关于报关员资格考试的管理规定,《报关员资格证书》是从事报关工作的专业资格证明,在全国范围内有效。《锅炉压力容器制造监督管理办法》规定:"制造企业依据本办法取得的《制造许可证》在全国范围内有效。各地相关部门不得进行重复审查、重复发证。"

59再如,某公司按照《城市规划法》的规定,取得了建设项目的规划许可,该行政许可只能在规定的地域内实施,该公司在其他地方开发房地产项目的,需要另行申请、取得规划许可。

60参见汪永清主编:《中华人民共和国行政许可法释义》,中国法制出版社2003年9月第1版,第140-141页。

61例如,《民办教育法》规定:"民办学校举办者的变更,须由举办者提出,在进行财务清算后,经学校理事会或者董事会同意,报审批机关核准。""民办学校名称、层次、类别的变更,由学校理事会或者董事会报审批机关批准。""申请变更为其他民办学校，审批机关应当自受理之日起3个月内以书面形式答复；其中申请变更为民办高等学校的，审批机关也可以自受理之日起6个月内以书面形式答复。”《消防法》规定：“经公安消防机构审核的建筑工程消防设计需要变更的，应当报经原审核的公安消防机构核准；未经核准的，任何单位、个人不得变更。”《执业医师法》规定：“医师变更执业地点、执业类别、执业范围等注册事项的，应当到准予注册的卫生行政部门依照本法第十三条的规定办理变更注册手续。”

62例如，《注册建筑师条例》规定：“注册建筑师注册的有效期为2年。有效期届满需要继续注册的，应当在期满前30日内办理注册手续。”《矿产资源勘查区块登记管理办法》第十条规定：“勘查许可证有效期最长为3年；但是，石油、天然气勘查许可证有效期最长为7年。需要延长勘查工作时间的，探矿权人应当在勘查许可证有效期届满的30日前，到登记管理机关办理延续登记手续，每次延续时间不得超过2年。探矿权人逾期不办理延续登记手续的，勘查许可证自行废止。”

63如《矿产资源开采登记管理办法》规定，采矿许可证有效期，按照矿山建设规模确定：大型以上的许可证有效期最长30年；中型的最长20年；小型的最长10年。采矿许可证有效期满，需要继续采矿的采矿权人应当在许可证有效期届满的30日前，到登记管理机关办理延续登记手续；《药品管理法实施条例》规定，《药品生产企业许可证》、《药品经营许可证》、《制剂许可证》的有效期为5年。期满后继续生产、经营药品或者配制制剂的，应当在期满前6个月重新申请；《公民出境入境管理法》规定，中华人民共和国护照有效期5年，可以延期两次，每次不超过5年，申请延期应在护照有效期满前提出。《农药管理条例》规定，农药登记证和农药临时登记证应当规定登记有效期限；登记有效期限届满，需要继续生产的应当在有效期限届满前申请续展登记。

64此外，《矿产资源开采登记管理办法》规定，采矿许可证有效期大型以上的最长30年；中型的最长20年；小型的最长10年。采矿许可证有效期满，需要继续采矿的采矿权人应当在许可证有效期届满的30日前，到登记管理机关办理延期登记手续。《公民出入境管理办法》规定，中华人民共和国护照的有效期为5年，可以延期两次，每次不超过5年，申请延期的应在护照有效期届满前提出。

65在行政法理论中，将行政机关的沉默推定为批准申请的，称为默示批准；将行政机关的沉默推定为不批准申请的，称为默示驳回。何种情形产生默示批准后果，何种情形产生默示驳回后果，需要由法律作出明确规定。从有利于促使行政机关对申请及时作出答复，使申请人的法律地位早日得以确定的意义上来说，默示批准具有积极意义。但另一方面，行政机关没有对当事人的申请进行实体审查就被推定赋予申请人某种资格，在某些情况下不利于公共利益的保护。因此，必须合理界定默示批准的适用范围。

㊻一种意见认为应当视为准予延续。行政许可法即采用了这一意见。另一种意见认为应当视为不予延续。主要理由是：(1)各种行政许可的功能、适用条件不一，相应的程序也宜有所区别。被许可人具备一定的健康水准、智力水平、资金实力、设备设施等，因而符合取得行政许可的条件的。但是，随着时间的变化以及生产经营活动的开展，这些都会产生变化。仅仅因为许可证主管机关过去认为申请人适合因而颁发许可证，并不能推导出许可证持有人将永远符合取得行政许可的法定条件和标准。(2)被许可人取得行政许可不能妨碍行政机关制定政策的自由裁量权。基于促进经济、生态和社会全面协调发展的需要，政府有权适时改变规制政策，改革行政许可的条件、标准。有些行政许可的标准和条件，特别是卫生、环境保护等方面的行政许可会越来越严。某企业过去排污达标因而取得行政许可，但是因排污标准的提高，该企业就不再具备取得行政许可的条件了。(3)行政机关未能在行政许可有效期内作出决定的原因很多，有的是不作为，有的则可能事出有因且合法合理。因此，对申请人申请延续行政许可，行政机关未在规定期间内作出决定的，不可一律规定为准予延续，宜由单行法予以规定。

㊼在美国，联邦最高法院认为，应以以下三项标准衡量是否听证，以其平衡维护权利与促进效率之间的冲突：(1)受影响的利益性质；(2)适用一般程序发生错误决定的危险以及规定听证予以程序保障可能产生的积极结果；(3)听证程序的成本。能够通过其他机制保证行政程序的公正性、维护被许可人的合法权益时，可以不采用听证。

㊽根据本条规定，行政机关应当主动举行听证的事项限于两类：一是法律、法规、规章规定实施行政许可应当听证的事项；二是行政机关认为需要听证的事项。根据这一规定，法律、法规、规章没有规定实施行政许可应当听证的，行政机关就没有主动听证的义务。

㊾一种观点认为，拒绝当事人申请的情形，由于当事人尚未存有具体的法律地位，所以即使拒绝，也不致对其权利产生干涉的效果，所以当事人无权要求听证。具体而言，如果当事人本来就没有请求的权利，且行政机关拒绝也是合法的，当然就不会损害他的权利。如果当事人具有请求权而受到行政机关违法拒绝时，由于当事人的法律地位，尚须经由许可处分才能加以确认，在未确认前，当事人仍未获得法律地位，所以行政机关的拒绝也无干涉可言。例如，《日本行政程序法》规定的“不利益处分”就不包括“拒绝申请”的行为，该法关于申请，并未设有听证等程序上的权利。另一种观点则认为，行政机关拒绝申请的行为与其他干涉行为并无区别。虽然申请人在未获许可前并无特定权益和法

律地位，但他根据法律规定提出申请本身就证明他与行政机关之间存有不同于普通人的法律关系，行政机关作出的行为必然直接影响到他可能享有的权益。因而，行政机关作出不利于申请人的拒绝行政行为时，应当给予申请人一个陈述其观点、说明事实情况的机会。例如，《荷兰行政程序法》规定，"行政机关作出否定一个申请的全部或一部分的决定之前，该行政机关应当给予申请人让他陈述其观点的机会，即听证。"在普通法国家，人们公认许可权是一项极大的影响公民权利与自由，特别是影响人的生计的重要权利，单就这一点就要求行政程序必须公正。没有必要划清要求颁发许可证的初次申请与吊销或不延长已发许可证之间的原则界限。初次许可申请人在被拒绝批准前通常应当被允许陈述案由。参见李飞主编:《中华人民共和国行政许可法释解》，群众出版社2003年9月第1版，第160－161页。

⑳如申请人拟在某地实施一个建设项目，该项目将对其周围的个人、组织的生产经营和生活带来较大的影响，如影响采光权，造成水、噪声污染等，如果该项目得到了行政许可，则会对周围的人造成重大损害。

㉑从一些国家行政程序法的规定看，一般要求行政机关在通知中载明两类事项:一是听证本身及听证所涉及的问题。如听证的时间、地点，听证涉及的事实和法律问题，将要作出决定的内容等；二是告知申请人程序上的权利，如委托代理人的权利等。

㉒参见汪永清主编:《中华人民共和国行政许可法释义》，中国法制出版社2003年9月第1版，第169页。

㉓杨建顺:《日本行政法通论》，中国法制出版社1998年版，第413页。

㉔在特许数量有限的情况下，必然出现竞争性申请，在多项申请均符合特许的条件时，特许通常适用择优原则或顺序原则。特许的目的在于有效利用资源，为公民提供良好服务，行政机关必须在多个符合条件的申请人中间择优选择，以达到更好地为国民服务的目的。

㉕有一种观点认为，特许具有裁量性，即行政机关在作出行政特许行为时享有较大的自由裁量权，可以灵活执法，自主选择对行政管理和相对一方当事人有利的行政决定。笔者认为值得商榷。因为在法治背景下，特许完全可以成为拘束裁量。

㉖如2002年颁布的《广东省土地使用权交易市场管理规定》规定，各类经营性用地的土地使用权出让，国有企业、集体企业和公有经济占主导地位的公司、企业土地使用权转让，以划拨方式取得的土地使用权转让等五类土地使用权交易必须以招标、拍卖、挂牌、上网竞价四种方式公开交易，否则国土资源部门不予办理土地使用权变更登记。探矿采矿权的招标拍卖近年来也得到了发展，据不完全统计，从1998年至2002年底，全国共有偿授予探矿权122个，探矿

权价款金额2.8亿元;有偿授予采矿权(除石油、天然气)2114个,采矿权价款金额8.7576亿元。2003年6月11日,国土资源部公布了《探矿权采矿权招标拍卖挂牌管理办法(试行)》,对新设探矿权采矿权应当以招标拍卖挂牌方式授予的范围、程序等作出了规定。深圳市制定了《深圳经济特区出租小汽车管理条例》,对出租车营运牌照的公开拍卖作出了规定。

⑰例如,1999年国土资源部《关于进一步推行招标拍卖出让国有土地使用权的通知》中规定商业、旅游、娱乐和豪华住宅等经营性用地,有条件的,都必须招标、拍卖出让国有土地使用权。其中,属于下列情况之一的,必须拍卖出让:一是以获取最高出让金为主要目标,以出价最高为条件确定受让人的;二是对土地使用者资格没有特别限制,一般单位或个人均可能有受让意向;三是土地用途无特别限制及要求。

⑱招标人是指提出招标项目、进行招标的法人或者其他组织。在行政许可决定通过招标方式作出的行政许可中,招标人一般应为作出行政许可决定的机关。招标人也有权自行选择招标代理机构,委托其办理招标事宜。招标的方式分为公开招标和邀请招标。公开招标,是指招标人以公告的方式邀请不特定的法人或者其他组织投标。公告应当通过国家指定的报刊、信息网络或者其他媒介发布。招标公告应当载明招标人的名称和地址、招标项目的物质、数量、实施地点和时间以及获取招标文件的办法等事项。邀请招标,是指招标人以投票邀请书的方式邀请特定的法人或者其他组织投标。招标人采用邀请招标方式的,应当向三个以上具备承担招标项目的能力、资信良好的特定的法人或者其他组织发出投标邀请书。招标人不得向他人透露已获取招标文件的潜在投标人的名称、数量以及可能影响公平竞争的有关招标投标的其他情况。行政许可机关应当根据行政许可事项和潜在投标人的情况,确定适当的招标方式。例如,1999年国土资源部《关于进一步推行招标拍卖出让国有土地使用权的通知》中规定,对不具备拍卖条件,但属于下列情况之一的,必须公开招标出让:一是除获取较高出让金外,还具有其他综合目标或特定的社会、公益建设条件;二是土地用途受严格限制,仅少数单位或个人可能有受让意向。对土地使用者有资格限制或特别要求的,可对符合条件的用地申请者进行邀请招标。

⑲投标人是响应招标、参加投标竞争的法人或者其他组织。应当按照招标文件的要求编制投标文件,投标文件应当对招标文件提出的实质性要求和条件作出响应。投标人应当在招标人规定的提交招标文件的截止时间前,将投标文件送达投标地点。招标人收到投标文件后,应当签收保存,不得开启。投标人少于三个的,招标人应当依法重新招标。

⑳开标应当在招标文件确定的时间、地点公开进行。开标由招标人主持,邀请所有投标人参加。开标时,由投标人或者其推选的代表检查投标文件的密

封情况，当众拆封，宣读投标人名称、投标价格和投标文件的主要内容。评标由行政许可机关组建的评标委员会负责。评标委员会应当按照招标文件确定的评标标准和方法，对投标文件进行评审。评审时，可以要求投标人对投标文件作出必要的澄清或者说明，但该澄清或者说明不得超出投标文件的范围或者改变投标文件的实质内容。招标人根据评标委员会提出的书面评标报告和推荐的中标候选人确定中标人。招标人也可以授权评标委员会直接确定中标人。中标人的投标应当符合下列条件之一：一是能够最大限度地满足招标文件中规定的各项综合评价标准；二是能够满足招标文件的实质性要求，同时还应符合其他法定条件。中标人确定后，招标人应当向中标人发出中标通知书，并同时将中标结果通知所有未中标的投标人。

㉛建设部2002年12月27日发布的《关于加快市政公用行业市场化进程的意见》中规定了特许经营权的获得的程序，可以给我们提供一个参考："实施特许经营，应该通过规定的程序公开向社会招标选择投资者和经营者。要按照《招标投标法》的规定，首先向社会发布特许经营项目的内容、时限、市场准入条件、招标程序及办法，在规定的时间内公开接受申请；要组织专家根据市场准入条件对申请者进行资格审查和严格评议，择优选择特许经营权授予对象。对被选择的特许经营权授予对象，应该在新闻媒体上进行公示，接受社会监督；公示期满后，由城市市政公用行业主管部门代表城市政府与被授予特许经营权的企业签订特许经营合同。凡投资建设特许经营范围内的市政公用项目，项目建设单位必须首先获得特许经营权，与行业主管部门签订合同后方可实施建设。现有国有或国有控股的市政公用企业，应在进行国有资产评估、产权登记的基础上，按规定的程序申请特许经营权。政府也可采取直接委托的方式授予经营权，并由主管部门与受委托企业签订经营合同。"

㉜按照国际惯例，国际竞争性招标的基本程序是：招标—投标—开标—评标—决标—签订合同。招标这一阶段所要经历的步骤主要有：成立招标机构；编制招标文件；确定标底；发布招标公告或发出招标邀请；投标资格预审；通知合格的投标人参加投标并向其出售标书；组织召开标前会议等。投标是投标人接到招标通知后，根据招标通知的要求填写招标文件，并将其送交给招标人的行为。阶段投标人所要经历的主要步骤有：申请投标资格；购买标书（获得投标资格后）；考察现场；算标；编制和投送标书等。开标是招标机构在预先规定的时间和地点将各投标人的投标文件正式启封揭晓的行为。开标由招标机构组织进行，但须邀请各投标人代表参加。在这一阶段，招标人要按有关要求，逐一揭开每份标书的封套；开标结束后还应由开标组织者编写一份开标会纪要。评标是招标机构根据招标文件的要求，对所有标书进行审查和评比的行为。评标是招标方的单独行为，由招标机构组织进行。在这一阶段，招标人要审查标书

是否符合招标文件的要求和有关惯例;组织人员对所有标书按照一定方法进行比较和评审;就初评阶段被选出的几份标书中存在的某些问题要求投标人加以澄清;最终评定并写出评标报告等。决标,在这一过程中招标人要裁定中标人;通知中标人其报价已被接受;通知所有未中标的投标人等。最后是签订合同,在这一阶段,通常先由双方进行签订合同前的议标,就标书中已有的内容再次确认,对标书中未涉及的一些具体问题达成一致意见,双方签名,合同生效。参见舒福荣:《招标投标国际惯例》,贵州人民出版社 1994 年版,第 9 页。

㊸拍卖人是指依照拍卖法和公司法设立的从事拍卖活动的企业法人。委托人是指委托拍卖人拍卖因行政许可产生的财产权利的行政许可机关。竞买人是指参加竞购拍卖标的的公民、法人和其他组织。买受人是指以最高应价购得拍卖标的的竞买人。

㊹拍卖人应于拍卖日前的一定期限内发布拍卖公告。拍卖公告应当载明下列事项:拍卖的时间、地点;拍卖标的;拍卖标的的展示时间、地点;参与竞买应当办理的手续等。拍卖公告应当通过报纸或者其他新闻媒介发布。拍卖会一般依照下列程序进行:拍卖师点算竞买人;拍卖师介绍拍卖标的的简要情况;宣布拍卖规则和注意事项;拍卖师报出起叫价;竞买人应价。

拍卖标的无保留价的,拍卖师应当在拍卖前予以说明。拍卖标的有保留价的,竞买人的最高应价未达到保留价时,该应价不发生效力,拍卖师应当停止拍卖。竞买人的最高应价经拍卖师落槌或者以其他公开表示买定的方式确认,拍卖成交。

㊺《拍卖法》将拍卖分为三个阶段:拍卖委托阶段、拍卖公告与展示阶段、拍卖实施阶段。拍卖委托阶段自拍卖人与委托人接触开始,至拍卖人与委托人签署拍卖合同结束。这个阶段包括了委托人选择拍卖人,拍卖人审查委托人资格及拍卖标的,协议拍卖佣金,确定拍卖底价,签署拍卖委托合同等程序。拍卖公告与展示阶段包括了以下程序:拍卖公告的方式,《拍卖法》第四十七条规定:“拍卖公告应当通过报纸或者其他新闻媒介发布”;拍卖公告的内容,《拍卖法》第四十六条对此作了详细规定;拍卖的展示,展示由拍卖人组织,在规定的时间内进行,拍卖人还要制作拍卖目录,竞买人要办理参与竞买手续。拍卖实施阶段从拍卖人宣布竞买人须知开始,至拍卖人将拍卖价款交予委托人结束。这一阶段包括的程序有:(1)现场拍卖。先由拍卖人宣布竞买须知,然后开始竞买,竞买的过程包括宣布开叫价、叫价、应价、击槌。拍卖的现场情况要制作拍卖笔录。(2)签署拍卖成交确认书,买受人在签署拍卖成交确认书的当时就应当付清所有费用,同时拍卖人交货,如买受人当时难以付清所需费用时应立即向拍卖人支付定金,此时,买受人不得提货,待付清全部费用后方可提货。(3)拍卖善后事宜。拍卖结束后,拍卖人还要同委托人、买受人就价款、责任等问题继续

交涉，如果出现初次拍卖无人竞买或者竞买人出价太低致使拍卖未能成交或初次拍卖成交后，买受人不按时缴付价款或者拒绝付款致使拍卖程序难以完成的情形，则可以再行拍卖。

㊻在起草行政许可法的过程中，一种意见认为，对于公民特定资格的行政许可，除法律、法规另有规定的外，应当通过国家统一考试的方式来决定。也就是说，把通过国家统一考试作为是否取得公民特定资格的原则。这种意见的主要考虑是，对形形色色的公民资格许可进行严格规范，能取消的尽量取消，需要保留的，尽量通过国家统一考试的方式决定。另一种意见认为，公民资格许可种类非常复杂，加之我国各地情况千差万别，对于某些资格，很难作出全国统一的要求。为此，有人主张折衷的方式，即把赋予公民特定资格的行政许可分为两种，一种是需要通过国家考试作出的行政许可，例如律师资格；一种是不需要通过国家考试而作出的行政许可，例如公证员资格（符合公证暂行条例规定的条件，经任命即可获得）。

㊼例如，《国家司法考试实施办法（试行）》规定可以报名参加国家司法考试的人员必须符合以下条件：(1)具有中华人民共和国国籍；(2)拥护《中华人民共和国宪法》，享有选举权和被选举权；(3)具有完全民事行为能力；(4)符合《法官法》、《检察官法》和《律师法》规定的学历、专业条件；(5)品行良好。有下列情形之一的人员，不能报名参加考试，已经办理报名手续的，报名无效：(1)因故意犯罪受过刑事处罚的；(2)曾被国家机关开除公职，或曾被吊销律师执业证的；(3)应试人员有作弊等违纪行为的，曾被处以2年内或终身不得报名参加国家司法考试处理的。以上条件既是报考司法考试的必备条件，也是认可主体考查申请人是否符合资格的必要条件。在达到考试成绩要求并符合了其他法定条件以后，许可主体应该对自然人的资格予以认可，否则应该拒绝，但法律、行政法规另有规定的除外。"但书"条款，是为避免各领域、各地区条件的差异，如果适用统一标准，势必造成取得资格人员的不均衡等后果的弊端而制定的。例如，2002年第一届司法考试，针对不同地区不同情况，司法部就作出了《司法部关于确定国家司法考试放宽报名学历条件地区的原则意见》，规定："自2002年1月1日起至2006年12月31日，下列地方可以将国家司法考试报名的学历条件放宽为高等院校法律专业专科毕业：(1)各省、自治区、直辖市所辖自治县、自治旗，各自治区所辖县、旗，各自治州所辖县；(2)列入'国家八七扶贫攻坚计划'的县。其他经济落后、文化欠发达但未包括在上述范围内的地方，可以由所在省、自治区、直辖市的司法厅（局）报请司法部审核确定。"此次《行政许可法》强调了能制定其他规定的规范只能是法律和行政法规。

㊽例如，《证券业从业人员资格考试办法（试行）》规定："报名参加资格考试的人员，应当符合下列条件：（一）报名截止日年满18周岁；（二）具有高中或国

家承认相当于高中以上文化程度;(三)具有完全民事行为能力。”“资格考试科目由基础科目和专业科目组成。基础科目为必考科目,专业科目由应考人员自选。基础科目为证券基础知识,内容包括:证券基本知识,国家有关证券的法律、法规,证券从业人员职业操守、执业规范等。”“专业科目包括:(一)证券交易;(二)证券发行与承销;(三)证券投资分析;(四)证券投资基金;(五)根据需要设置的其他科目。”

㉛2002 年发布的《国务院关于取消第一批行政审批项目的决定》中,就取消了“造价工程师考前培训单位资格审批”。对此,一些考试的组织在考前培训方面已经对自己的行为作出了规范,如《证券业从业人员资格考试办法(试行)》规定,中国证券业协会不举办、也不指定其他机构举办资格考试应试培训。《注册城市规划师执业资格考试实施办法》规定,考生参加考前培训,坚持自愿原则。

⑩例如,《文物保护工程勘察设计资质管理办法(试行)》规定,文物保护工程勘察设计资质分为综合资质和专项资质。专项资质适用于保护规划以及壁画、石质文物等有特殊专业技术要求的保护工程。综合资质等级分为甲、乙、丙 3 级和暂定级。专项资质不分级。甲级资质标准:一、经主管机关核准登记的企、事业单位,从事文物保护勘察设计业务 10 年以上,独立承担过不少于 10 项、工程等级为一级,或者不少于 15 项、工程等级为二级及以上的文物保护工程项目的勘察设计,其工程已经竣工,质量合格。二、法定代表人与技术人员均有较强的文物保护意识,单位总体水平在国内同行业领先,有较高的社会信誉,参加过或有能力参加文物保护工程的规范、规程、标准、定额的编制工作。三、单位中专职固定且取得国家文物保护工程勘察设计职业资格证书的技术人员总数不少于 20 人,其中有相关专业高级技术职称的技术骨干不少于 8 人,应聘并固定在该单位的离退休技术人员不超过 20%。四、有健全的技术、管理制度和全面质量管理体系。五、具有与其资质相适应的专业技术装备。六、注册资金不少于 100 万元。

⑪申请人均符合申请条件需要说明的是,行政许可法第十二条第二项所列事项(有限自然资源开发利用、公共资源配置以及直接关系公共利益的特定行业的市场准入等事项)的行政许可基本上都是有数量限制的。但是,按照行政许可法的规定,应当通过招标、拍卖等公平竞争方式作出,因而不适用行政许可法第五十七条有关根据受理行政许可申请的先后顺序作出准予行政许可决定的规定。

第五章　行政许可的监督检查

一、行政许可监督检查概述

(一)行政许可监督检查的概念

行政许可监督检查,是指特定的行政机关,就与行政许可有关的事项,对下级机关或被许可人进行监督检查的行为。行政许可监督检查与外部行政法制监督(行政机关以外的其他机关、团体和相对人对行政机关的监督)不同。它是行政许可机关为实现行政管理职能而实施的行政行为,是行政机关依法实现行政许可对社会的调控的重要手段之一。行政许可监督检查又是行政许可机关依法实现行政许可功能过程中行政行为的一个步骤。因为行政许可监督检查一般不直接处分相对人的权利和义务,只是对他们守法的情况进行监督和检查,只有在发现相对人不正当行使权利或不履行法定义务时,行政机关才另行作出实体性的行政处罚决定或其他行政决定(如实施《行政许可法》第六十九条和七十条规定的撤消和注销行政许可证的行为)。

(二)行政许可监督检查的种类

学理上一般将行政许可监督检查作如下划分:

根据监督对象的不同,行政许可监督检查可分为规制监督和层级监督。前者是指行政许可机关依法对取得行政许可的公民、法人或者其他组织,遵守法律、法规及其他有关行政许可规则的情况所进行的监督检查[①];后者是指上级行政机关对下级行政机关实施行政许可行为进行的监督检查。

根据监督对象是否特定,行政许可监督检查可分为一般监督与特定监督。一般监督是行政许可机关针对不特定管理对象进行的普遍的巡视或普查,如卫生管理部门对已获得卫生许可证的饭店卫生情况进行普遍检查;特定监督是行政许可机关依法对特定公民、法人或者其他组织所进行的检查,如环境保护部门对某些获得排污许可证的工厂治理排污情况所作的特定检查等。

根据监督权力的来源,行政许可监督检查可分为依职权的监督和依授权的监督。依职权的监督是行政许可机关依据宪法、组织法和有关法律、法规所规定的职责权限,对相对人所作的监督检查,如海关对进出口货物有无进出口许可证的检查、公安机关对危险物品许可情况所作的检查;依授权的监督是指某些行政许可机关依据法律、法规授予的它本身职责权限范围以外的权力而进行的监督检查[②]。

根据实施监督的时间,行政许可监督检查可分为事前监督、事中监督和事后监督。事前监督是在被监督人的某一行为进行之前所进行的监督,如行政许可的多种形式登记、注册和要求相对人申报情况等;事中监督是行政许可机关在相对人实施行政许可事项行为进行过程中所进行监督检查;事后监督是在相对人完成某一行政许可事项行为之后进行的监督检查。事后监督的作用在于对已经发生的问题及时进行补救处理,制止违法行为对社会的继续侵害。《行政许可法》在规范行政许可的设定权和行政许可的程序加强事前监督的同时突出强化对行政许可实施的事中和事后监督检查,这是《行政许可法》的重要特色。

根据监督主体的职能,行政许可监督检查可分为专门监督与业务监督。专门监督是指专门行使监督检查职能,本身没有其他管理任务的国家行政机关进行的监督;业务监督是指某一行政机关就其管理范围内的事务所进行的监督,实施业务监督的行政机关都担负管理与监督的双重任务。

(三)行政许可监督检查的必要性

行政许可监督检查的必要性主要表现在以下几个方面:

1. 监督检查是行政许可的应有之义。行政许可在本质上是对自然人、法人或者其他组织是否符合法律、法规、规章规定的条件的审查核实。对行政机关来说,依法实施行政许可,既是一项权力,更是一种责任。对已经批准发给许可证的,行政机关即应承担保证被许可人合法行使权利、忠实履行义务并对其进行监督的责任;对上述职责不作为的,就是失职。对被许可人来说,获取行政许可既是权利的取得,也是对义务的承诺。从权利来说,被许可人取得行政许可后即可以依法从事有关活动,取得一定效益,而未经行政许可从事有关活动是违法的,并且要受到相应的制裁;从义务的角度来说,与没有取得行政许可的人相比,被许可人在取得行政许可后即负有始终保持法律规定的取得行政许可的条件、义务和法律法规规章以及行政许可决定中规定的其他义务,如《森林法》规定,采伐林木的单位或者个人必须按照采伐许可证规定的面积、株数、树种、期限完成更新造林任务,更新造林的面积和株数不得少于采伐的面积和株数。如果重事前许可、轻事后监管或者只许可、不监管,就会使行政许可失去应有意义。

2. 监督检查是行政许可制度的重要组成部分。行政许可是由一系列的行为所组成的完整的过程。行政机关决定许可只是其中的一个环节;公民、法人或者其他组织获取许可只是履行义务的开端。在行政许可制度中最为重要的环节是监督检查。

3. 放弃监督检查行政许可就会形同虚设。行政许可能否发挥其设立作用,能否实施其功能,是与实施机关的责任和相对人的义务相联系的,如果实施机关不能很好地履行监督责任,以确保相对人履行义务,那么行政许可的功能就要大打折扣。如果失去行政机关的必要监督和管理,被许可人就特定的事项取得许可后,在市场活动中其追求和选择自身利益的行为就极有可能向任性、无序的方向发展,进而不可避免地与社会的整体利益或者公共利益发生冲突。结果是虽然发了行政许可证件,但由于事后监督不到位,问题照样发生,经济、社会秩序依然混乱,设定行政许可的目的就会落空。[③] 所以,行政机关对被许可人的事后监督管理,比许可更为重要,行政机关只有依法加强对被许可人从事行政许可事项活动的监督管理,才能保证被许可人的生产经营等活动切实在法律的范围内进行。

4. 解决行政许可监督检查不到位的问题已成为当务之急。近些年来,我国许可制度适用范围日渐广泛,对社会危险控制、资源合理配置和为社会提供信息、认证、信誉等方面发挥了重要功能,但也存在着重事前许可、轻事后监管,或者只许可、不监管的现象。从被许可人方面来说,有的许可证持有人非法转让、倒卖、出租、出借许可证;有的被许可人取得有限的自然资源或与公共利益有直接影响的市场准入行政许可却不实施行政许可事项,造成行政许可合理配置自然资源、保障公共利益的功能丧失;有的被许可人宴请甚至贿赂检查人员,以求逃避或减轻其应负的法律责任。从行政机关方面来说,行政许可缺乏监督核查制度,上级对下级行政机关及工作人员违法、越权、滥发许可证照、监管不力缺乏有效的监督和纠错机制;行政机关的监督检查没有形成完善的制度,随意性较大,缺少有效的监管机制;有的行政机关只讲权力、不讲责任,一旦其不正当要求没有满足,便天天查、事事查,妨碍企业正常的生产经营活动,执法扰民现象突出;有的借监督检查"吃、拿、卡、要",收取费用,行政许可监督检查成了腐败的温床;[④]有的行政机关搞突击战、运动战,或者要求申请人报送有关材料、产品,或者进入企业进行现场检查、抽查,监督检查成本很大,但收效甚微;有的发现问题后,没有足够的强制手段或"大事化小,小事化了",不能及时制止、有效制裁违法行为;被许可人在实施行政许可的过程中超出颁发许可证的行政机关的管辖区域的违法行为得不到监控;社会上的公民、法人或者其他组织发现被许可人的违法行为向行政机关报告或反映后,得不到及时有效的处理;行政许可证颁发后应当撤销或注销的得不到及时撤销或注销;等等。对于上述问题,必须予以高度重视,并需要通过立法建立相应的法律制度加以解决。

二、监督检查中的职权与方式

为了强化行政许可的监督检查,行政许可法赋予了特定的机关一系列的职权,并规定了一些行之有效的监督检查方式。

(一)建立监管制度

根据《行政许可法》第六十一条的规定,实施机关应当建立健全对被许可人的监督管理制度,即将对被许可人从事行政许可事项活动的监督管理制度化、规范化。这个监督管理制度应当包括以下几方面的基本内容:一是要明确行政机关对被许可人的监督管理义务,不承担监督管理义务,就不能行使行政许可权力。二是要明确行政机关对被许可人的各项具体监督管理职责,特别是要明确行政机关对被许可人是否真正享有应予许可的相关权利,是否在行政许可所确定的范围内活动等事项,进行监督管理的具体方式和程序,明确对于被许可人有伪造材料骗取许可、超越许可范围活动、拒不接受行政机关监管等行为的,行政机关可以依法采取的各种措施。三是要明确行政机关中实施行政许可的具体部门和工作人员的责任,特别是要明确不履行监督管理义务、监督管理不力、对被许可人的违法行为不予查处的部门和工作人员的具体责任。

(二)核查有关材料

被许可人从事的一些特定产品的生产经营活动,通常要按照自制的规划、计划、用料、技术标准、生产流程等文件资料进行,有关指导生产经营的企业内部文件资料在很大程度上反映了产品质量,反映了其生产经营活动与行政许可范围和条件的吻合程度,因此,行政机关检查和掌握被许可人从事生产经营活动的相关文件资料,是进行监督检查的重要方式。因此,行政许可法规定,检查时行政机关可以依法查阅被许可人的有关材料,也可以要求被许可人报送有关材料;被许可人应当如实提供有关情况和材料。《行政许可法》第六十一条规定:“行政机关应当……通过核查反映被许可人从事行政许可事项活动情况的有关材料,履行监督责任。”第六十二条规定:“检查时,行政机关可以依法查阅或者要求被许可人报送有关材料;被许可人应当如实提供有关情况和材料。”这一精神在过去的一些法律、法规中已有专门规定[5]。根据上述规定,行政机关在对被许可人的监督中,凡是能够书面检查的,要优先使用书面检查方式。这一规定的主要目的,是为了避免对被许可人不必要的干扰,防止执法扰民,同时也是为了减少执法成本。从实践看,一些行政许可事项完全可以通过核查被许可人与其所从事的生产经营活动有关的书面材料达到核查其是否依法从事有关活动的目的。如检查有关企业取得工业产品许可证的产品是否符合规定的质量标准,可以通过企业提交的专业技术组织的检验报告予以认定。为了方便行政机关进行核查,行政机关可以要求被许可人报送有关书面材料(如报告、计划书、设计文件、报表、账册等),通过对这些材料的审查,监督被许可人是否按照被许可的条件、范围、程序等从事被许可事项的活动。

(三)建立记录档案

《行政许可法》第六十一条第二款规定:“行政机关依法对被许可人从事行政许可事项的活动进行监督检查时,应当将监督检查的情况和处理结果予以记录,由监督检查人员签字后归档。公众有权查阅行政机关监督检查记录。”将监督检查情况和处理结果归档便于对实施监督检查的行政机关及其有关工作人员本身进行监督,行政机关领导和公众可以对其履行监督职责是否勤勉、作出的处理决定是否合理合法随时进行审查,从而增强其责任心;建立被许可人的信用档案,有利于增强其依法从事行政许可事项活动的自觉性,有利于建立诚信机制,增强交易活动的安全性;做好对被许可人从事许可事项活动进行个别检查监督、具体检查监督的情况记录和归档工作,是将行政许可的事后监督系统化和制度化的重要条件,可以为行政机关全面监督检查被许可人的活动、正确评估该项行政许可的价值提供重要依据。为此,有关行政机关在依法对被许可人从事行政许可事项的活动进行具体的监督检查时,应当将监督检查的情况和处理结果予以认真记录,由监督检查人员签字后归入档案,以保证监督检查情况的真实性和规范性。

(四)依法进行抽检

《行政许可法》第六十二条规定:“行政机关可以对被许可人生产经营的产品依法进行抽样检查、检验、检测,对其生产经营场所依法进行实地检查。检查时,行政机关可以依法查阅或者要求被许可人报送有关材料;被许可人应当如实提供有关情况和材料。”这一规定具有双重功能:一方面规定行政可以采取抽样检查、检验、检测和实地检查等方式对被许可人从事被许可事项的活动进行监督检查;另一方面也是对行政机关进行实地检查等方式的限制，即只有在必要的情况下，行政机关才能依法采取实地检查等方式，以防止执法扰民，不合理地增加企业和个人的负担。

1. 抽检的意义。抽样检查、检验、检测是根据抽样规则，选择被检查客体的某些部分、要素进行检查、检验、检测，并根据采样、查验的情况来判断整个客体的情况。由于行政机关人力、物力和财力有限，要求行政机关对所有被许可人生产经营的产品全部进行检验、检测是不可能的，从实际效果看，也没有必要。因此，在日常行政管理活动中，行政机关使用较多的方法是进行抽样检查、检验、检测，法律也只要求行政机关进行抽样查验[⑥]。公民、法人或者其他组织从行政机关取得生产经营的行政许可后，能否依法在行政许可的范围和条件内依法从事特定的生产经营活动，直接关系到人民群众的人身健康、生命财产安全、公共安全，关系到社会利益、国家利益以及社会主义市场经济的健康发展，因此，行政机关依法加强对被许可人生产经营产品的监督管理，具有十分重要的意义。根据《行政许可法》第六十一条的规定，行政机关可以通过书面检查的方式对被许可人的活动进行监督。但是，在某些特定情况下，通过书面检查的方式难以发现问题，必须进行现场检查[⑦]。

2. 检查、检验、检测的范围。根据行政许可法的规定，行政机关对被许可人生产经营的产品依法进行监督管理的主要方式是检查、检验、检测。检查、检验、检测是行政机关对行政许可实施监督管理的一种重要方式。这种方式主要在两个领域内运用：一是用于对有关日常生产经营的产品的行政许可事项（如有关服装加工、木料家具、五金工具等方面生产经营事项）的监督管理。对这类事项，行政机关在实施行政许可后，应当通过检查、检验、检测被实施行政许可的公民、法人或者其他组织生产经营的产品,检查其是否按照行政许可所设立的范围和条件依法从事生产经营活动的。二是用于对一些特殊行政许可事项的监督管理,这主要是指用于对直接关系公共安全、人身健康、生命财产安全的重要设备、设施、产品、物品等行政许可事项的监督管理,如交通安全检查、电梯安装检验、生猪屠宰检疫、食品卫生检查、动植物检验检疫、娱乐场所消防验收等等。对这类产品进行检查、检验、检测,主要是督促和要求被许可人所生产、经营、使用、利用的产品或设备、设施必须达到一定的技术标准或者符合一定的技术规范[8]。在日常生产生活中,电梯、锅炉、机动车辆、航空器、船舶等与公共安全和人身健康密切相关的设施、设备,在投入生产运营之前都必须经过有关行政机关严格的检查、检验、检测,质量合格后行政机关才能作出准予行政许可的决定。在行政机关实施行政许可后,也要通过检查、检验、检测对被许可人从事行政许可事项活动进行事后监督管理[9]。

(五)进入生产经营场所进行实地检查

有些产品特别是食品等日常生活用品,其质量与生产的过程具有密切联系,但生产出的成品却不能直接反映生产过程的情况。比如,蛋糕、火腿肠、月饼、木耳、大枣等日常生活消费品,以成品出现的时候可能会色、香、味俱全,但其质量却可能很差,关键是这些产品生产的环境和场所有可能极其肮脏,生产过程也可能掺杂作假。所以,行政机关在对类似产品进行监督检查时,必须深入到企业的生产经营场所,进行检查、检验、检测。如《食品卫生法》第三十五条规定,食品卫生监督员可以进入生产经营场所进行检查,生产经营者不得拒绝或者隐瞒。

(六)进行定期检验

在以往的行政许可监管中,有的行政机关一方面忽视日常执法监督管理,另一方面却大搞年检、年审活动,利用年检年审乱收费,有的部门和地方以年检为名,变相重新审批、收费。在审议《行政许可法(草案)》的过程中,不少人提出对此应严加限制,法律、法规没有规定年检、年审的,不能搞年检、年审。行政许可法吸收了这些意见并明确规定,只有在法律、行政法规规定需要进行定期检验的,才能进行定期检验,并且限制了定期检验的范围,即只能对直接关系公共安全、人身健康、生命财产安全的重要设备、设施进行定期检验。因为有些设备、设施,如机动车船、电梯、锅炉等,不能通过一次检验就万事大吉,因为随着其使用时间和次数的增多,其设备的质量、性能也会发生变化,需要对这类设备、设施经常进行检验,及时发现事故隐患并作出相应的处理。对于检验合格的,行政机关应当发给相应的证明文件,避免重复检验。对于利用年检、年审乱收费的问题,《行政许可法》第五十八条第一款明确规定,除了法律、行政法规另有规定的外,行政机关对被许可人从事行政许可事项的活动进行监督检查时,不得收取任何费用。监督检查是履行行政职能,有关费用应当按照规定的资金渠道,由组织检查的行政机关承担。

(七)督促建立自检制度

有些直接关系公共安全、人身健康、生命财产安全的重要设备、设施,如锅炉、机动车船、电梯、压力容器、起重机械、客运索道、大型娱乐设施等,往往需要经常性地进行检查,以确保其正常安全运行。有的在其设计、建造阶段就需要实施监督检查,否则等待建成后再去检查纠正往往会造成巨大的财产损失,甚至会严重危害个人的生命与健康安全。行政机关限于人力、物力和财力,不可能经常去亲自监督检查,也不可能对所有的这些设备都派专人监督其设计、建造、安装或者使用。因此,在日常生产经营等活动中最容易发现问题的实际上是这些设施、设备的设计、建造、安装和使用单位。有鉴于此,《行政许可法》第六十八条第一款规定了行政机关督促有关单位建立自检制度的义务。在行政机关督促和管理下,由具体的设计、建造、安装和使用单位建立相应的自我检查制度,进行日常性的自我检查,及早发现问题,排除隐患。对此,一些法律、行政法规早已有所规定[10]。

(八)责令限期或立即改正

根据《行政许可法》第六十六条、第六十七条、第六十八条的规定,当被许可人未依法履行开发利用自然资源义务[11]或者未依法履行利用公共资源义务时,取得直接关系公共利益的特定行业的市场准入行政许可的被许可人不按照国家规定的服务标准、资费标准和行政机关依法规定的条件,向用户提供安全、方便、稳定和价格合理的服务或不履行普遍服务的义务时[12],直接关系公共安全、人身健康、生命财产安全的重要设备、设施存在安全隐患时,行政机关应当责令限期或立即改正。这里的责令限期或立即改正,在性质上属于科加作为义务的行政命令,而不属于行政处罚。被许可人在规定期限内不改正的,行政机关应当依照有关法律、行政法规的规定予以处理。

(九)责令停止建造、安装和使用

根据《行政许可法》第六十八条的规定,对直接关系公共安全、人身健康、生命财产安全的重要设备、设施,除了被许可人经常进行自检以外,行政机关还应当通过定期检验、不定期巡查,及时发现违法行为。行政机关在监督检查时发现安全隐患的,应当责令有关单位停止建造、安装或者使用,并要求其立即消除隐患。对这些直接关系公共安全、人身健康、生命财产安全的行政许可事项,一旦安全隐患转变为安全事故,将造成极大的社会危害,并且其后果将无法挽回,因此,行政许可法将监督责任重点放在预防安全隐患的产生上。行政机关发现直接关系公共安全、人身健康、生命财产安全的重要设备、设施存在安全隐患的，应当立即责令被许可人及有关单位停止建造、安装和使用，不得以处罚代替对违法行为的制止[13]。

(十)依法采取其他处理措施

根据《行政许可法》第六十六条的规定，被许可人取得行政许可后，如果没有依法履行开发利用自然资源义务，或者没有依法履行利用公共资源义务的，行政机关在监督检查时，首先应责令被许可人限期改正，依法履行从事行政许可事项生产经营活动的义务。如被许可人在规定期限内不改正的，行政机关应当依照有关法律、行政法规的规定予以处理。第六十七条规定，取得直接关系公共利益的特定行业的市场准入行政许可的被许可人，应当按照国家规定的服务标准、资费标准和行政机关依法规定的条件，向用户提供安全、方便、稳定和价格合理的服务，并履行普遍服务的义务；未经作出行政许可决定的行政机关批准，不得擅自停业、歇业。被许可人不履行前款规定的义务的，行政机关应当责令限期改正，或者依法采取有效措施督促其履行义务。其中，六十六条的“处理”和六十七条的“有效措施”，均属于依法采取的有效措施。由于这些措施均是对被许可人的不利处分，根据依法行政原则，必须有具体、明确、有效的法律、法规或规章依据。被许可人在取得自然资源开发利用以及公共资源利用的行政许可后，如果不依法积极地从事行政许可事项的生产经营活动，一些法律、法规中已经规定了相应的处理措施[14]。采取这些措施时，还必须严格遵循法定的条件和程序。

(十一)督促被许可人履行义务

涉及自然资源的开发利用以及公共资源的利用等方面事项的许可，是一种特别许可，即通常所说的特许。由于自然资源以及公共资源两类事项具有数量有限、不可再生或者再生周期很长等特点，因此，有关的法律、行政法规在设定这方面的许可时，有关的行政机关在实施这方面的许可时，经常会要求被许可人在从事这些许可事项的生产经营等活动的同时，要履行相应的义务。根据《行政许可法》第六十七条的规定，有关的行政机关在监督检查被许可人从事这方面行政许可事项的活动时，一项重要任务，就是监督检查被许可人是否依法按照行政许可的要求，履行了相关的义务。如果没有履行或没有完全履行，有关机关应当督促被许可人履行义务。

（十二）依法撤销行政许可

根据《行政许可法》第六十九条的规定，有下列情形之一的，作出行政许可决定的行政机关或者其上级行政机关，根据利害关系人的请求或者依据职权，可以撤销行政许可：（一）行政机关工作人员滥用职权、玩忽职守作出准予行政许可决定的；（二）超越法定职权作出准予行政许可决定的；（三）违反法定程序作出准予行政许可决定的；（四）对不具备申请资格或者不符合法定条件的申请人准予行政许可的；（五）依法可以撤销行政许可的其他情形。被许可人以欺骗、贿赂等不正当手段取得行政许可的，应当予以撤销。具体如何适用这一规定，本章将专门论述。

（十三）依法注销行政许可

根据《行政许可法》第七十条的规定，有下列情形之一的，行政机关应当依法办理有关行政许可的注销手续：（一）行政许可有效期届满未延续的；（二）赋予公民特定资格的行政许可，该公民死亡或者丧失行为能力的；（三）法人或者其他组织依法终止的；（四）行政许可依法被撤销、撤回，或者行政许可证件依法被吊销的；（五）因不可抗力导致行政许可事项无法实施的；（六）法律、法规规定的应当注销行政许可的其他情形。具体如何适用，本章也将进行专门阐述。

(十四)依法给予行政处罚

根据《行政许可法》第六十六条的规定和第七章法律责任的规定,对应当取得行政许可而没有取得行政许可即从事非法生产经营等活动的,以及虽然取得行政许可但却没有按照行政许可所要求的范围和程序从事生产经营等活动的,行政机关可以依法采取警告、罚款、取缔、没收违法所得和没收非法财物、责令停产停业、暂扣或者吊销许可证、执照、行政拘留等措施。具体如何适用参见本书第六章的有关部分。

三、许可机关在监督检查中的义务与职责

有职权就有义务和职责,这是天经地义的。《行政许可法》在授予行政许可监督检查机关大量职权的同时,也为监督检查机关设定了相应的义务与职责。行政许可监督检查机关必须忠实地履行这些义务和职责。

(一)积极义务

1. 对检查情况记录建档。

根据《行政许可法》第六十一条的规定,行政机关依法对被许可人从事行政许可事项的活动进行监督检查时,应当将监督检查的情况和处理结果予以记录,由监督检查人员签字后归档。公众有权查阅行政机关监督检查记录。做好对被许可人从事许可事项活动进行个别检查监督、具体检查监督的情况记录和归档工作,是将行政许可的事后监督系统化和制度化的重要条件。这不仅为行政机关全面监督检查被许可人的活动、正确评估该项行政许可的价值提供重要依据,而且为公众的监督提供了重要条件,也为建立市场主体的诚信档案打下了基础。为此,有关行政机关在依法对被许可人从事行政许可事项的活动进行具体的监督检查时,应当将监督检查的情况和处理结果予以认真记

录，由监督检查人员签字后归入档案，以保证监督检查情况的真实性和规范性。公众有权查阅行政机关的监督检查记录，可以有效地监督行政机关对所有被许可人从事行政许可事项的活动，依法进行监督检查，以防止监督检查中的各种违法现象。但是，根据行政许可法第五条的规定，涉及国家秘密、商业秘密或者个人隐私的有关记录，公民不得查阅。

2. 创造条件实现计算机档案互联。

《行政许可法》第六十一条第三款规定："行政机关应当创造条件，实现与被许可人、其他有关行政机关的计算机档案系统互联，核查被许可人从事行政许可事项活动情况。"之所以作这种要求，是为了方便被许可人提供有关材料，方便行政机关进行监督，提高办事效率。目前行政许可很多，电子政务不能与之相匹配，对被许可人实施行政许可的情况不能联网监控，行政机关之间也不能实现信息交流，对相对人的信息公开亦不易实现，给监督带来一定困难。通过联网，行政机关可以直接通过网络监督被许可人与被许可事项有关的活动，还可以与相关行政机关互通信息，共同做好对被许可人的监管工作。考虑到我国地域广大、各地发展水平不一样的实际情况，《行政许可法》只作了倡导性规定，以鼓励行政机关创造条件、发展电子政务，尽可能实现联网管理，而没有对此作出硬性规定[15]。

3. 对检查合格的，发给证明文件。

根据《行政许可法》第六十二条的规定，行政机关应当根据法律、行政法规的规定，对直接关系公共安全、人身健康、生命财产安全的重要设备、设施进行定期检验。对检验合格的，行政机关应当发给相应的证明文件。直接关系公共安全、人身健康、生命财产安全的重要设施、设备，如汽车、船舶、火车、航空器、锅炉、电梯、高空缆车、轨道、消防器材等等，其使用寿命有限，必须进行定期检验，才能及时掌握这些设备、设施的安全状况，及时发现隐患，排除故障，或进行更新淘汰，以保障运营活动的安全与稳定。由行政机关对检验合格的重要设备、设施发给相应证明文件，有以下好处：一是有利于强化行政机关的责任。行政机关只有确实检验合格后才能发给相应的证明文件，发给了证明文件，行政机关及其具体工作人员就要对证明文件的检验结论负责。二是有利于被许可人行使权利。对从事重要设备、设施运营的被许可人来说，由行政机关发给检验合格的证明文件，是对其运营资格的肯定以及运营资质的确认。被许可人可以将行政机关发给的相关证明文件，作为其从事运营活动的合法依据以及企业信誉的凭证。三是有利于公众和消费者选择自己的消费行为。

4. 抄告违法事实与处理结果。

根据《行政许可法》第六十四条的规定，被许可人在作出行政许可决定的行政机关管辖区域外违法从事与行政许可事项有关的活动的，违法行为发生地的行政机关应当依法将被许可人的违法事实、处理结果抄告作出行政许可决定的行政机关。这一规定为作出处理决定的行政机关设定了抄告义务。

按照对违法行为实行属地管辖的原则，被许可人在作出行政许可决定的行政机关管辖区域以外从事违法生产经营的行为，应当由该行为地的有关行政机关实施行政处罚。但是，对于被许可人的违法行为仅由违法行为地的行政机关实施行政处罚，还不能保证行政管理的连续性、统一性和有效性。因为被许可人在异地受到行政处罚甚至被吊销营业执照，而本行政区域签发营业执照的行政机关并不知晓，因此，实行行政机关之间的抄告制度就很有必要。所谓抄告制度，就是没有隶属关系的国家机构之间互相抄送文件、告知情况的制度。[16]抄告制度的基本特点在于：抄告机关没有上下级之间的隶属关系；[17]抄告制度只适用于不同行政管辖区之间的行政机关；抄告的目的是使不同的机关之间保持工作的连续性、统一性和效率性；抄告的方式是不同的国家机关之间互相抄送文件，告知情况，沟通信息；抄告的内容，包括被许可人的违法事实和对被许可人作出的处理结果两个方面，以利于作出行政许可决定的机关了解全面情况。抄告制度不同于报告制度，报告制度指的是下级对上级机关的报告制度，或者被管理单位对管理机关的报告制度。[18]违法行为发生地的行政机关依法将被许可人的违法事实、处理结果抄告作出行政许可决定的行政机关，作出行政许可的行政机关就可以及时了解被许可人的活动情况，并相应作出处理决定，以切实履行监督职责，实施有效监管。如果被许可人被非许可机关依法吊销从事生产经营活动的许可证，作出行政许可决定的机关就可以依法注销对被许可人作出的行政许可。

5. 对举报进行及时核实处理。

根据《行政许可法》第六十五条的规定，个人和组织发现违法从事行政许可事项的活动，有权向行政机关举报，行政机关应当及时核实、处理。大多数行政许可往往涉及不特定多数人的利益，个人、组织从维护自身合法权益出发，具有监督的内在动力。鼓励个人和组织进行举报和投诉，是发现违法活动的有效手段。只有发动全社会的力量，调动广大人民群众的积极性，才能对被许可人实施真正有效的监督。但行政机关对个人或者组织的反映和举报，应当及时对所反映和举报违法行为的有关情况进行核实和处理。对举报和投诉反映的问题属实的，行政机关应当对不依法开展活动的被许可人和未经许可擅自从事依法应当取得行政许可的活动的自然人、法人或者其他组织依法作出处理，并告知举报人、投诉人处理结果；对举报和投诉反映的问题不符合实际情况的，行政机关应当向举报人、投诉人说明有关情况。同时，行政机关应当为举报人、投诉人保密。

（二）消极义务

1．不得妨碍被许可人正常的经营活动。

行政机关对被许可人实施监督检查，目的在于使被许可人严格依照行政许可要求的范围和条件进行生产经营。但在实践中，有的行政机关有意或无意地干扰了被许可人正常的生产经营活动。一些企业反映，一些行政机关滥用检查权，动不动就要求进入企业生产经营场所检查，要求企业报送有关产品、物品检验，使企业穷于应付，严重影响了其生产经营活动。[19]针对这种情况，《行政许可法》第六十三条规定："行政机关实施监督检查，不得妨碍被许可人正常的生产经营活动……"所谓正常的生产经营活动，是指企业内部日常性的有规律性的生产经营活动。要做到监督检查不得妨碍被许可人正常的生产经营活动，需要注意以下几个问题：一是行政机关组织实施监督检查，应当有单位时间内次数的限制，不宜过于频繁地组织监督检查；二是行政机关组织实施监督检查应当根据具体情况确定人员，轻装简行，不得兴师动众，大造声势；三是行政机关在实施监督检查时，应当依法严格以实施行政许可时要求的范围和条件为依据，监督检查的范围一般应限于被许可人生产经营的范围；四是不得扰乱、妨碍、中断被许可人日常的有规律性的生产经营等活动。

2．不得获取非法利益。

根据《行政许可法》第二十七条的规定，行政机关实施行政许可，不得向申请人提出购买指定商品、接受有偿服务等不正当要求；行政机关工作人员办理行政许可，不得索取或者收受申请人的财物或者获取其他利益。这一规定是对行政机关在实施行政许可时应当具备的廉洁性提出的要求。在现实中，有的监督检查机关和工作人员借监督检查之机,向被检查单位和个人索要财物;有的单位为了顺利通过检查或规避法律责任,也千方百计地腐蚀、拉拢或贿赂行政执法人员。这些不廉洁行为,不仅严重损害了国家机关的形象,而且使违法行为得不到及时、有效的追究,也破坏了行政许可制度,因此,必须坚决依法追究其法律责任。

四、行政相对人的权利与义务

《行政许可法》不仅规定了行政许可监督检查机关在监督检查中的职权和职责,而且规定了行政相对人的权利和义务。这里的行政相对人,是广义上的行政相对人,不仅包括申请人、被许可人,而且包括其他利害关系人。

(一)权利

根据《行政许可法》的规定,行政相对人在监督检查过程中主要具有下列权利:

1. 查阅监督检查记录权。

根据《行政许可法》第六十一条的规定,行政机关依法对被许可人从事行政许可事项的活动进行监督检查时,应当将监督检查的情况和处理结果予以记录,由监督检查人员签字后归档。该条还同时规定,公众有权查阅行政机关监督检查记录。公众监督是督促和保证行政机关依法行政的重要途径。赋予公众查阅行政机关的监督检查记录的权利,可以有效地督促行政机关积极履行监督检查职责,防止监督检查中的各种违法现象,同时也有利于建立社会诚信机制。赋予公众查阅权,意味着相应的行政机关负有提供查阅机会和条件的义务,行政机关不履行该义务的,请求人可以依法寻求救济。但根据《行政许可法》第五条的规定,涉及国家秘密、商业秘密或者个人隐私的有关记录,公民不得查阅。

2. 举报权。

根据《行政许可法》第六十五条的规定，个人和组织发现违法从事行政许可事项的活动，有权向行政机关举报，行政机关应当及时核实、处理。举报权是一项宪法权利，它不仅是个人和组织维护自身权益的重要手段，是人民参与国家管理的重要途径，也是保障行政相对人遵守《行政许可法》的重要机制。这里的举报对象，主要是违法从事行政许可事项活动的个人或组织。由于行政机关对行政许可的事后监督检查，不仅包括对被许可人从事行政许可事项活动的监督检查，还包括对那些应当取得行政许可后方可从事生产经营而没有取得行政许可即从事生产经营活动的监督检查。因此，这里的举报内容也包括两个方面：一是任何组织或者个人发现被许可人违法从事行政许可事项活动的，即发现被许可人虽然已经取得行政许可，但没有按照行政许可所要求的范围、条件和程序从事生产经营等活动的，都有权向有关行政机关反映和举报[20]；二是任何组织或者个人发现个人或组织未取得行政许可而擅自从事应经许可的行为的，都可以向行政机关反映和举报。[21]当然，举报人必须实事求是并对事实负责，不得诬告陷害，否则要依法承担法律责任。有关行政主体对个人或组织的举报，必须认真负责地进行查处，并将查处情况及时反馈给举报人，同时也应注意为举报人保密。有关行政机关如果对举报人的举报置若罔闻，不依法查处，或者包庇、纵容违法者，将依法承担法律责任。

(二)义务

根据《行政许可法》的规定和行政许可实践，行政许可相对人在取得行政许可后和监督检查中具有下列义务：

1. 履行特定许可所必须履行的义务。

根据《行政许可法》第六十六条、第六十七条、第六十八的规定，行政许可所确定的义务，通常有以下几种类型：

(1)依法履行被许可的作为义务。根据《行政许可法》第六十六条的规定和相关法律、法规的规定[22]，被许可人依法取得开发利用自然资源以及利用公共资源的行政许可后，有按时、积极地从事行政许可事项的生产经营活动的义务，而不得荒废、闲置有限的资源，不得对已经取得的行政许可弃之不用。理由在于：其一，自然资源和公共资源属于国家所有，应当由国家公法人来开采利用，但行政机关可以依法代表国家将开采权授予具备特定条件和资质的单位或者个人，所以这方面的行政许可属于特别许可或者特许。特许与普通行政许可相比有一个重要特点，即普通许可所获取的许可对被许可人来说具有实施或不实施的选择性，而特许所取得的许可对被许可人来说，没有实施或不实施的选择性[23]。其二，开发利用自然资源和利用公共资源行政许可的申请，直接关系到经济和社会发展的需要，关系到人民群众生产生活的需要，个人或者单位通过竞争依法取得行政许可后，却不去及时开发利用有限的自然资源，不去利用有限的公共资源，就会延误对有限资源的充分和及时利用，进而影响经济和社会的发展，影响人民群众的生产生活[24]。其三，对于涉及有限自然资源的开发利用及公共资源的配置行政许可，都是有数量限制的，只能授予有限的申请人，具有很强的竞争性。比如，海域使用许可、无线电频率许可等。这类事项的许可的主要功能是分配稀缺资源，以提高资源利用的效益。获得了这类行政许可的被许可人如果不依法履行义务，其他希望利用这些资源的人却因没有取得行政许可而无法介入，将造成社会资源的严重闲置与浪费，严重背离设定这类行政许可的目的。其四，在实践中，一些房地产开发商在取得土地开发许可后，不是去积极地从事房地产开发建设，而是恶性循环地从事炒地皮的不法活动，导致地价和房价的不断虚涨，严重影响了城市建设的速度和人民群众生活条件的改善，扰乱了行政机关的土地管理活动和房地产市场的健康发展。因此，强调被许可人依法取得开发利用自然资源或者利用公共资源的行政许可后，依法按时、积极地从事行政许可事项的生产经营活动，有利于防止相关的违法行为。

(2)积极履行法定的附带性义务。行政机关在实施许可时，要求被许可人在从事行政许可事项的生产经营活动时，履行相应的附带性义务。比如，根据《矿产资源法》的规定，国家在许可个人或者组织开采矿产资源时，通常要求其履行以下相应的法律义务：必须采取合理的开采顺序、开采方法和选矿工艺；在开采主要矿产的同时，对具有工业价值的共生和伴生矿产应当统一规划，综合开采，综合利用，防止浪费；开采矿产资源，必须遵守国家劳动安全卫生规定，具备安全生产的必要条件；开采矿产资源，必须遵守有关环境保护的法律规定。[25]上述法律所规定的涉及自然资源的行政许可的附带义务，也即行政许可本身附带的条件，与普通行政许可所要求的条件和义务没有区别，被许可人当然应当依法按照行政许可所要求的条件和义务从事生产经营等活动。

(3)依法按特定的条件和标准履行特定的服务义务。有关法律、行政法规对直接关系公共利益的特定行业的生产经营，规定了特定的标准和条件[26]，被许可人取得从事这些行业的行政许可后都必须依照法定的条件和标准从事生产经营活动。直接关系公共利益的特定行业，就是通常所称的自然垄断行业，如铁路交通、民航、电信、邮政、电力以及城市供水、供气等行业。这些行业都是关系国计民生的基础行业，直接影响到经济发展和生产、生活。之所以授予被许可人行政许可权，就是因为根据其申请材料及实际条件，该申请人比其他申请人条件更优，能够提供更为便捷、安全、稳定的服务。但是,由于被许可人取得行政许可后,在该行业通常居于垄断地位,如果不明确规定其义务,被许可人可能会滥用其垄断地位,降低服务质量,损害消费者的利益和社会公共利益,如以不合理的高价格提供服务或者擅自停业、影响社会经济活动的正常进行,或者欺压百姓、不提供普遍服务等。实践中存在的主要问题是:有的偷工减料,擅自降低服务质量;有的利用垄断地位,非法收取名目繁多的各种费用;有的擅自中断服务,影响生产、生活;有的对消费者实行区别对待,厚此薄彼,不依法履行普遍服务的义务。有鉴于此,《行政许可法》第六十七条规定,取得直接关系公共利益的特定行业的市场准入行政许可的被许可人,应当按照国家规定的服务标准、资费标准和行政机关依法规定的条件,向用户提供安全、方便、稳定和价格合理的服务,并履行普遍服务的义务;未经作出行政许可决定的行政机关批准,不得擅自停业、歇业。根据上述规定,取得直接关系公共利益的特定行业的市场准入行政许可的被许可人,必须履行以下义务:

首先,按照国家规定的服务标准、资费标准和行政机关依法规定的条件,向用户提供服务。对于这类行业,国家一般都对其服务标准、价格、服务质量及普遍服务的义务等作出了相应的规定[27]。这些企业必须严格按规定办事。

其次,向用户提供安全、方便、稳定和价格合理的服务。这一义务包括两个方面的内容:一是向用户提供安全、方便和稳定的服务[28];二是为用户提供价格合理的服务[29];三是向用户履行普遍服务的义务。所谓履行普遍服务义务,是指对用户提供服务必须一视同仁、平等对待不同的用户,禁止歧视待遇[30];四是不得擅自停业、歇业。如要停业、歇业,必须经过有关部门批准[31]。

根据《行政许可法》的规定,行政机关应当加强对取得直接关系公共利益的市场准入行政许可的被许可人履行义务情况的监督检查。对于在监督检查中发现的被许可人不按要求履行义务的情形,应当及时作出处理,责令其履行义务或者采取必要的措施[32]。

(4)特定行政许可决定所附加的义务。行政机关在被许可人同意的前提下,可以附加具有义务性质的没有法律、法规或规章的明文规定条件(但这些义务须有利于公益、不违反合法有效的禁止性规定、不损害人类的基本尊严和价值)。对于特定行政许可所附加的合法合理的义务,被许可人也必须履行。

(5)许可机关与被许可人约定的义务。许可机关还可以通过行政合同约定被许可人的义务,只要这些义务的约定不违反法律、法规的禁止性规定和善良风俗,不损害人类的基本尊严和价值,有利于增进公益,这些义务也必须得到履行。

2.如实提供有关情况和材料的义务。

无论是抽样检查、检验、检测,还是实地检查,往往都需要相对人提供与被检查客体有关的数据、资料。例如,审查一种新药品是否可以上市,往往需要药品生产商提供有关的试验数据和其他相关数据。如被许可人提供的有关情况和材料不真实、不完整,监督检查就难于得出正确的结论。因此,《行政许可法》第六十二条规定,在行政机关依法查阅被许可人有关材料,或要求其提供相关材料时,被许可人有义务积极予以配合,如实提供有关材料。

五、撤销权与注销权的行使

(一)撤销权的行使

按照依法行政、有错必纠的原则,行政机关作出的行政许可决定具有违法情形的,有权机关应当撤销该行政许可决定。但是,与民事行为不同的是,行政机关的许可行为是一种授益性的行为,被许可人对行政决定合法性的信赖应当受到法律保护。同时,基于被许可人取得行政许可决定,他人据此而与被许可人开展生产、经营活动,对由此而形成的法律关系的稳定性也应予以考虑。如果行政许可决定作出后,只要其违法就予以撤销,特别是因行政机关自己未履行审查责任而导致行政许可决定违法被撤销的,实际上是让被许可人、利害关系人承担了行政机关违法行为的法律责任。因此,必须为撤销权的行使设定明确的条件和程序,并规定对后续问题的处理原则和方式。行政许可法借鉴国外通行做法,一方面明确了撤销权行使的条件与程序;另一方面规定了后续问题的处理原则,即因行政机关的原因导致行政许可决定被撤销时,行政机关应当赔偿被许可人因此受到的损害。

1. 撤销的主体。

根据《行政许可法》的规定,作出行政许可决定的行政机关或者作出行政许可决定的行政机关的上级行政机关有权撤销对被许可人的行政许可。之所以作出行政许可决定的机关可以成为撤销的主体,这是因为:作出行政许可决定的行政机关是行政许可的实施机关,经过对申请人各项条件的审查,如果认为申请人符合条件,它就有权决定准予对申请人的行政许可,如果认为申请人不符合条件,它就有权作出不予行政许可的决定;行政机关对个人或者组织从事行政许可事项的生产经营等活动的管理过程,是一个完整的、连续的过程,既包括对申请人提出申请的审查和许可,也包括对申请人取得行政许可后从事行政许可事项生产经营等活动的监督检查,作出行政许可决定的机关,不仅是行政许可的实施机关,也是被许可人从事行政许可事项活动的监督检查机关,在监督检查过程中,如果遇有法定的撤销行政许可的情形,作出行政许可决定的行政机关当然有权作出撤销行政许可的决定。

之所以作出行政许可决定的上级行政机关有权撤销行政许可,这是因为:上级行政机关是作出行政许可决定的行政机关的领导机关,在日常工作中行使对作出行政许可决定的行政机关的管理和监督职权,该管理和监督职权就包括对下级行政机关作出行政许可决定是否合法的管理监督职权,因此,它有权撤销下级行政机关作出的行政许可决定。这里的上级行政机关既包括同级人民政府的上级人民政府,比如,市级人民政府有权撤销所辖县级人民政府的行政许可;也包括某一部门的同级人民政府,比如,县级人民政府有权撤销人民政府下属各行政部门准予的行政许可;还包括上级人民政府具有工作领导关系的部门,比如,市级人民政府工商行政管理部门有权撤销下辖县级人民政府工商行政管理部门的行政许可等。

此外,有权撤销违法的行政许可决定的机关还有依法享有司法审查权的审判机关。但审判机关对行政机关的监督主要是通过审判工作进行的,它要撤销行政机关作出的行政许可决定,必须由利害关系人对行政许可行为提起诉讼,并通过正式的行政诉讼程序作出,而不能在行政诉讼程序之外直接撤销行政许可决定。

权力机关对行政机关的监督是主要是政治层面的和法律层面的监督,原则上不对具体行政行为进行监督,因此,不宜由权力机关直接撤销行政机关的具体行政许可决定。检察机关行使的是法律监督权,对行政机关作出的行政许可的监督也只能通过法律监督程序进行,发现行政许可决定违法,只能建议有权行政机关撤销,而不能自己直接撤销行政许可决定。

2. 撤销的条件。

对违法的行政许可事项,基于保护公共利益的需要,该撤销的,行政机关应当予以撤销;撤销可能对公共利益造成重大损害的,不予撤销;可以撤销可以不撤销的,行政机关应当衡量各种利益后决定是否行使撤销权。

(1)可以撤销的情形

根据《行政许可法》第六十九条的规定,作出行政许可决定的行政机关或者其上级行政机关,根据利害关系人的申请或者依据职权,经审查发现具有下列情形之一的,可以撤销行政许可:

一是行政机关工作人员滥用职权、玩忽职守作出准予行政许可决定的。所谓滥用职权,是指国家工作人员违反法律授权的目的,不正当地行使自由裁量权的行为。所谓玩忽职守是指国家工作人员不履行、不完全履行或不适当履行其职责,使不应当获得批准的申请获得批准的行为[33]。

二是超越法定职权作出行政许可决定的。所谓超越职权是指行政主体在没有法律、法规或规章的授权依据(即无权限)或逾越法定权限范围(即逾越权限)而实施行政行为。无权限主要有三种情况:超越法定的事项管理权;超越法定的地域管理权;超越法定的级别管理权。逾越权限主要有逾越法定的范围、条件、对象等。行政许可实施主体必须在法定的职权范围内实施行政许可。根据《行政许可法》第三章的规定,行政许可由具有行政许可权的行政机关在法定职权范围内实施,行政机关如果没有某项法定的职权却对申请人实施行政,即属于超越法定职权[34];法律、法规授权的具有管理公共事务职能的组织,只能在法定的授权范围内,以自己的名义实施行政许可[35];受委托行政机关只能在委托范围内,以委托行政机关的名义实施行政许可,并不得再委托其他组织或者个人实施行政许可[36]。需要注意的是,根据《行政许可法》第二十五条的规定,经国务院批准,省、自治区、直辖市人民政府根据精简、统一、效能的原则，可以决定一个行政机关行使有关行政机关的行政许可权，在此情况下，一个行政机关行使有关行政机关的行政许可权，不属于超越法定职权。根据《行政许可法》第二十六条的规定，行政许可依法需要由行政机关内设的多个机构办理的，应当确定一个机构统一受理行政许可申请，统一发送行政许可决定；依法应当由地方人民政府两个以上部门分别实施的行政许可，本级人民政府可以确定由一个部门受理行政许可申请并转告有关部门分别提出意见后统一办理。在这些情形下行政机关办理行政许可的活动亦不属于超越法定职权。

三是违反法定程序作出准予行政许可决定的。法定程序是法律、法规或规章事先规定的行政机关作出行政决定的步骤、顺序、方式、方法、形式、时间等的总称。违反法定程序作出的准予行政许可决定，是指违反法律规定的程序要件实施行政许可的情形。程序公正是实体公正的保障，没有程序的合法就很难保证实体的合法。在行政许可实施过程中，行政机关如果不能严格依照法定的程序开展工作，就很难保证行政许可决定的正确性。《行政许可法》在总则中规定，实施行政许可应当遵守法定的程序，将遵循法定程序作为实施行政许可的一项重要原则。依据这一原则，该法第四章对行政许可实施程序作了一系列规定，其他有关法律、法规和规章对特定的行政许可程序也作出了专门规定。这些程序方面的规定都是保证行政机关正确作出行政许可决定的重要条件，是行政机关及其工作人员具体实施行政许可时的工作依据，都属于法定程序的范围。行政机关实施行政许可时，违反法定程序作出准予行政许可的决定，其正确性就很有可能受到影响[37]。因此，作出行政许可决定的机关，违反法定程序，该行政机关或者其上级行政机关可以依法撤销行政许可。如果行政机关在实施行政许可的过程中,违反了法定程序但没有影响到行政许可正确性,是否必须撤销,是一个需要进一步研究的问题。比如,在建筑许可的申请中,行政机关没有告知利害关系人有要求听证的权利,也没有举行听证,但在作出准予建筑许可决定时充分考虑了利害关系人的利益,没有影响到行政许可的正确性,是否必须撤销该行政许可。笔者认为,应当综合考虑程序法制的价值、利害关系人的程序权利、行政管理效率和被许可人合法权益等方面的情况,进行综合判断,而不宜一概以是否存在实体错误为标准,否则,就在事实上取消了法定程序作为审查理由的资格。

四是对不具备申请资格或者不符合法定条件的申请人予以行政许可的。不同的行政许可需要不同的资格或者条件,行政机关根据个人或者组织的申请,并对其申请进行审查后,只有在申请人具备从事行政许可事项的资格或者条件的情况下,才可以作出准予行政许可的决定,否则作出的行政许可就属于可撤销的行为[38]。需要注意的是,申请人是否符合法定条件,其认定依据只能是法律、法规和合法有效的规章,行政机关在无合法授权或依据的情况下自行规定的与上位法相冲突的条件不能用来作为认定申请人是否应当取得行政许可的条件。

五是依法可以撤销行政许可的其他情形。由于行政许可种类繁多,事项各异,为避免列举不全,从立法技术上考虑,《行政许可法》第六十九条第一款在列举了四项可以撤销行政许可的情形外,附加了一项兜底条款。

(2)必须撤销的情形

根据《行政许可法》第六十九条第二款的规定,被许可人以欺骗、贿赂等不正当手段取得行政许可的,应当予以撤销。以欺骗、贿赂等不正当手段取得行政许可的,其获得的利益不是基于对行政机关的信任而是基于违法的主观恶意。这种“信赖”不值得也不应该予以保护。因为在上述情况下，申请人本来不具备取得行政许可的条件、资格或资质，却以欺骗、贿赂等不正当手段取得了行政许可。申请人已经具备行政许可的条件或者资格、资质，就无须采取欺骗、贿赂等不正当手段取得行政许可的问题。所谓欺骗手段，是指被申请人明知自己的申请不符合行政许可的条件，故意采取弄虚作假的方法，造成行政机关在审查过程中的错觉，骗取行政机关作出准予行政许可的决定。所谓贿赂手段，是指申请人的申请不符合行政许可的资格或者条件，却通过向行政机关及其工作人员行贿如请吃、送礼（金钱、财物）等不正当的方式，取得行政机关作出准予行政许可的决定的行为。实践中，以欺骗、贿赂等不正当手段取得行政许可的现象为数不少，对于以这类手段取得行政许可的行为，不少法律都规定了相应的法律责任。比如，《执业医师法》第三十六条规定：“以不正当手段取得医师执业证书的，由发给证书的卫生行政部门予以吊销；对负有直接责任的主管人员和其他直接责任人员，依法给予行政处分。”再比如，《建筑法》第十三条规定：“从事建筑活动的建筑施工企业、勘察单位、设计单位和工程监理单位，按照其拥有的注册资本、专业技术人员、技术装备和已完成的建筑工程业绩等资质条件，划分为不同的资质等级，经资质审查合格，取得相应等级的资质证书，方可在其资质等级许可的范围内从事建筑活动。”该法第六十五条则规定：“以欺骗手段取得资质证书的，吊销资质证书，处以罚款；构成犯罪的，依法追究刑事责任。《行政许可法》对此作出概括性规定，强调对被许可人以欺骗、贿赂等不正当手段取得行政许可的，原则上应当予以撤销。

(3)许可决定违法但不应撤销的情形

在行政法领域，合法性是非常重要的价值，但这种价值并不具有绝对性。在行政许可领域,信赖保护的价值和公共利益的价值在特定的情形下优位于合法性的价值。根据信赖保护原则和公共利益原则的要求,对于某些有违法因素可以或应当撤销的行政许可,从保护行政相对人利益和重大公共利益的角度出发,只有在特殊情形下,行政机关经过科学的权衡后,才可以撤销违法的行政许可。行政许可即使具有违法的因素,也不应当撤销的情形主要有:

一是撤销行政许可可能对公共利益造成重大损害的,应当不予撤销。撤销行政许可,就意味着被许可人从事许可事项的生产经营等活动必须立即停止,否则,其行为即构成违法。但是,有些行政许可的事项比如大型的道路建设、桥梁建设等事项,与公共利益密切相关。对于这些行政许可事项,行政机关作出行政许可的决定后,被许可人可能很快就开始了生产经营等活动,而行政机关一旦发现行政许可中的违法情形即予以撤销,就有可能导致公共利益的重大损失。比如,某河段急需建设一座大型桥梁,某企业具备有关大型桥梁建设许可所需要的条件和资质,但是,该企业向行政主管部门申请行政许可后得到批准,并很快开始了桥梁建设活动。在上级行政机关对桥梁施工进行监督检查时,发现桥梁建设行政许可中存在违法的情形,但此时,桥梁施工已过半,并且桥梁建设质量基本得到保证,如果上级行政机关此时撤销该企业的桥梁建设行政许可,就会导致停止施工,进而影响该地区的交通建设方面的公共利益,弊大于利。所以,在此情况下,行政许可即使有违法的情况,上级行政机关也不应当撤销。上级行政机关不予撤销行政许可,但可以要求被许可人补齐相关的许可手续,特别是要加强对其生产建设等活动质量的监督检查,并对有违法行为的作出行政许可决定的行政机关及其工作人员作出相应的处分。

这里需要注意的是，尽管《行政许可法》第六十九条规定被许可人以欺骗、贿赂等不正当手段取得行政许可的，应当撤销其行政许可，但根据该条第三款的规定，即使被许可人以欺骗、贿赂等不正当手段取得行政许可，如果撤销行政许可可能对公共利益造成重大损害的，也不应当撤销。

二是行政许可虽然具有违法因素，但是，被许可人没有《行政许可法》第六十九条第二款所列情形，即没有采取欺骗、贿赂等不正当手段取得行政许可的行为，并且其基于行政许可所取得的利益明显大于撤销行政许可所要维护的公共利益，行政机关就不应当撤销行政许可。这是贯彻行政管理活动中比例原则的要求。

三是行政许可虽然具有违法的因素，但是，作出行政许可决定的行政机关或者其上级行政机关，应当在知道撤销的情形之后一定的期限内撤销行政许可，超过了这期限就不应当再予撤销。这是保持行政法律关系相对稳定以及保护行政相对人权利的需要。

3. 撤销的程序。

作出行政许可决定的行政机关或者其上级行政机关，撤销行政许可有两条启动途径：一是根据利害关系人的请求。被许可人在从事行政许可事项的生产经营等活动时，其利害关系人通常是该行政许可是否合法，以及其从事行政许可事项的生产经营等活动是否符合行政许可的范围、条件等要求的直接发现者，因此，由利害关系人提起撤销行政许可的申请，是一条重要途径，也是通过社会力量监督行政机关管理行政许可活动的重要方式。二是行政机关依据自己依职权撤销行政许可。行政机关实施行政许可后，其重要的职权就是监督检查行政许可的实施是否合法，行政许可所要求的范围和条件是否发生变化，以及被许可人是否按照行政许可所要求的范围和条件从事行政许可事项的生产经营等活动。在对行政许可的监督检查中，一旦发现所作出的行政许可存在必须撤销的情形，行政机关即有权启动撤销行政许可的程序。

4. 撤销的效果。

根据行政行为的效力理论，行政许可行为一旦被撤销，该行政许可行为将从作出之日起失去效力。这就是说撤销行为具有溯及力。但是否所有的相关的行为都连带无效，还要根据具体情况具体处理。

5. 应当注意的几个问题。

对于有违法情形的行政许可原则上可以或应当予以撤销。但是，行政许可的实施和监督情况十分复杂，在撤销违法行政许可的同时，还应当慎重和妥善处理以下两方面的情况：

(1)对撤销的行政许可，行政机关根据被许可人的申请，可以重新作出准予行政许可的决定。撤销对被许可人的行政许可，不是一种永久性处罚。在撤销行政许可后，被许可人仍然有权利就同一行政许可事项再向行政机关提出许可申请，行政机关对被许可人的申请，经审查，可以重新作出准予行政许可或者不予行政许可的决定。符合条件的，即应当予以许可，不符合条件的则不予许可。行政机关重新审查申请人的行政许可申请和作出是否准予申请人行政许可决定的程序，仍然依照《行政许可法》实施行政许可的程序的有关规定进行。但是，根据《行政许可法》第七十九条规定："被许可人以欺骗、贿赂等不正当手段取得行政许可的，行政机关应当依法给予行政处罚；取得的行政许可属于直接关系公共安全、人身健康、生命财产安全事项的，申请人在三年内不得再申请该行政许可。"据此，被许可人如果有该条规定的情形，则在三年内不得再提出行政许可的申请。

(2)行政机关依照《行政许可法》第六十九条第一款的规定撤销行政许可,被许可人的合法权益受到损害的,行政机关应当依法给予赔偿。但是,被许可人取得行政许可,有该条第二款规定情形的,其基于行政许可取得的利益不受保护。第六十九条所规定的行政许可实施过程中的违法情形,除第二款属于被许可人的违法以外,其他的情形如超越法定权限作出行政许可决定的情形,行政机关工作人员滥用职权、玩忽职守作出行政许可决定的情形,违反法定程序的情形等,实际上都是行政机关及其工作人员作为或不作为而导致的。行政机关及其工作人员的违法而作出的行政许可决定,属于违法的行政许可决定,可以予以撤销。但是,行政许可的撤销带来的直接后果就是影响被许可人的合法权益,而由行政机关及其工作人员违法行为给被许可人合法权益造成的损害,由被许可人承担,是不公平的。根据我国《国家赔偿法》所确定的行政赔偿违法归责原则,由于行政机关的违法而对被许可人造成损失的,行政机关应当给予赔偿。

行政机关对违法实施行政许可承担赔偿责任,必须同时具备如下条件:第一,侵权行为主体是有权依法实施行政许可的行政机关或者其他组织。第二,行政机关实施行政许可的行为存在违法的因素,如超越法定权限、违反法定程序等。第三,行政机关撤销违法的行政许可给被许可人造成了实际损害,这种损害原则上应当是直接的、已经发生的、可以计算的。第四,行政机关违法实施行政许可的行为与被许可人受到的损害结果之间有因果关系,即被许可人的损害是由行政机关的违法行为造成的。

需要注意的是,行政机关对被许可人的赔偿责任与对被许可人的补偿责任有所区别。根据《行政许可法》第八条的规定,所谓补偿责任是指行政许可所依据的法律、法规、规章修改或者废止，或者准予行政许可所依据的客观情况发生了重大变化的，为了公共利益的需要，行政机关依法变更或者撤回已经生效的行政许可决定，由此给公民、法人或者其他组织造成财产损失的，行政机关应当依法给予补偿。总之，补偿是适用于行政许可行为合法而因情势变化和公共利益需要，所应当撤回或者变更的情形。而赔偿责任是指行政机关及其工作人员违法实施的行政许可应予撤销而给公民、法人或者组织带来的损失，应当由行政机关承担责任。

(二)注销权的行使

根据《行政许可法》第七十条的规定，在法定情形下，行政机关应当依法办理有关行政许可的注销手续。

1. 注销的概念及建立注销制度的必要性。

所谓注销行政许可，是指基于法定事由的出现，而由行政机关依据法定程序收回行政许可证件或者公告行政许可失去效力的行为，是行政主体使特定许可终止的一个最后的程序性行为。被许可人从事依法应当取得行政许可的活动的，行政机关的行政许可决定、行政许可证件是证明其行为合法性的重要凭证；被许可人以外的其他人，是基于被许可人取得的行政许可决定、持有的行政许可证件而信任其具备法定条件，从而与其开展生产经营活动的。为了维护正常的行政管理秩序，维护市场交易安全，在出现特定事实而使行政许可失去效力的时候，行政机关就应该办理有关手续、注销行政许可，向社会公示行政许可失去效力的事实。已经作出的行政许可决定自注销决定生效之日起失去效力，自然人、法人或者其他组织继续从事该项活动的行为属于违法行为。

2. 注销的条件。

根据《行政许可法》第七十条的规定，行政机关依法注销行政许可的情形主要有六类：

(1)行政许可有效期届满未延续的。行政许可有效期届满后，被许可人拟继续从事有关活动的，应当依法向作出行政许可决定的行政机关提出延续行政许可的申请。行政机关应当根据《行政许可法》第五十条的规定，结合有关法律、法规的具体规定，对被许可人的申请作出处理。被许可人未申请延续行政许可的，或者其延续行政许可的申请未被行政机关批准或者未依法被视为准予延续的，其已经取得的行政许可自有效期届满之日起失去效力。出现这种情形时，行政机关应当依法注销行政许可。

(2)赋予公民特定资格的行政许可，该公民死亡或者丧失行为能力的。赋予公民特定资格的行政许可，即对人的行政许可，是基于被许可人的自身条件而作出的，如取得注册会计师的资格是因为个人符合法律规定的条件。有关这类资格的行政许可，只能证明被许可人是否具备取得行政许可的条件。该行政许可既不能转让，也不能继承，是与该公民的人身联系在一起的。公民取得特定资格，都是为了从事一定的活动，既然公民死亡或者丧失了行为能力，他就不能从事与该特定资格有关的行为了，其取得的行政许可也不再具有效力，应予注销。这里的公民死亡指的是公民实际死亡，而不包括宣告死亡或者宣告失踪。因为宣告死亡或者宣告失踪的情况比较复杂，公民在被宣告死亡或者宣告失踪后还有可能重新出现，故应依照有关规定处理，不能简单地注销其行政许可。

(3)法人或者其他组织依法终止的。行政许可是与该法人或者组织有密切联系的，既然该法人或者组织终止了，其取得的行政许可也相应失去效力。在法人或组织依法终止的过程中，可能会有继承其权利义务的新的法人或组织，这些法人或组织若仍需使用已终止的法人或组织曾经持有的行政许可,应当向行政许可机关以自己的名义提出申请,行政许可机关对申请审查后方能作出是否赋予行政许可的决定,相应法人或组织不能将已经终止了的法人或组织曾持有的行政许可自然的承袭下去。

(4)行政许可依法被撤销、撤回,或者行政许可证件依法被吊销的。不具备取得行政许可条件而取得行政许可的,应当依法由有关行政机关予以撤销;具备取得行政许可的条件并已经取得行政许可的,但因行政许可所依据的法律、法规、规章修改或者废止,或者准予行政许可所依据的客观情况发生重大变化,基于公共利益的需要,行政机关可以依法撤回行政许可;被许可人取得行政许可后从事违法活动,依法需要吊销行政许可的,行政机关应当吊销行政许可。行政许可依法被撤销、撤回,或者行政许可证依法被吊销后,行政许可不再具有实质上的法律效力,但此时被许可人在形式上往往还持有许可证,因此,行政许可机关应当对之办理注销手续,使其许可证在形式上亦不存在。

(5)因不可抗力导致行政许可事项无法实施。不可抗力,是指因出现不可预见、不能避免、不能克服等客观情况足以导致行政许可事项无法实施或行政许可目的无法实现的情形。如行政机关赋予企业取水许可,因当年天气干旱,没有充分的水源供被许可人取得。这种情况下,被许可人不可能再实施该行政许可,维持该行政许可的效力已经毫无意义,故应予注销。

(6)法律、法规规定的应当注销行政许可的其他情形。除上述五种情形需要注销行政许可外,如果法律、法规规定有应当注销行政许可的其他情形的,行政许可机关应当依照法律、法规规定注销被许可人的行政许可。但此种注销必须有法律、法规作为依据。

3. 注销的主体与程序。

根据注销的性质和行政许可法的规定，注销的主体只能是作出准予许可决定的行政许可实施机关。

注销行政许可可以由实施机关依职权主动实施，也可以依利害关系人的申请而实施。

出现依法应当注销行政许可的情形的，行政机关应当依法办理有关行政许可的注销手续，如收回颁发的行政许可证件，或者在行政许可证件上加注发还；对找不到被许可人的或者注销行政许可事项需要周知的，行政许可还应当公告注销行政许可。为保护被许可人的合法权益，规范行政机关注销行政许可的行为，行政机关注销行政许可，应当作出书面决定，告知申请人注销的理由、依据。

4. 注销的法律效果及应注意的事项。

已经作出的行政许可决定自注销决定生效之日起失去效力，公民、法人或者其他组织继续从事该项活动的行为属于违法行为。

实践中，经常出现的主要问题是：行政机关随意注销行政许可，对行政许可尚未失去效力的也予以注销；有的注销行政许可后不收回行政许可证件，或者只通知被许可人、不向社会公示，导致注销行政许可后被许可人仍然可以从事有关应当取得行政许可的活动；还有的在有关前置程序没有处理完结时就匆忙注销(如未经清算就注销登记)。为了保护被许可人的合法权益、维护社会公共利益，行政机关注销行政许可必须依法进行。

六、对许可机关的监督检查

行政许可与广大人民群众的利益息息相关，与公共利益联系紧密，实施机关如果有违法行为，轻则影响被许可人利益，重则影响政府形象、侵害公共利益。因此,必须加强对行政许可实施的监督和制约,确保行政许可权在合法、高效、便民的轨道上运行。

对行政机关实施行政许可进行监督,主要有以下几种渠道:一是权力机关的监督。权力机关的监督主要是政治监督和法律监督,对行政机关实施行政许可的行为不适宜进行经常性的具体性的监督检查。二是人民法院的监督。人民法院对行政机关实施行政许可的监督,主要通过具体的行政诉讼案件进行监督,而不适宜进行经常性的具体性的主动地监督。三是平行的行政机关相互之间的监督。平行的行政机关相互之间的监督,范围比较有限,约束力也不够强。四是群众和当事人的监督。群众和当事人的监督主要通过检举、举报或依法提起行政复议或行政诉讼进行监督。五是上级行政机关的监督。上级行政机关对下级行政机关实施行政许可的监督,主要通过行使检查权、撤销权等方式进行监督。根据《行政许可法》的规定,本节主要对上级机关对下级机关的层级监督详加叙述。

《行政许可法》第六十条规定:"上级行政机关应当加强对下级行政机关实施行政许可的监督检查,及时纠正行政许可实施中的违法行为。"这是对许可实施机关本身进行层级监督的特别规定。

(一)对许可机关进行监督检查的意义

行政机关内部的层级监督是指政府凭借自身的行政权力建立的一种内部控制机制,是行政系统内的各级政府及其工作部门依照法定权限、程序和方式,对自身或者其他行政机关及其工作人员,以及法定授权、委托的组织是否严格执行法律、法规和有关决定、命令等所实施的监督活动。政府内部监督是行政监督的重要组成部分。这种层级监督具有广泛性、及时性、经常性、直接性等特点。实践证明，这种监督具有其他监督所不能替代的作用。

以往行政许可实施中出现的诸多问题，固然有多方面的原因，但层级监督不到位，也是一个重要因素。因此立法机关高度重视行政许可的层级监督问题[39]。

(二)对许可机关进行监督检查的依据

我国宪法规定，县级以上人民政府领导所属各工作部门和下级人民政府的工作，可以改变或者撤销所属各工作部门不适当的命令、指示和下级人民政府不适当的决定、命令。之所以要专门规定上级行政机关对下级行政机关实施行政许可的监督检查，这主要是由行政机关上下级之间的领导体制决定的。根据宪法和地方组织法的规定，我国行政机关上下级之间的领导体制主要有以下特点：地方各级人民政府对上一级国家行政机关负责并报告工作；全国地方各级人民政府都是国务院统一领导下的行政机关，都服从国务院；县级以上的地方各级人民政府领导所属各工作部门和下级人民政府的工作，有权改变或者撤销所属各工作部门的命令、指示和下级人民政府的不适当的决定、命令；人民政府的各工作部门受人民政府的统一领导，并依照法律或者行政法规的规定受上级人民政府主管部门的业务指导或者领导。人民政府上下级之间这样一个领导体制，决定了上级行政机关有权对下级行政机关实施行政许可的行为进行监督和检查。

(三)对许可实施机关监督检查的主体

上级行政机关对下级行政机关实施行政许可行为的监督检查，既包括各级人民政府对其所属各工作部门实施行政许可行为的监督检查，也包括上级人民政府对下级人民政府实施行政许可行为的监督检查，还包括上级人民政府的业务主管部门对下级人民政府相关部门实施行政许可行为的监督检查。

此外，还有以下几类特殊的监督检查关系：一是依据《行政许可法》第二十三条的规定，法律、法规授权的具有管理公共事务职能的组织，在法定授权范围内以自己的名义实施行政许可。对这类公共组织实施行政许可的监督检查由其法定的上级行政机关负责。比如，依据《证券法》规定，国务院证券管理机构是具有管理公共事务职能的组织，在法律规定的范围内有权实施行政许可，对其进行监督检查的上级行政机关就是国务院。二是依据《行政许可法》第二十四条的规定，行政机关依照法律、法规和规章的规定，可以委托其他行政机关实施行政许可，委托行政机关对受委托行政机关实施行政许可的行为应当负责监督检查，并对该行为的后果承担法律责任。三是依据《行政许可法》第二十五条的规定，经国务院批准，省级人民政府根据精简、统一、效能的原则，可以决定一个行政机关行使有关行政机关的行政许可权。对于一个行政机关行使有关行政机关的行政许可权的情况，本级人民政府和上级人民政府都有权对该行使行政许可权的行政机关进行监督检查，上级人民政府对原来和现在具有业务主管或者指导关系的部门也有权进行监督检查。

（四）对许可实施机关进行层级监督检查的方式

根据《行政许可法》规定的精神，国务院及其部门、县级以上地方各级人民政府及其部门都要建立监督制度，加强对下级行政机关及其工作人员行使行政许可权的情况进行监督检查；要完善许可权的运行程序，强化监督，制定监督规范，形成跟踪、有效的监督机制，从制度上严格防止行政许可权的滥用和在行政许可方面的腐败。

关于层级监督检查的方式，《行政许可法》规定得还比较原则，需要各级行政机关根据《行政许可法》规定的精神进一步建立健全各种有效的监督制度与机制。在实践中,为了加强对行政机关实施许可行为的监管,一些地方积极探索,形成了一些好的做法[40]。这些做法,在一定程度上实现了对行政许可进行监督检查的目的,应当坚持并逐步推广。

上级行政机关对下级行政机关实施行政许可监督检查的方式可以灵活多样,不拘一格。既可以进行不定期的抽样检查、抽点检查、抽部门检查,也可以定期检查、定点检查或者定行业、定部门检查。既可以对下级行政机关实施行政许可的具体行为进行监督检查,比如,上级机关可以随时监督检查下级机关实施行政许可的具体过程,也可以对下级行政机关实施行政许可的总体情况进行监督检查,比如,上级机关可以要求下级机关对某一类行政许可的工作情况作书面汇报;等等。

(五)对许可实施机关进行层级监督检查的范围

上级行政机关对下级行政机关实施行政许可的监督检查,主要是指对其实施行政许可行为合法性的监督检查,以保证下级行政机关依法许可、依法行政。对下级行政机关实施行政许可的合法性进行监督检查,主要包括以下几个方面的内容:

1. 要监督检查实施行政许可行为本身的合法性。一要查实施行政许可的主体及其权限是否合法。上级行政机关在监督检查下级行政机关实施行政许可行为时,一旦发现行政许可实施的主体和权限不合法,应当及时予以纠正[41]。二要查实施行政许可的内容是否合法,即行政许可决定是否符合法定标准和条件,是否符合国家的政策,是否依法合理调节了公共利益与个人利益的关系。三要查实施行政许可的程序是否合法。特别是要监督检查下级行政机关在实施行政许可过程中,是否认真落实了那些法定的具有关键意义的程序[42]。如果发现下级行政机关的行政许可的行为违法,上级行政机关应当及时采取措施依法予以纠正。

2. 要监督检查实施行政许可机关在实施行政许可中的廉洁自律情况。在现实中，有的行政机关给申请人强加各种不合理条件和要求，甚至向被许可人“吃、拿、卡、要”，通过行政许可实行权力寻租；有的在实施行政许可时乱收费、高收费，甚至没有收费就疏于许可、疏于管理。这两种现象大量滋生了腐败现象，损害了人民群众的利益，损害了行政机关的形象。因此，上级行政机关在监督检查下级行政机关实施行政许可时，应当将上述问题作为监督检查的重点，一旦发现有关行政机关及其工作人员的违法现象，要坚决及时予以纠正，对行政许可实施中的犯罪行为，要依法移交司法机关追究其刑事责任。

3. 要监督检查实施行政许可机关及其工作人员的工作作风。对那些凭借行政许可实施权要威风、要特权、刁难百姓、专横跋扈的工作人员，要视情节轻重，依法进行批评教育或追究其政纪责任。

注释：

①行政许可机关一方面要检查相对人遵守法律、法规的情况，另一方面还要监督相对人是否切实履行行政许可中设定的行政许可范围、条件等义务。

②如《海洋环境保护法》第五条将环保监督权授予港务监督和渔政监督管理机构，这两个机构因此获得了其职权范围以外的授权，港务监督和渔政监督管理机构进行的环保监督就属于授权行政许可监督检查。

③比如，被许可人在取得经营餐饮业的经营许可证后，如果没有食品卫生部门事后经常性的检查、监督和管理，就很难保证其生产经营的食品符合行政机关实施许可时所要求的卫生标准。

④参见汪永清主编：《〈中华人民共和国行政许可法〉释义》，中国法制出版社2003年9月第1版，第198页。

⑤比如《食品卫生法》第三十五条规定，食品卫生监督员在执行任务时，可以向食品生产经营者了解情况，索取必要的资料。《水法》规定，县级以上人民

政府水行政主管部门、流域管理机构及其水政监督检查人员履行检查监督职责时，有权要求被检查单位提供有关文件、证照、资料。《海域使用管理法》第三十九条规定，县级以上人民政府海洋行政主管部门履行检查监督职责时，有权要求被检查单位或者个人提供海域使用的有关文件和资料。《大气污染防治法》第十二条规定："向大气排放污染物的单位，必须按照国务院环境保护行政主管部门的规定向所在地的环境保护行政主管部门申报拥有的污染排放设施、处理设施和正在作业条件下排放污染物的种类、数量、浓度，并提供防治大气污染方面的有关技术资料。"

⑥比如，《药品管理法》第六十五条规定："药品监督管理部门根据监督检查的需要，可以对药品质量进行抽查检验。"《动物防疫法》第四十一条规定："动物防疫监督机构在执行监测、监督任务时，可以对动物、动物产品采样、留验、抽检。"《食品卫生法》第三十五条也规定，食品卫生监督员进行食品检查时，有权依照规定无偿采样。

⑦例如，电梯的运行状况是否符合要求、是否能够确保安全，就必须进行现场检查，而不能只依据被许可人的书面材料进行监督。又如，一批进口产品是否符合规定的技术要求和检验、检疫标准，也必须对其进行抽样检验、检疫予以证实，仅审查书面材料难于避免弄虚作假的现象。

⑧由于直接关系公共安全、人身健康、生命财产安全的重要设备、设施、产品、物品必须达到强制性标准和技术规范，否则就可能造成严重后果，因此，对它们的检查、检验、检测有一个重要特点，即这种检查、检验、检测，既是行政许可的前置性条件和行政许可的特殊种类，又是行政许可实施后行政机关对被许可人从事行政许可事项活动进行监督管理的重要方式。

⑨比如，《药品管理法》第六十八条规定："药品监督管理部门应当按照规定，依据《药品生产管理规范》、《药品经营质量管理规范》，对其认证合格的药品生产企业、药品经营企业进行认证后的跟踪检查。"比如，由于食品卫生与人民群众的生命健康密切相关，《食品卫生法》第十七条强调规定："各级人民政府的食品生产经营管理部门应当加强食品卫生管理工作，并对执行本法情况进行检查。"这部法律的第三十一条、第三十二条规定，县级以上人民政府的卫生行政部门、铁道和交通行政主管部门设立的食品卫生监督机构，应当履行对食品进行卫生检测、检验的职责。而上述电梯、锅炉、机动车辆、航空器、船舶等与公共安全和人身健康密切相关的设施、设备，在投入生产运营后，有关行政机关则仍然要通过检查、检验、检测的方式定期或者不定期地进行监督检查。

⑩比如，《安全生产法》第十七条规定，生产经营单位的主要负责人有职责督促、检查本单位的安全生产工作，及时消除生产中的安全事故隐患。第二十九条规定："生产经营单位必须对安全设备进行经常性维护、保养，并定期检测，

保证正常运转。维护、保养、检测应当作好记录,并由有关人员签字。”再比如,国务院颁布的《特种设备安全监察条例》第二十七条规定:“特种设备使用单位应当对在用特种设备进行经常性日常维护保养,并定期自行检查。”“特种设备使用单位对在用的特种设备应当至少每月进行一次自行检查,并作出记录。特种设备使用单位对在用的特种设备进行自行检查和日常维护保养时发现异常情况的,应当及时处理。”“特种设备使用单位应当对在用的特种设备的安全附件、安全保护装置、测量调控装置及有关附属仪器仪表进行定期校验、检修,并作出记录。”

⑪要求被许可人在从事行政许可事项的生产经营活动时,履行相应的附带性义务,如:根据《矿产资源法》的规定,国家对矿产资源的开采实行审批制度即行政许可制度。但国家在许可个人或者组织开采矿产资源时,又要求其履行以下相应的法律义务:必须采取合理的开采顺序、开采方法和选矿工艺;在开采主要矿产的同时,对具有工业价值的共生和伴生矿产应当统一规划,综合开采,综合利用,防止浪费;开采矿产资源,必须遵守国家劳动安全卫生规定,具备安全生产的必要条件;开采矿产资源,必须遵守有关环境保护的法律规定等。再如,根据《森林法》的规定,采伐森林和林木必须依法取得采伐许可证。但《森林法》第三十五条又规定,个人或者组织在采伐森林时应当履行相应的义务,即“采伐林木的单位或者个人,必须按照采伐许可证规定的面积、株数、树种、期限完成更新造林任务,更新造林的面积和株数不得少于采伐的面积和株数。”又比如,根据《海域使用管理法》的规定,单位和个人可以向县级以上人民政府海洋行政主管部门申请使用海域,但这部法律同时规定,单位和个人在取得海域使用许可后还必须履行下列义务:海域使用权人有依法保护和合理使用海域的义务;海域使用权人对不妨害其依法使用海域的非排他性用海活动,不得阻挠;海域使用权人在使用海域期间,未经依法批准,不得从事海洋基础测绘;海域使用权人发现所使用海域的自然资源和自然条件发生重大变化时,应当及时报告海洋行政主管部门等。

⑫比如,根据《铁路法》的规定,铁路运输企业作为垄断性的特定行业,应当保证旅客和货物运输的安全,做到列车正点到达;铁路运输企业应当对承运的货物、包裹、行李自接受承运时起到交付时止发生的灭失、短少、变质、污染或者损害承担责任。这就是铁路运输企业对用户服务的基本标准。又如:《铁路法》在规定国家和地方铁路的旅客、货物运输杂费的收费项目和收费标准,分别由国务院铁路主管部门和地方人民政府物价主管部门制定的同时,还规定,铁路的旅客票价,货物、包裹、行李的运价,旅客和货物运输杂费的收费项目和收费标准,必须公告,未公告的不得实施。这些规定就是铁路运输企业对用户服务的资费标准。再比如:根据《国务院颁布的电信条例》的规定,电信企业作为直

接关系公共利益的特定行业,在取得行政许可后的经营过程中,在电信资费、电信服务和电信设施建设等方面都必须遵守该条例所规定的一系列标准和条件。要求特定的行业向用户提供安全、方便和稳定的服务,如:《民用航空法》第一百二十四条规定:"因发生在民用航空器上或者在旅客上、下民用航空器过程中的事件,造成旅客人身伤亡的,承运人应当责任。"第一百二十六条规定:"旅客、行李或者货物在航空运输中因延误造成的损失,承运人应当承担责任。"要求特定行业为用户提供价格合理的服务。如:《电力法》就用专章对电价与电费作出了规定,这部法律第三十六条规定:"制定电价,应当合理补偿成本,合理确定收益,依法计人税金,坚持公平负担,促进电力建设。"第四十三条规定:"任何单位不得超越电价管理权限制定电价。供电企业不得擅自变更电价。"第四十四条规定:"禁止任何单位和个人在电费中加收其他费用。"

要求特定的行业对用户提供服务,不得歧视不同的用户或者对不同的用户提供不平等服务,如:《电力法》第二十六条规定:"供电营业区内的供电营业机构,对本营业区内的用户有按照国家规定供电的义务;不得违反国家规定对其营业区内申请用电的单位和个人拒绝供电。"

未经作出行政许可决定的行政机关批准,不得擅自停业、歇业的,如国务院发布的《广播电视管理条例》规定,广播电台、电视台,须经国务院广播电视行政部门审查批准后方可设立,并应当按照许可证载明的台名、台标、节目设置范围和节目套数等事项制作、播放节目。但广播电台、电视台一经依法许可设立,就应当正常播放,《广播电视管理条例》第十四条规定:"广播电台、电视台因特殊情况需要停止播出的,应当经省级人民政府广播电视行政部门同意;未经批准,连续停止播出超过30日的,视为终止",应当按照有关部门的规定办理收回许可的手续。

⑬这类要求,不少法律和行政法规都有详细规定。比如,《安全生产法》第五十三条就规定:"县级以上各级人民政府应当根据本行政区域的安全生产状况,组织有关部门按照职责分工,对本行政区域内容易发生重大安全生产事故的生产经营单位进行严格检查;发现事故隐患,应当及时处理。"第五十六条规定,负有安全生产监督管理职责的部门,"对检查中发现的事故隐患,应当责令立即排除;重大事项隐患排除前或者排除过程中无法保证安全的,应当责令从危险区域内撤出作业人员,责令暂时停产停业或者停止使用;重大事故隐患排除后,经审查同意,方可恢复生产经营和使用。"

⑭比如,《土地管理法》第三十七条规定:"禁止任何单位和个人闲置、荒芜土地。已经办理审批手续的非农业建设占用耕地,一年内不用而又可以耕种并收获的,应当由原耕种该幅耕地的集体或者个人恢复耕种,也可以由用地单位组织耕种;一年以上未动工建设的,应当按照省、自治区、直辖市的规定缴纳闲

置费;连续二年未使用的,经原批准机关批准,由县级以上人民政府无偿收回用地单位的土地使用权;该耕地原为农民集体所有的,应当交由原农村集体经济组织恢复耕种。"再比如,根据《城市房地产管理法》的规定,以出让方式取得土地使用权,应当向县级以上地方人民政府土地管理部门申请登记。为防止登记后土地使用权闲置,这部法律在第二十五条专门规定:"以出让方式取得土地使用权进行房地产开发的,必须按照土地使用权出让合同约定的土地用途、动工开发期限开发土地。超过出让合同约定的动工开发日期满一年未动工开发的,可以征收相当于土地使用权出让金20%以下的土地闲置费;满两年未动工开发的,可以无偿收回土地使用权。"

⑮行政机关应用这些自动化设备实施行政监督检查行为的条件是:无需盖章、签名或者复制其印章、签名;根据附属的声明能够明确其含义,可以使用数字、字母、符号等标志说明行政行为的内容;没有必要事先听取当事人意见。行政机关以电子文件实施法律规定的书面行为的,应当取得对方同意。行政机关明示可以接受电子文件的,不得拒绝接受被许可人和其他利害相关系用电子文件形式递交的材料。当被许可人和其他利害相关系明确表示其接受电子文件并指定接收电子文件信息互联系统的,行政机关可以使用信息互联系统实施行政许可的监督检查行为。行政机关应用自动化互联设备实施的行政许可监督检查行为出现错误的,被许可人和其他利害相关人有权要求行政机关改正。

⑯抄告机关之间彼此没有隶属关系,既可以是平级机关之间的抄告,如两个县级工商部门之间的抄告,也可以是没有隶属关系的上下级机关之间的抄告,如县级质量技术监督部门与地市级质量技术监督部门之间的抄告;既可以是本行政区划内有关机关之间的抄告,如省级行政区划内有关机关之间的抄告,也可以是跨行政区划的机关之间的抄告,如跨省的行政机关之间的抄告;既可以是同一职能机关之间的抄告,如财政部门彼此间的抄告,也可以是不同职能机关之间的抄告,如财政部门与税务部门之间的抄告。

⑰因为有隶属关系就直接报告、通知而不需要抄告了。

⑱比如,《药品管理法》第七十一条规定:"国家实行药品不良反应报告制度。药品生产企业、药品经营企业和医疗机构必须经常考察本单位所生产、经营、使用的药品质量、疗效和反应。发现可能与用药有关的严重不良反应,必须及时向当地省、自治区、直辖市人民政府药品监督管理部门和卫生行政部门报告。"这就是被管理单位对管理机关的报告制度。

⑲比较典型的是,一些行政机关巧立名目、兴师动众、不分时间和情况、过于频繁地对被许可人的生产经营等活动进行各种检查,在检查过程中经常人为地干扰甚至中断被许可人的生产经营活动。

⑳比如,发现被许可人已经取得生产经营食品容器、包装材料的许可证,但

没有按照行政许可所要求的卫生标准去生产经营上述产品，即可以向相关的卫生行政主管部门反映和举报。

㉑比如，屠宰牲畜、驾驶机动车辆都必须取得相应的行政许可，如果行政为人没有取得相应的行政许可却擅自屠宰牲畜、驾驶机动车辆，个人或者组织一旦发现，即可以向有关的行政机关反映和举报。

㉒一些法律、法规往往规定了被许可人积极实施被许可行为的义务。如《基本农田保护条例》规定，禁止任何单位和个人闲置荒芜基本农田，占用基本农田满一年不使用的，应当组织耕种；一年以上未动工建设的，应当按照规定缴纳土地闲置费；连续二年未使用的经国务院批准，无偿收回用地单位土地使用权。《矿产资源勘查区块登记管理办法》第十八条规定，探矿权人应当自领取勘查许可证之日起6个月内开始施工。

㉓比如，某人申请到驾驶执照，属于获取普通许可，通过这一许可他取得驾驶机动车辆的权利，但他取得驾驶执照，可以不去驾驶机动车辆，即可以放弃这种权利。而特许则不同，比如，某单位通过投标取得城市地下管线的建设权利，就不仅是一种权利，同时还是一种义务，即在取得行政许可后该单位必须要从事地下管线的建设，而不得以不作为的方式放弃这种权利。

㉔比如，某城市为加强市政建设，急需修建城市铁路，某企业通过竞争后取得城市铁路的建设许可，却迟迟不开展建设活动，就会影响市政建设的进程，影响市民的生活。

㉕再如，根据《森林法》的规定，采伐森林和林木必须依法取得采伐许可证。但《森林法》第三十五条又规定，个人或者组织在采伐森林时应当履行相应的义务，即“采伐林木的单位或者个人，必须按照采伐许可证规定的面积、株数、树种、期限完成更新造林任务，更新造林的面积和株数不得少于采伐的面积和株数。”再比如，根据海域使用管理法的规定，单位和个人可以向县级以上人民政府海洋行政主管部门申请使用海域，但这部法律同时规定，单位和个人在取得海域使用许可后还必须履行下列义务：海域使用权人有依法保护和合理使用海域的义务；海域使用权人对不妨害其依法使用海域的非排他性用海活动，不得阻挠；海域使用权人在使用海域期间，未经依法批准，不得从事海洋基础测绘；海域使用权人发现所使用海域的自然资源和自然条件发生重大变化时，应当及时报告海洋行政主管部门等。

㉖直接关系公共利益的特定行业即通常所指的垄断性的行业，主要包括银行、金融、保险、铁路、电力、航空、烟草等行业。这些行业由于与公众的利益密切相关，其生产经营必须具备一些特定的条件和标准，因此，依据本法有关行政许可实施程序的规定，它们的市场准入适用行政许可中的招标、投标等特别程序，即只有通过招标、投标等特殊方式才能获得市场准入。

㉗比如，根据《铁路法》的规定，铁路运输企业作为垄断性的特定行业，应当保证旅客和货物运输的安全，做到列车正点到达；铁路运输企业应当对承运的货物、包裹、行李自接受承运时起到交付时止发生的灭失、短少、变质、污染或者损害承担责任。这就是铁路运输企业对用户服务的基本标准。又如，《铁路法》规定，国家和地方铁路的旅客、货物运输杂费的收费项目和收费标准，分别由国务院铁路主管部门和地方人民政府物价主管部门制定。铁路的旅客票价，货物、包裹、行李的运价，旅客和货物运输杂费的收费项目和收费标准，必须公告，未公告的不得实施。这些规定就是铁路运输企业对用户服务的资费标准。再比如，根据《国务院颁布的电信条例》的规定，电信企业作为直接关系公共利益的特定行业，在取得行政许可后的经营过程中，在电信资费、电信服务和电信设施建设等方面都必须遵守该条例所规定的一系列标准和条件。

㉘比如，《民用航空法》第一百二十四条规定："因发生在民用航空器上或者在旅客上、下民用航空器过程中的事件，造成旅客人身伤亡的，承运人应当责任。"第一百二十六条规定："旅客、行李或者货物在航空运输中因延误造成的损失，承运人应当承担责任。"

㉙比如，《电力法》就用专章对电价与电费作出规定。这部法律第三十六条规定："制定电价，应当合理补偿成本，合理确定收益，依法计人税金，坚持公平负担，促进电力建设。"第四十三条规定："任何单位不得超越电价管理权限制定电价。供电企业不得擅自变更电价。"第四十四条规定："禁止任何单位和个人在电费中加收其他费用。"

㉚比如《电力法》第二十六条规定："供电营业区内的供电营业机构，对本营业区内的用户有按照国家规定供电的义务；不得违反国家规定对其营业区内申请用电的单位和个人拒绝供电。"

㉛比如，根据国务院发布的《广播电视管理条例》规定，广播电台、电视台，须经国务院广播电视行政部门审查批准后方可设立，并应当按照许可证载明的台名、台标、节目设置范围和节目套数等事项制作、播放节目。但广播电台、电视台一经依法许可设立，就应当正常播放，《广播电视管理条例》第十四条规定："广播电台、电视台因特殊情况需要停止播出的，应当经省级人民政府广播电视行政部门同意；未经批准，连续停止播出超过30日的，视为终止"，应当按照有关部门的规定办理收回许可的手续。

㉜行政许可法之所以对未规定可以收回行政许可，主要是因为这类行政许可中的被许可人多是垄断企业，一旦收回行政许可，至少在短期内将没有其他企业能够替代其履行公共服务义务，这样可能影响自然人、法人或者其他组织的生产生活。因此，不能简单地规定收回行政许可或者撤销行政许可。所以，对有违法行为的企业，行政机关应当采取积极措施确保被许可人履行义务，如

采取接管措施等。同时，对于这些行业也要适度地引入竞争机制，促使其改善服务态度和质量。

㉝如本地企业和外地企业同时申请有数量限制的行政许可时，行政机关工作人员不审查申请人的申请材料，也不根据受理行政许可的先后顺序，仅因申请人是本地企业就赋予其行政许可权。

㉞比如，《集会游行示威法》第六条规定："集会、游行、示威的主管机关，是集会、游行、示威举行地的市、县公安局、城市公安分局；游行、示威路线经过两个以上区、县的，主管机关为所经过区、县的公安机关的共同上一级公安机关。"第七条规定："举行集会、游行、示威，必须依照本法规定向主管机关提出申请并获得许可。"根据这些规定，在市、县行政区域内举行集会、游行、示威的，只能由市、县公安局、城市公安分局实施行政许可，其他公安部门实施行政许可即属于超越法定职权；游行、示威路线经过两个以上区、县的，只能由所经过的区、县的共同上一级公安机关实施行政许可，区、县的公安机关或者其他公安机关实施行政许可，即属于超越法定职权。

㉟比如，《证券法》第七条规定："国务院证券监督管理机构依法对全国证券市场实行集中统一监督管理。"根据这一规定，作为法律授权的具有公共事务管理职能的组织，国务院证券监督管理委员会只能在《证券法》等法律、法规规定的职权范围内行使证券监督管理方面的行政许可权，实施其他方面的行政许可即属于超越法定职权。

㊱比如，《森林法》第三十二条规定："农村居民采伐自留山和个人承包集体的林木，由县级林业主管部门或者其委托的乡、镇人民政府依照有关规定审核发放采伐许可证。"再比如，国务院颁布的《野生动物保护实施条例》第二十二条规定："国务院林业行政主管部门和省、自治区、直辖市人民政府林业行政主管部门可以根据实际情况和工作需要，委托同级有关部门审批或者核发国家重点保护野生动物驯养繁殖许可证。动物园驯养国家重点保护野生动物的，林业行政主管部门可以委托同级建设行政主管部门核发驯养繁殖许可证。驯养繁殖许可证由国务院林业行政主管部门印制。"根据上述法律、行政法规的规定，如果受委托行政机关超越委托范围，或者没有以委托行政机关的名义实施行政许可，即属于超越法定职权实施行政许可，如果再委托其他组织或者个人实施行政许可，那么，其他组织或者个人实施的行政许可也属于超越法定职权实施行政许可。

㊲比如，依据本法的有关规定，建设行政主管部门或者环境保护行政主管部门等行政机关在对申请人的大型建筑物建设申请实施行政许可时，应当告知与建筑物的建设有重大利益关系的利害关系人具有要求听证的权利，如果行政机关没有告知利害关系人具有这一权利，在作出准予行政许可决定时，就有可

能忽视和损害建筑物周围利害关系人的权利，从而影响建筑许可决定的正确性。

㊳比如，根据《律师法》第五条的规定，律师执业，应当取得律师资格和执业证书。个人没有取得律师资格和执业证书，即不具备申请从事律师执业的资格，司法行政部门如果作出准予其执业的行政许可，该行政许可即为可撤销的行为。再比如，根据《建筑法》第八条的规定，个人或者组织申请建筑工程施工许可，应当具备下列条件：一是已经办理建筑工程用地批准手续；二是在城市规划区的建筑工程，已经取得规划许可证；三是需要拆迁的，其拆迁进度符合施工要求；四是已经确定建筑施工企业；五是有满足施工需要的施工图纸及技术资料；六是有保证工程质量和安全的具体措施；七是建设资金已经落实；八是法律、行政法规规定的其他条件。如果个人或者组织申请建筑工程施工许可，没有具备上述条件，建设行政主管部门就作出准予其从事建筑工程施工的行政许可决定，那么，该行政许可即为可撤销的行为。

㊴《行政许可法》草案在"监督检查"一章中最初只规定了行政机关应当依法对被许可人从事行政许可事项的活动进行监督检查，没有规定上级行政机关对下级机关的监督。在草案审议过程中，一些常委会组成人员提出，当前行政机关在实施行政许可的过程中存在两个主要问题，一个是只有权力没有责任，第二个是缺乏公开、系统和有效的监督机制，草案只着重规定行政机关对被许可人的监督检查，而对如何监督行政机关的实施许可行为规定得不够充分，不利于加强对行政机关的监督和约束，不利于解决当前行政许可实施中的一些突出问题。因此，立法机关在吸取各方面意见的基础上，在"监督检查"一章中专设一条，规定上级行政机关应当加强对下级行政机关实施行政许可的监督检查，及时纠正行政许可实施中的违法行为。

㊵例如，有的地方建立了相应的责任制和责任追究制，坚持"谁审批、谁负责"，把责任落实到部门和个人，对行政许可机关在行使许可权过程中的违法违规行为，追究主管领导和直接责任人的行政责任或者法律责任。再如，有的地方建立健全有关制度，主动接受各方面对行政许可工作的监督，广泛听取社会各界对行政许可工作的意见和建议，充分发挥各级机关法制工作机构、各部门内部监察机构的作用；对违反规定的许可行为，实行社会举报制度；对许可管理和许可执行情况，实行社会咨询和定期检查制度，促进许可监督机制法制化。对法律、法规和规章已经明确监管措施的，按规定执行；没有明确规定的，制定严格的可操作的监管办法和措施，加强对许可事项的事后跟踪监管，建立长效管理机制。

㊶比如，根据公民出境入境管理法的规定，中国公民因私出境，只能由其户口所在地的公安机关实施行政许可；中国公民因公务出境，只能由外交部或者

外交部授权的地方外事部门实施行政许可；海员因执行任务出境，只能由港务监督局或者由港务监督局授权的港务监督实施行政许可。对于因不同事由出境的公民依法实施行政许可的行政机关也不相同，如果由公安部门实施中国公民因公务出境的行政许可，或者由外交部门实施海员执行任务出境的行政许可，都属于实施行政许可的主体和权限违法，上级行政机关在监督检查时应当予以纠正。

㊷比如，要根据本法第四章的规定，监督检查下级行政机关是否将有关行政许可的事项、依据、条件、数量、程序、期限以及需要提交的全部材料的目录等在办公场所公示；要监督检查下级行政机关在实施自然资源的开发利用和公共资源的配置以及直接关系公共利益的特定行业的市场准入等事项的行政许可时，是否依法通过招标、拍卖等公平竞争的方式作出决定；要监督检查下级行政机关在实施直接关系申请人和利害关系人之间重大利益的行政许可时，是否严格依法告知了有关当事人具有申请听证的权利，并依照法定程序进行了听证；要监督检查下级行政机关是否在法定的期限内实施了行政许可；要监督检查下级行政机关在作出行政许可决定后，是否将行政许可决定和申请人的有关资料予以公开，允许公众查阅，等等。

第六章　行政许可法律责任制度

法律责任，是指当事人违反法定义务应当承担的不利法律后果。行政许可法律责任制度是行政许可制度中的一个重要环节。设定相应的法律责任可以促使法律关系主体更好地行使权力（权利），履行职责（义务）；可以有效地确定各主体权力（权利）的界限；也可以实现违法必究的法治原则。《行政许可法》以专章的形式规定了行政许可法律责任，填补了许可制度中法律责任制度不完善这一缺陷。

一、行政许可法律责任制度概述

（一）法律责任的概念

法律责任是法学基本范畴之一。但到目前为止，法学界对法律责任的概念并未取得共识，有必要加以澄清。

1.“责任”的含义

从语义学的角度可以看出，责任一词的含义是在不断发展变化的，责任概念具有多义性，在不同的语境中，具有不同的含义。[①]在日常生活中，“责任”一词被广泛使用，含义丰富，然而归结起来不外乎实质和形式两方面的要素。实质要素又可分为客观要素和主观要素。客观要素即义务，责任的产生基于一定义务的违反，没有义务就没有责任，责任是义务的结果，义务是责任的原因，而义务的违反是一种事实状态，是责任的客观要素。

主观要素取决于行为者主观上有无过错和社会对其所作的评价,表现为"谴责"、"非难"、"公平"、"合理"。形式要素即负担或约束力,它是责任实质要素的外在表现形态,是责任得以存在和实现的要素。一个完整的责任概念,应当由客观、主观和形式三要素组成。一般所谓"责任",在广义上乃指人之行为作为某种评价对象时,基于一定的事实价值,而使其承担一定的负担的一种概念,它是评价对象与对象评价的有机统一体。因此,责任是基于一定义务而产生的合理的负担。这种负担可能是肉体上的,也可能是精神上的,还可能是财产上的。根据义务的性质、归责的要求和约束力的形式不同,人们通常所说的"责任"可以分为三类:一是基于道德义务之违反而以社会心理意识约束力为表现形式的道德责任;二是基于纪律义务之违反而以社会团体约束力为表现形式的纪律责任;三是基于法律义务之违反而以国家强制性为表现形式的法律责任。[②]

2. 法律责任的界定

基于对"责任"的不同理解和相异的考察视角,人们对"法律责任"的概念也出现了众说不一的界定。大体说来有"义务说"、[③]"处罚说"、[④]"后果说"、[⑤]"责任能力说及法律地位说"[⑥]。关于法律责任的四种观点从不同的侧面揭示了法律责任的本质,都有其合理性和实用性。但是由于法律责任现象的复杂性,上述定义又都有不足和局限。笔者认为,综合各种观点的合理因素,可以对法律责任的概念作如下表述:法律责任是被认为具有责任能力的主体因不履行或不完全履行法律义务,而由专门国家机关依法或依占支配地位的社会评价确认并强制其承受的负担或不利后果。

法律责任有如下特点:一是法律责任以法律义务的存在为前提,没有法律义务就无所谓法律责任;二是法律责任表现为一种负担,即承担否定性、不利性的后果,或承担所谓第二性义务;三是法律责任具有违反法律义务和承担制裁后果的内在因果关系;四是法律责任的追究和执行是由国家强制力保证实施的。

(二)行政许可法律责任的分类

行政许可法律责任根据不同的标准或依据,在理论上可以作出不同的分类:

1. 以责任主体为标准,行政许可法律责任可分为行政许可权主体责任、公务人员的责任、行政许可相对人的责任以及其他相关公民、法人或者其他组织的责任。

由于行政许可权可以进一步划分为行政许可设定权和行政许可实施权,所以行政许可权主体的法律责任既包括行政许可设定主体的责任,也包括行政许可实施主体的责任。公务人员的责任主要是指在具体实施行政许可的过程中,行政主体中直接负责的主管人员和其他直接责任人员在办理行政许可或对行政许可进行监督检查的过程中不依法履行其法定义务而须承担的法律责任。这种法律责任主要体现为行政内部责任,包括行政处分以及在行政机关承担行政赔偿后所受到的追偿责任。行政相对人的责任是指公民、法人或其他组织在行政许可过程中作为申请人或被许可人因权利的不正当行使或不履行法定或许可决定所确定的义务而须承担的法律责任。另外,实践中有一种特殊的情况,即没有得到相应许可的公民、法人或其他组织滥用须经行政许可方可行使的权利时,也要承担一定的法律责任,但他们并不属于行政许可行为的相对人,于是就成为了行政许可领域里的一类特殊责任主体。

2. 以责任的法律性质为标准,行政许可法律责任可分为行政责任、刑事责任和其他责任。

《行政许可法》规定的法律责任在性质上都是公法上的责

任，它反映了《行政许可法》所调整的社会关系的公法性质和相关违法行为的社会危害性，因此应当以公法的观点来认识行政许可法律责任。例如，《行政许可法》规定的刑事处罚、行政处罚和行政处分所针对的违法行为，大多是对国家公共利益的侵犯，需要由有关执法机关依照职权进行追究。追诉机关包括刑事执法机关、行政执法机关、国家行政监察机关，以及行使行政监督权的上级国家行政机关和行使国家行政管理权的国家行政机关。因此行政许可法律责任是否能够得到有效及时的追究，主要取决于上述追诉机关依法履行职务的活动。

行政许可是一种典型的具体行政行为，但并不是说由行政许可行为产生的法律责任必然是行政责任。事实上，行政许可法律关系主体行为性质的不同和违法程度的不同可导致法律责任性质的不同。其中以行政责任和刑事责任最为主要，另外还有其他责任形式。

关于行政法律责任的定义，学术界有不同的认识。[7]行政法律责任的含义有广义和狭义之分，可以从责任主体和责任性质两方面来考察。从责任主体上考察，广义的观点认为，行政法律责任是指行政法律关系主体由于违反行政法律规范的规定，所应承担的一种强制性行政法律后果，既包括行政主体的责任，也包括相对人的责任；[8]狭义的观点认为，行政法律责任指行政主体因违反行政法律规范应承担的法律后果。[9]从责任性质来考察，同样有广义和狭义之分。从广义上讲，行政法律责任指因违反行政法律规范而依法应承担的法律后果；[10]从狭义上讲，行政法律责任指因违反行政法律规范而应承担的行政法律后果。[11]结合《行政许可法》的相关规定，本章所指行政许可法律责任主要是指行政许可法律关系主体由于违反行政法上的义务[12]所应承担的行政法律后果。责任主要表现为行政处罚、行政处分、行政赔偿、行政补偿、返还利益等等。

刑事责任是指行政许可法律关系主体在行政许可领域因违反刑事法律规范而应当承担的相应责任。刑事责任是法律责任体系中最为严厉的一种惩罚方式。《行政许可法》第七章规定对于构成犯罪的,要依法追究其刑事责任。该章涉及到的罪名主要有受贿罪、滥用职权罪、玩忽职守罪、贪污罪、伪造、变造、买卖证件罪等。

3. 以责任的主要功效为标准,行政许可法律责任可划分为惩罚性责任、补救性责任和预防性责任。

法律责任的社会功效主要有三个方面:制裁违法犯罪行为、救济受侵犯的合法权益以及预防违法或犯罪行为的发生。惩罚性责任是以复仇或报复为基础、由公民个人或国家机关承担不利的法律后果,以此惩罚违法侵权者和违约人,从而以文明的方式平息纠纷和冲突,维护社会安全和秩序,以恢复社会正义为目的的责任,这是一种古老的责任方式。补救性责任,是通过设定一定的财产责任,赔偿或补偿在一定法律关系中受到侵犯的权利或者在一定社会关系中受到损失的利益,以救济法律关系主体受到的损失,恢复其受侵害的权利为主要目的的责任方式。预防性法律责任,是通过使违法者、违约人承担法律责任,以教育违法者、违约人和其他社会成员,预防违法犯罪或违约行为为主要目的的责任形式。不同性质的法律责任,所体现出的功能亦不相同。刑事法律责任主要是惩罚性法律责任,而民事法律责任主要是补救性法律责任。而预防性责任是建立在前两种功能的基础之上,通过惩罚性和补救性功能的实现而实现的。

(三)设定行政许可法律责任的法理根据

设定法律责任的法理根据,通常从客观和主观两个方面加以说明:其客观根据是违法行为的社会危害性;其主观根据在于行为人基于自己的主观能动性实施了违法行为，行为人应当对自己的自由选择负责。从客观根据出发，引发出社会责任论，社会责任论认为法律责任是对社会利益系统的维护，因而要对受侵害的利益进行补偿；从主观根据出发，引发出道义责任论，道义责任论指对人在自由意志下的过错行为的惩罚在道义上是正当的。

从法律的价值角度来讲，法律责任应体现正义与利益、惩罚与补偿的法律价值。其中，正义与利益是法律责任的主观性价值，惩罚与补偿是其客观性价值，两者共同构成法律责任的价值合理性。正义是法律责任的首要价值，具体体现为自由、平等、安全和秩序等；利益的调整和保障是法律的核心任务，其理想的目标是对利益进行合理配置，在社会利益和个人利益之间寻找平衡点。法律责任作为法律实现的保障机制，利益是否合理分配是衡量法律责任合理性的标志。正义与利益是法律责任中主体的价值需求，这种需求的满足要求有与之相适应的法律责任的功能或作用。惩罚与补偿正是体现这种价值需求的两大法律责任的功能。惩罚是对人的主观过错的责难，道义责任论认为行为人的故意或过失是对其进行惩罚的最合理依据，法律责任基于行为人道义上的可谴责性。补偿是把物或人完全或一定程度上恢复到违反义务或侵犯权利之前的状态，是法律责任的利益价值的必然要求。在法律责任的实现方式上，主要有以下两种归责原则：法律责任合理的归责原则主要是体现正义与道义性惩罚的过错责任原则和主要体现利益与功利性补偿的严格责任原则。[13]

(四)设定和追究法律责任的基本原则

设定和追究法律责任必须遵循以下基本原则：

1. 责任法定原则。责任法定原则是指法律责任只能由法律规范预先设定并且只能由有权机关依法设定。

2. 责任自负原则。责任自负原则是指谁违反了法律,就由谁承担法律责任;法律只追究参与了违法行为的个人或组织;禁止株连和设定、追究不适当的连带责任。

3. 责任平等原则。责任平等原则是"法律面前人人平等"的宪法原则在法律责任领域的体现。法律责任平等原则是指任何责任主体都不得享有规避法律责任的特权,不能有法外特权;在法律责任的设定和追究上,应当同等情况同等对待,禁止歧视或偏袒。

4. 主客观统一原则。在设定法律责任时,必须坚持主观过错与客观危害统一起来,既不能客观归责,也不能主观归责。

5. 过罚相适应原则。过罚相适应原则是指设定法律责任应具有社会合理性(包括社会必要性与可能性);[14]法律调整社会关系时所运用的国家强制或施加的责任负担是必须的、适度的;[15]在设定法律责任时,要在可能和允许的范围内选择最节约、最不严厉、最人道的责任形式;法律责任的性质、种类及轻重应与责任主体的违法行为及其造成的后果的性质和轻重相适应;类似的违法行为应追究相同或相近似的法律责任。

(五)行政许可法律责任的构成要件与追究

1. 行政许可法律责任的构成要求。法律责任的构成要件是指构成法律责任的各种必须具备的条件或必须符合的标准,不同性质的法律责任具有不同的构成要件。根据立法规定和实践经验,行政许可法律责任的构成通常包括一般要件和特殊要件。(1)一般要件包括以下几个方面的条件:一是行政许可行为违反行政法上的义务。行政法律责任是违反行政法上的义务而引起的法律后果,违反行政法上的义务的客观存在是追究行政法律责任的前提。这里所说的行政法上的义务,不仅包括法律规范所确定的义务,而且包括行政许可决定和行政契约所确定的义务,还包括由于行政主体自身的行为而产生的义务。不仅包括积极行政义务,而且包括消极行政义务。前者指行政主体职责范围内应当做的事情,即“当为”;后者指消极行政义务要求的不作为,如果“不当为而为”,也属于违反行政法上的义务。二是违反行政法义务的行为具有可制裁性。在制裁法定的背景下,只有法律规范明确规定有法律责任的,才可以追究违反行政法义务的主体的责任。三是主体具有法律责任能力。责任能力对于一般社会主体而言有两个衡量标准:一是年龄,二是智力。例如《中华人民共和国治安管理处罚条例》第九条规定,不满十四岁的人违反治安管理的,免予处罚。这说明,承担治安处罚的责任年龄的起点是年满十四周岁。《行政处罚法》也对责任能力作了明确规定。对于具体实施行政许可行为的主体而言,不存在年龄和智力的问题,行政主体自成立开始便当然具备了法律责任能力。但值得强调的是,根据我国的《行政许可法》的规定,行政机关在其法定职权范围内,依照法律、法规、规章的规定,可以委托其他行政机关实施行政许可。在这种情况下,委托机关必须对被委托机关的违法许可行为承担法律责任,从而成为法律责任的主体,而被委托机关不具有法律责任能力。(2)特殊构成要件取决于《行政许可法》各有关条款和单行法律法规的具体规定,如有的要求故意,有的要求过失,有的要求情节严重,有的要求造成严重后果等。不同的行政违法侵害不同的行政管理关系和社会管理秩序,从而导致不同的危害结果。违法行为的情节与后果不仅影响法律责任的轻重,而且(有时)直接决定其形式。所以有些法律责任的成立需要具备特别的事由,譬如:行政赔偿责任的承担,直接取决于财产权利、物质利益的实际损失这一后果。再如对于一般性的行政违法,责任主体只需承担行政责任；而对于情节严重的违法行为，则有必要确认它的刑事责任，等等。

2. 行政许可法律责任的追究。

(1)行政处罚，是特定的行政机关或法定授权的组织，依法惩戒违反行政法律规范尚不够给予刑事处罚的个人、组织的一种具体行政行为，是由行政管理相对人承担的一种法律责任方式。处罚种类有以下几类：警告、罚款、没收违法所得、没收非法财物、责令停产停业、暂扣或者吊销许可证、暂扣或者吊销执照、行政拘留以及法律、行政法规规定的其他行政处罚。

认定行政处罚责任应考虑行为人违反行政法上的义务的情况、违法主体责任能力、主观意志状态、行为的危害性以及应受处罚性等等。但是《行政许可法》第七章对行政法律责任的规定，并不一定将所有要件都一一列举出来。因此在认定法律责任构成要件时，还需要以其他相关法律为依据。例如，认定将给予行政处罚的违法行为，还应当以 1996 年公布的《中华人民共和国行政处罚法》为依据。

(2)行政处分是行政机关对公务员或者国家机关工作人员违法失职行为(也有人认为是违反纪律)的惩戒措施。1996 年国务院颁布的《国家公务员暂行条例》规定了以下六种行政处分方式，即警告(警告是较轻微的处分方式，是指行为人的行为已构成行政违法但情节比较轻微的，予以警告处分)、记过(记过是一种警戒性的处分方式，具有严重警告的意思，从其适用对象来讲其违法行为情节比警告严重)、记大过(记大过是比记过更为严重的处分方式)、降级(降级是指降低行为人工资级别的处分方式，降级并不降低受处分人的职务级别)、撤职(撤职是指撤销国家工作人员所担任的职务的处分方式，被撤职者仍是国家公务人员，保留其所在单位的编制)、开除(开除是最严厉的行政处分,适用于那些严重失职屡教不改或者蜕化变质不可救药,不适合再在原机关工作的人员)。《行政许可法》第七章规定的行政处分有两个重要特点:一是都没有直接规定行政处分的具体种类,不像有的立法中直接规定记过、降级等行政处分种类。针对这一特点,行政处分机关在执行这种条款选择处分种类时,应比照类似的行政法律规定,根据过去类似案件的处理经验,以及违法行为对行政管理秩序和行政纪律的侵害程度,合理确定行政处分责任。二是对行政处分决定机关作出了不同的表述。有的条款直接规定由上级行政机关或者监察机关给予行政处分,有的则只是提到"依法给予行政处分"。前一种规定已经明确了行政处分决定机关,只是依照执行的问题。对于后一种规定,应当理解为所有享有行政处分权限的行政机关和相关组织都可以依法作出行政处分。

(3)行政赔偿,是指因行政主体违反法定职责而引起的由国家或有关行政主体依法承担的赔偿责任。行政赔偿质的规定性在于它与行政主体履行法定职责之间的特殊联系,行政赔偿责任是因为行政主体违反其法定职责而导致的一种赔偿责任。行政赔偿的主体既包括国家,也包括特定的行政主体(行政机关、被授权的组织、行政公务人员)。行政赔偿是行政主体违反法定职责所引起的所有赔偿责任,既包括对行政相对人的损害所应承担的赔偿责任,也包括基于这种赔偿责任而产生的行政公务人员对国家应负的补偿责任。

(4)刑事责任。《行政许可法》第七章对刑事责任均采用"构成犯罪的,依法追究刑事责任"的表述,并没有规定具体刑事责任的构成要件和追究程序。因此,对于本章提到与刑事责任相联系的违法行为,是否构成犯罪和怎样进行刑事追究,还取决于刑事法律的具体规定,应依刑法定罪量刑。

（六）我国行政许可法律责任制度的特点

《行政许可法》关于法律责任的规定具有如下几个特点：

1. 强化了行政主体的法律责任。以往许多法律规范通常只用一个条款概括性地规定行政主体的法律责任，而《行政许可法》用了七个条款专门规定行政主体和行政机关工作人员的责任，有关行政相对人责任的规定则只有四个条款。这充分体现了从严治政的思想。

2. 强化了抽象行政行为的法律责任。《行政许可法》同时规定了行政许可设立的责任和实施的责任。规定抽象行政行为的法律责任，这是一个很大的突破。以往规范政府共同行为的法律，大部分只是规范具体行政行为，《行政复议法》第七条规定了公民、法人或者其他组织认为行政机关的具体行政行为所依据的抽象行政行为不合法，可以一并向行政复议机关提出对该规定的审查申请，但范围仅限于国务院部门的规定、县级以上地方各级人民政府及其工作部门的规定、乡镇人民政府的规定，而且是否应当承担相应的责任没有明确。《行政许可法》明确规定了违反该法第十四条、第十五条、第十七条规定的法制统一原则及各类法律规范的权限范围的法律责任，即上级机关责令设定该行政许可的机关改正，这应当认为是对违法的抽象行政行为责任的追究。

3. 强化了违反法定程序的法律责任。程序法律责任是指违反法定程序所应承担的法律责任。程序正义是实体正义的保障和前提，在行政权力的运作过程中，如果没有程序的规范，任何权力都可能恣意妄为。因此必须规定违反法定程序所要承担的法律责任。《行政处罚法》第五十五条规定了违反法定的行政处罚程序的法律责任，由上级行政机关或者有关部门责令改正，可以对直接责任人员依法给予行政处分。《行政许可法》所规定的法律责任大都是违反法定程序的责任。这些规定体现出立法者对程序价值的高度重视。

4. 创设了限制申请资格责任种类。这种法律责任形式在以往的法律、行政法规中还未见规定,其性质也未有定论。《行政许可法》在第七十八条、第七十九条中作了明确规定。

(七)建立行政许可法律责任制度的意义

在行政许可领域建立法律责任制度具有非常重要的意义。

1. 建立行政许可法律责任制度是确保《行政许可法》所确定的义务得于实现的重要保障。从理论上说,责任与义务应当如影随形。只要有义务存在,就必须有责任存在,否则义务的实现就没有保障。因此,要确保《行政许可法》所设定的种种法律义务得于兑现,保障行政权有效实施,维护行政相对人、相关人乃至社会公众的合法权益,实现社会公共安全、公共秩序,就必须以明晰的法律责任制度为后盾。

2. 建立行政许可法律责任制度是抵制和预防与行政许可有关的违法行为的基本途径。建立行政许可法律责任制度,加大了违法成本,有利于预防违法行为的发生。建立行政许可法律责任制度,就是要使违法者直接负担违法行为带来的更大的不利后果。要预防违法行为,必须建立严格的惩罚和激励机制,要在制度和法规上保证守法者能够得到应有的回报,违法者必须承担其相应的责任,社会不仅要对其予以舆论谴责,更要其付出经济上的代价,甚至承担刑事责任。只有这样,才有可能预防违法行为的发生。为法律责任制度所明确的违法行为所必须承担的制裁性后果,既表明了国家和社会对违法行为的否定性态度,又为个人或组织选择自己的行为提供了明晰的后果,从而有利于抵制和预防与行政许可有关的违法行为。建立行政许可法律责任制度对于有关国家机关和公众了解什么是法律禁止的行为和自己的义务，了解违法行为将导致的法律后果，并按照法律约束自己的行为具有重要作用。

3. 建立行政许可法律责任制度是确保行政许可法律关系主体的权利得以实现的可靠的法律手段。《行政许可法》的颁布，就是要以立法的形式明确行政许可主体和行政许可相对人、相关人乃至社会公众的合法权益，并通过执法、司法、守法、法律监督等活动将客观权利规定转变为主观权利。法律责任制度为法律权利在遭受侵犯、妨害，得不到实现时所提供了救济手段，它通过强制侵权者履行义务，制裁违法者，使被侵犯的行政许可法律秩序得以恢复，促进权利的实现。

4. 建立行政许可法律责任制度是解决由行政许可活动引起的纠纷和冲突的文明方式。以立法的形式明确法律责任和制裁措施，对于可能发生的纠纷或冲突来说，可以起到事前预防、防患于未然的作用，也可以避免实践中纠纷或冲突出现以后当事人之间原始的、野蛮的自发报复等私力救济和弱肉强食般的解决方式。

5. 建立行政许可法律责任制度有助于建立社会信用体系。诚信是一切制度和规则得以确立和运作的基础，是良好的经济秩序和社会秩序的根基。在建立社会主义市场经济体制的过程中，诚信的重要性更加突出。现代信用本来是市场主体依据市场经济的基本规律在交易过程中确立的一种制度安排，但也体现为人们交易活动中普遍遵守的行为准则和法治意识，其影响不断渗透到社会生活的其他领域。这些制度和法治意识作为市场交易的行为规则构成信用的基本内容，因此，失信行为不仅仅表现为对社会道德准则的公然违反，实际上也是对国家法律规范和社会规范的背离，是对社会秩序的损害。一个国家信用体系不完善，将会危及整个社会的稳定。信用缺失导致交易成本提高，严重时还会导致交易链的中断，进而严重阻碍经济的发展。信用的缺失导致的市场秩序紊乱和整个社会交易成本的提高，已成为当前阻碍中国市场经济进一步发展和完善的重大障碍。在当前我国社会信用制度尚不完善的情况下，倡导诚信，惩治背信，重建信用道德规范与建设信用法律体系，具有特别重要的意义。

二、行政许可权主体及其工作人员的法律责任

(一)行政许可权主体及其工作人员的法律责任概述

没有责任的权力必然使权力放任和腐败。责任与权力共存是行政法治的应有之义。一方面，在权力行使的每一过程中，要通过法律责任的设定，有效地抵制权力的非法扩张；另一方面，通过对权力的这种经常化的制约与保护，确保权力更加正当、合法，从而降低权力合法行使的成本。依法行政，责任在“政”；依法治国，重在治“官”。实现行政许可的法制化，应当高度重视行政主体的法律责任。

行政许可的法律责任可分为行政许可权主体的法律责任和行政相对方的法律责任。行政许可权主体包括两大类：一是依据宪法和法律享有行政许可设定权的主体，具体而言，是指制定法律的全国人大及其常委会，制定行政法规的国务院，有地方性法规制定权的地方人大及其常委会，以及省、自治区、直辖市人民政府；另一类是指在行政许可领域中依法享有行政许可实施权的主体，即行政许可的被申请人和得到许可后的许可人。新颁布的《行政许可法》对两类主体的法律责任都有相应规定，但所规定的主要是行政许可实施主体的责任。

行政许可行政权像其他权力一样，其运用需要有具体实施它的“人”作为权力的载体。这里的“人”，既包括行政许可机关

中实施许可行为的公务员，也包括法律法规授权的组织中具体实施行政许可活动的人员，还包括受行政机关的委托从事行政许可的实施和监督检查的人员。这些"公务人员"不属于行政许可权主体，但和行政许可权的行使有着极为密切的、不可分割的联系，这类主体违法实施行政许可权或进行行政许可法律监督时，也应当承担相应的法律责任。

(二)行政许可设定主体的法律责任

行政许可是一项可以直接关系到相对方权利义务的依申请作出的具体行政行为，同时也是政府对经济、社会生活进行管理的重要方式。行政许可的设定权是国家机关根据法定权限和法定程序创设行政许可规范的立法性权力。谁有权设定行政许可，有权在什么样的范围内设定行政许可，直接关系到公民、法人和其他组织权利的保护，关系到国家法制的统一，关系到行政管理效率的提高，关系到政府对公民、经济、社会生活的干涉广度、深度和力度。若设置不当，既有可能侵犯相对人的合法权益，也有可能破坏国家法制统一，降低行政效率，导致社会失控或失去活力，因此尤其应该谨慎。过去，行政许可设置得过多、过滥，从设定行政许可的机关看，上至国务院，下至乡政府，甚至连乡政府派出机构，都设定行政许可。一些行政许可权的设定并非出于社会公共利益需要，而是单纯为了行政管理方便，甚至是为了谋求部门利益和地方利益。多部门多层次的行政许可阻碍了社会主义市场经济统一市场体制的形成，影响了行政管理的效率和政府的形象，侵犯了行政相对人的利益，增加了公民、法人的负担。因此，必须加以严格规范。

我国的《行政许可法》以专章的形式规定了行政许可的设定，明确了行政许可事项的范围、设定主体、文件要求以及相关的程序。原则上讲，行政许可的设定权集中在立法位阶较高的机关,因为有权设定行政许可的机关越具有广泛的民意代表性,行政许可设定的范围就越具有公正性。

我国《行政许可法》第二十条第3款规定,公民、法人或者其他组织可以向行政许可的设定机关和实施机关就行政许可的设定和实施提出意见和建议。明确了公民、法人以及其他组织的监督、建议权。当然,这只是一种常规的参与和监督,既没有相应的制度保证公民该项权利的实现,也没有指明公民行使这种监督权会对行政许可机关产生什么样的实质作用。《行政许可法》第七十一条规定:"违反本法第十七条规定设定的行政许可,有关机关应当责令设定该行政许可的机关改正,或者依法予以撤销。"以此作为违法设定行政许可的法律责任。

根据《行政许可法》第十四条、第十五条的规定,只有法律、行政法规、地方性法规、省一级地方政府规章以及国务院有普遍约束力的决定有权设定行政许可,国务院部门规章、较大市地方政府规章、依法不享有规章制定权的地方人民政府和其他机关制定的规范性文件一律无权设定行政许可。而且省、自治区、直辖市人民政府规章只能设定临时性行政许可,国务院有普遍约束力的决定只有在法律、行政法规没有规定而有必要的情况下,才可以采用发布决定的方式设定行政许可。国务院的部委办局,除省级人民政府以外的其他地方各级人民政府及其工作部门,以及没有地方性法规制定权的地方各级人大及其常委会,都无权通过制定规范性文件设定行政许可。无权设定行政许可的各级各类机关如果擅自制定规范性法律文件设定行政许可,即属于违法行为,其已经设定的行政许可无效。

根据《中华人民共和国宪法》、《中华人民共和国地方各级人民代表大会和地方各级人民政府组织法》、《中华人民共和国立法法》、《法规规章备案条例》的规定,"有关机关"是指有权责令设定行政许可的机关改正或者予以撤销的机关，包括各级权力机关、各级地方政府、各级行政机关的上级机关、各工作部门的上级主管部门等等。这些“有权”机关也包括两类：一类是违法设定行政许可的行政机关的上级行政机关，如上级人民政府可以责令下级人民政府改正或撤销违法设定的行政许可；同级人民政府有权责令其所属各工作部门改正或撤销违法设定的行政许可。这种权力的行使主要是基于行政机关内部上级对下级的领导、监督关系。第二类机关是对违法设定行政许可的机关行使监督权的权力机关。如人大及其常委会发现同级人民政府有违法设定行政许可的情形，即可依法行使监督权，要求该人民政府改正或撤销违法的设定；再如上级人大及其常委会可以要求下级人大及其常委会撤销其违法设定的行政许可。具体说来，有以下几种情形：(1)国务院所属部门、地方各级人民政府制定的规范性文件设定行政许可的，国务院有权责令各部门、地方各级人民政府改正或者予以撤销；(2)县级以上各级人民政府制定的规范性文件设定行政许可的，县级以上各级人民代表大会常务委员会有权责令本级人民政府改正或者予以撤销，其上级政府有权责令下级政府改正或者予以撤销；(3)乡、民族乡、镇的人民政府制定的规范性文件设定行政许可的，乡、民族乡、镇人民代表大会和其上级人民政府有权责令乡、民族乡、镇的人民政府改正或者予以撤销；(4)地方各级人民政府所属各工作部门制定的规范性文件设定行政许可的，地方各级人民政府有权责令所属各工作部门改正或者予以撤销，其上级主管部门有权责令其下级工作部门改正或者予以撤销；(5)各种临时机构制定的规范性文件设定行政许可的，设定临时机构的机关有权责令临时机构改正或者予以撤销；(6)行政机关的内设机构制定的规范性文件设定行政许可的，该行政机关有权责令内设机构改正或者予以撤销。

有关机关发现其他规范性文件违法设定行政许可的途径主要有:(1)备案审查。根据《法规规章备案条例》,部门规章应当报国务院备案,较大的市的人民政府规章应当报国务院和省、自治区人民政府备案;省、自治区、直辖市人民政府应当依法加强对下级行政机关发布具有普遍约束力的行政决定、命令的监督,应当根据《法规规章备案条例》的相关规定,建立相关的备案审查制度,以维护社会主义法制的统一,保证法律、法规的正确实施。(2)国家机关、企业、事业单位、公民提出审查要求或者建议。国家机关、企业、事业单位、公民发现其他规范性文件违法设定行政许可的,可以向有关机关提出审查要求或者建议。

违反第十七条的规定设定行政许可导致的法律后果有两种:一是由有关机关责令设定行政许可的机关自行改正。对于不需要设定行政许可的事项,由行政机关自行取消设定的行政许可;对于确需利用行政许可进行管理的事项,行政机关也应当改变以规范性文件设定行政许可的做法,将其依法上升为地方政府规章、行政法规。二是由有关机关依法直接撤销设定行政许可的规范性文件。

(三)行政许可实施主体的法律责任

1. 行政许可实施主体。行政许可实施主体的责任是指在行政许可活动中行政主体违法行使许可权所要承担的法律责任。关于行政许可的实施主体的范围,学理上有着不同的界定,概括来讲,主要有以下三种观点:其一,行政许可实施主体就是行政机关;其二,行政许可实施主体是行政主体;其三,行政许可实施主体是行政机关及其工作人员。根据《行政许可法》的规定以及行政机关授权、委托活动中的基本原理,我们认为,行政许可行为的实施主体应界定为既包括具体实施行政许可的行政主体,即相应的行政机关或法律法规授权的组织,又包括被委托机关违法行使行政许可权时应承担责任的委托机关。

2.行政许可实施主体的责任形式。主要包括责令改正、赔偿责任、返还利益等。从性质上来看,行政许可实施主体承担的主要是补救性而非惩罚性的责任,即责任主体承担责任的程度基本上以可以补救许可相对人受损害的合法权益为限,而非侧重对责任主体的惩罚。

(1)责令改正

责令改正是有权机关基于对行政许可实施机关的监督权而对违法许可行为作出的处理,这种责任承担方式体现了权力之间的监督和行政行为有错必纠的法治原则。一般说来,责令违法许可实施主体改正的机关有两个:行政许可实施机关的上级行政机关和行政监察机关。根据《行政许可法》的规定,责令改正主要适用于以下情形:对符合法定条件的行政许可申请不予受理的;[16]不在办公场所公示依法应当公示的材料的;[17]在受理、审查、决定行政许可过程中,未向申请人、利害关系人履行法定告知义务的;[18]申请人提交的申请材料不齐全、不符合法定形式,不一次告知申请人必须补正的全部内容的;[19]未依法说明不受理行政许可申请或者不予行政许可的理由的;[20]依法应当举行听证而不举行听证的;[21]对不符合法定条件的申请人准予行政许可或者超越法定职权作出准予行政许可决定的;[22]对符合法定条件的申请人不予行政许可或者不在法定期限内作出准予行政许可决定的;[23]依法应当根据招标、拍卖结果或者考试成绩择优作出准予行政许可决定,未经招标、拍卖或者考试,或者不根据招标、拍卖结果或者考试成绩择优作出准予行政许可决定的;[24]行政机关不依法履行监督职责或者监督不力,造成严重后果的。[25]

(2)行政赔偿

行政赔偿是指国家行政机关及其工作人员在行使职权时,违法侵犯公民,法人和其他组织的合法权益并造成损害,而由国家行政机关依法承担赔偿责任的法律制度。

行政机关及其工作人员在实施行政许可过程中,有可能侵犯公民、法人或者其他组织合法权益。现代法治国家,所有受到不法侵害的公民、法人和其他组织都应当获得救济。为了切实保障当事人的合法权益,监督行政机关依法行政,强化行政机关自我约束机制,减少各种行政违法行为和滥用职权现象的发生,改进行政机关的工作作风,《行政许可法》规定,行政机关实施行政许可必须遵循合法原则,应当依照法定的权限、范围、条件和程序。行政机关滥用职权、玩忽职守、徇私舞弊实施行政许可,对应当准予许可的不准予许可、对不应当许可的许可、违法实施行政许可、越权实施行政许可给当事人的合法权益造成损害的,当事人有权依法要求赔偿,行政机关应当依照《国家赔偿法》给予赔偿。

行政许可实施主体承担行政赔偿责任,应当具备以下几个要件:一是行政主体实施了侵犯当事人合法权益的行为。行政赔偿责任是行政侵权行为的法律后果,行政侵权行为是行政赔偿责任产生的事实根据。二是有损害事实存在。所谓损害事实,是指当事人的合法权益受到了既定的客观损害。有损害,才会有赔偿。这里的损害必须是已经发生、确实存在的损害,受损害的权益必须是法律所保护的权益。三是行政机关的行为与损害事实之间有因果关系。是否存在因果关系,是构成行政赔偿责任的决定性条件。如果行政机关的行为与损害事实之间没有因果关系,则不产生行政赔偿责任。

根据我国《国家赔偿法》的规定,行政机关及其工作人员在行使行政职权时有下列侵犯人身权情形之一的，国家应当依法予以赔偿：(1)违法拘留或者违法采取限制公民人身自由的行政强制措施的；(2)非法拘禁或者以其他方法非法剥夺公民人身自由的；(3)以殴打等暴力行为或者唆使他人以殴打等暴力行为造成公民身体伤害的；(4)违法使用武器、警械造成公民身体伤害或者死亡的；(5)造成公民身体伤害或者死亡的其他违法行为。行政机关及其工作人员在行使行政职权时有下列侵犯财产权情形之一的，国家应当依法予以赔偿：(1)违法实施罚款、吊销许可证和执照、责令停产停业、没收财物等行政处罚；(2)违法对财产采取查封、扣押、冻结等行政强制措施的；(3)违反国家规定征收财物、摊派费用的；(4)造成财产损害的其他违法行为。行政许可法规定的赔偿属于造成财产损害的其他违法行为。因此，《行政许可法》所指的造成损害的合法权益，主要是指财产权。

根据《行政许可法》的规定，行政机关违法实施行政许可，给当事人的合法权益造成损失，可能有多种情况。例如，行政机关违法实施行政许可，自行政许可依法生效至当事人从事行政许可事项的生产经营等活动结束，行政许可都没有被撤销。在此情况下行政许可给当事人的合法权益造成损害的，行政机关应当承担赔偿责任，因为当事人合法权益的损害是由行政机关违法实施行政许可的行为引起和造成的。[26]再如，行政机关因违法实施行政许可，而导致该行政许可被依法撤销。行政许可由于被撤销而给被许可人和利害关系人的合法权益造成损害的，行政机关应当承担赔偿责任。但应当注意《行政许可法》第六十九条的规定，被许可人采取欺骗、贿赂等不正当手段取得行政许可的，国家不承担赔偿责任。

值得提出的是，可以请求行政赔偿的“当事人”应当包括两类主体：行政许可的申请人和行政相关人。行政机关违法实施行政许可给申请人的合法权益造成损害的，应由行政机关依据《国家赔偿法》的规定予以赔偿是没有异议的。但是涉及行政相关人的情况就比较复杂，因为实践中，行政相关人的合法权益与行政违法许可行为之间的“关系”有可能是直接的，有可能是间接的，如果不分关系远近一概赔偿，势必会扩大和加重行政许可实施主体的责任，这种扩大或加重未必是科学的；并且行政相关人往往与行政许可的申请人之间存在着民事关系，其合法权益受到损害可以寻求行政以及民事等双重救济，[27]双重救济之间如何选择和适用还要依照其他有关法律、法规的规定予以处理。

(3)返还权益

当违法行政行为造成相对人合法权益损害，且该权益能够返还时，行政主体必须在撤销违法行为的同时，返还相对人合法权益，使相对人受损害的合法权益和被破坏的公共秩序恢复到原有状态，从而产生对相对人权益和公共秩序补救的效果。《行政许可法》明确规定：行政机关擅自收费或者不按照法定项目和标准收费的，由其上级行政机关或者监察机关责令退还非法收取的费用；对于截留、挪用、私分或变相私分实施行政许可依法收取的费用的，予以追缴。

该种责任形式的规定是针对行政机关实施行政许可中乱收费的现象作出的。[28]在《行政许可法》颁布之前，许多单行的法律文件已明确规定了关于行政许可的收费问题。如《动物防疫法》第四十九条规定：“动物防疫监督机构及人员进行动物防疫监督检查，不得收取费用。”再如《建筑法》第八十二条规定：“建设行政主管部门和其他有关部门在对建筑活动实施监督管理中，除按照国务院有关规定收取费用外，不得收取其他费用。”甚至还有的法律法规直接明确了违法收取费用的法律责任。如《药品管理法》规定：“药品监督管理部门或者其设置、确定的药品检验机构在药品监督检验中违法收取检验费用的,由政府有关部门责令退还……对违法收取检验费用情节严重的药品检验机构,撤销其检验资格。"《监察法》第二十四条亦有相关的规定:"监察机关根据检查、调查结果,可以作出监察决定或提出监察建议,对违反行政纪律取得的财务予以没收、追缴或者责令退赔。"国务院2002年颁布的《违反行政事业收费和罚没收入收支两条线管理规定行政处分暂行规定》对有关行政许可中违法收费的行为规定了比较严厉的行政处分。比如,该规定第七条规定:"对行政事业性收费项目审批机关已经明令取消或者降低收费标准的收费项目,仍按原定项目或者标准收费的,对直接负责的主管人员和其他直接责任人员给予记大过处分;情节严重的,给予降级或者撤职处分。"

我国的《行政许可法》对行政许可的收费问题作了专门规定,除法律、行政法规另有规定的情况外,行政机关实施行政许可不得收取任何费用;行政机关提供实施行政许可申请书格式文本,不得收费;行政机关实施行政许可,依照法律、行政法规收取费用的,应当按照法定的项目和标准收费;所收的费用必须全部上缴国库,任何机关或个人不得以任何形式截留、挪用、私分或变相私分。对违反上述规定的行政许可实施主体,其上级行政机关或者监察机关可以责令其退还非法收取的费用。

(四)公务人员的法律责任

公务人员的责任是指具体实施行政许可的公务人员在办理行政许可或对行政许可进行监督检查的过程中不依法履行其法定义务而须承担的法律责任。这里的"公务人员"包括行政机关中的公务员,在法律、法规授权的组织中实施行政许可的工作人员以及受行政机关的委托从事行政许可的实施和监督检查的人员。

公务人员承担法律责任的理论基础是其与国家行政机关之间的身份上的从属关系和职务委托关系。《行政许可法》中明确规定的公务人员的责任主要有以下几种承担方式：

1. 行政处分

依照我国《公务员法》的相关规定，公务员有法定的违纪行为，尚未构成犯罪或者已经构成犯罪但依法不追究刑事责任的，应当给予行政处分。

在一项具体的行政行为中，参与行政行为的公务人员可能有多个，但依照公务员制度中的领导体制和我国现行法律的规定，只对在行政行为中直接负责的主管人员和其他直接责任人员依法给予行政处分。所谓“直接负责的主管人员和其他直接责任人员”，是指对上述违法行为负有直接、主要责任的有关领导和执行人员，即对在行政行为中进行辅助性工作或具体执行性工作的人员并不进行行政处分。

有权给予行政处分的主体，是与实施行政机关具有隶属关系的上级行政机关或者监察机关。

在行政许可过程中，“直接负责的主管人员和其他直接责任人员”应受行政处分的情形有以下几种：

(1)违反许可法规定有下述行为，情节严重的：对符合法定条件的行政许可申请不予受理的；不在办公场所公示依法应当公示的材料的；在受理、审查、决定行政许可过程中，未向申请人、利害关系人履行法定告知义务的；申请人提交的申请材料不齐全、不符合法定形式，不一次告知申请人必须补正的全部内容的；未依法说明不受理行政许可申请或者不予行政许可的理由的；依法应当举行听证而不举行听证的。

(2)行政机关工作人员办理行政许可、实施监督检查，索取或者收受他人财物或者谋取其他利益，尚不构成犯罪的。

(3)有下述情形之一的:对不符合法定条件的申请人准予行政许可或者超越法定职权作出准予行政许可决定的;对符合法定条件的申请人不予行政许可或者不在法定期限内作出准予行政许可决定的;依法应当根据招标、拍卖结果或者考试成绩择优作出准予行政许可决定,未经招标、拍卖或者考试,或者不根据招标、拍卖结果或者考试成绩择优作出准予行政许可决定的。

(4)行政机关实施行政许可,擅自收费或者不按照法定项目和标准收费的;截留、挪用、私分或者变相私分实施行政许可依法收取的费用的。

(5)行政机关不依法履行监督职责或者监督不力,造成严重后果的。

我国现行的公务员制度将行政处分分为六种:警告、记过、记大过、降级、撤职、开除。一般而言,给予行政处分大致分为三种情况:(1)对违法较轻,仍能担任现任职务的人员,可以给予警告、记过、记大过、降级处分;(2)对于违法较重,不宜继续担任现任职务的人员,可以给予降级或者撤职处分;(3)对于严重违法失职,屡教不改的人员,可以给予开除处分。

2. 赔偿(追偿)责任

公务员的赔偿责任是指公务员因故意或重大过失、违法或不当的执行职务行为给行政相对方带来不必要的财产损失时所应当承担的赔偿责任。但是这种赔偿的实现在我国是通过先由行政机关直接向受害人赔偿,然后再由行政机关依照公务员是否存在故意以及过错的程度行使追偿权,即向公务员进行追偿来实现的。

从理论上说,行政机关工作人员以行政主体名义代表国家实施行政权,它的行为效果由行政主体承受。行政主体对行政机关工作人员的行为(即使有过错行为)承担外部责任,即先由行政主体出面对相对人承担责任,然后行政主体根据行政机关工作人员的过错程度追究其责任,可向其行使追偿权。这就是当今世界各国行政法普遍确立的行政连带与追偿制度。我国《行政诉讼法》和《国家赔偿法》关于行政侵权赔偿责任的规定也充分体现了这一原则。根据追偿制度确立的原则,行政机关工作人员行为引起的行政责任有两种情况:一是在行政机关工作人员本人有故意或重大过失的情况下,行政责任最终由行政机关工作人员承担或由行政主体与行政机关工作人员分担;二是在行政机关工作人员本人无过错或仅有一般过失的情况下,行政责任最终由行政主体承担。

3. 刑事责任

公务人员的刑事责任是公务人员法律责任的一种特别表现形式,也是公务人员法律责任体系中最严厉的,适用于公务员依职权的行为违反了刑事法律规范的情形。这种法律责任在责任性质、责任构成、追究主体、承担方式、适用依据等方面区别于行政法律责任。

行政许可实施机关以及检查监督机关的公务人员,尤其是直接负责的主管人员和其他直接责任人员和受行政机关委托从事行政许可实施和监督检查的人员,需要承担刑事责任的情形主要有:

(1)行政机关工作人员办理行政许可、实施监督检查,索取或者收受他人财物或者谋取其他利益,构成犯罪的。[29]

(2)行政机关直接负责的主管人员和其他直接责任人员有下列情形之一,构成犯罪的:对不符合法定条件的申请人准予行政许可或者超越法定职权作出准予行政许可决定的;对符合法定条件的申请人不予行政许可或者不在法定期限内作出准予行政许可决定的;依法应当根据招标、拍卖结果或者考试成绩择优作出准予行政许可决定，未经招标、拍卖或者考试，或者不根据招标、拍卖结果或者考试成绩择优作出准予行政许可决定的。[30]

(3)行政机关实施行政许可，截留、挪用、私分或者变相私分实施行政许可依法收取的费用，直接负责的主管人员和其他直接责任人员构成犯罪的。[31]

(4)行政机关不依法履行监督职责或者监督不力，造成严重后果，直接负责的主管人员和其他直接责任人员构成犯罪的。[32]

总之，公务人员承担刑事责任的总前提是其行为触犯刑事法律规范，构成犯罪，因此对责任的认定适用刑罚的归责原则，要符合相应的主体、客体、主观、客观条件，即符合相应的犯罪构成。

三、行政许可相对人的法律责任

(一)行政许可相对人法律责任概说

任何行政行为都是以行政主体的职权、职责和行政相对人的权利、义务为内容的，从一定意义上说，行政过程就是行政法律关系双方进行沟通、碰撞和博弈的过程。在这一过程中，行政相对人作为行政法律关系的一方主体，其行为必然会对行政行为的状态及其结果产生影响。像行政权一样，行政相对人的权利犹如一把双刃之剑，在实现自身的过程中，也不免存在权利滥用的可能，对权利滥用或滥用的可能设置相应的法律责任的屏障是法治的题中之义。体现在行政许可制度中，就是行政相对人的法律责任制度。正是对行政主体和行政相对人法律责任的阐明，体现了行政许可法律责任制度的系统性和完整性。

行政相对人在具体的行政许可活动中是以个人或组织的形式表现的，在行政许可活动不同的阶段，相对人有着不同的身份和不同的称谓。如在行政许可的申请阶段，行政相对人是申请人，在行政主体作出许可行为以后，相对人又演变为被许可人，甚至在相对人认为行政许可主体违法行使(或不行使)职权的行为侵犯自己的合法权益而寻求救济时,又是以行政复议的申请人或行政诉讼的原告等身份出现的。这一类主体的法律责任与行政主体相比有着不同之处:

1. 自己承担,不存在追偿,即相对人承担的责任具有直接性和责任主体的惟一性。对于行政方而言,行政行为违法可能导致行政体系内两种责任的承担,即行政主体承担的外部责任以及公务员承担的内部责任,两种责任可以同时适用,但有时又有一定的先外部后内部的顺序,如行政赔偿责任。行政相对人的责任承担不存在这样的层次性,相对而言就简单得多。

2. 行政许可相对人承担的责任主要是惩罚性的。以法律责任的设定目的或功用为标准,可将法律责任划分为惩罚性法律责任和救济性法律责任两种。法律责任制度建立的理论假设就是行为人有违法行为,违法行为使得受法律保护的权益被侵害或者有被侵害的可能性,其制度目的之一就是惩治违法,甚至是犯罪行为,法律责任通过设定一定的较为严厉的法律责任,起到惩罚、平复乃至预防作用,这是区别于行政主体的责任的。

(二)行政许可相对人法律责任的具体形式

1. 行政处罚责任

行政处罚是指特定行政机关或组织依法对违反行政法律规范的行政相对人进行制裁的行政行为。它是一种惩戒性的法律责任,也是行政许可行为的相对人承担法律责任的主要形式。

与其他法律责任相比较,行政处罚呈现出其特有的性质:

相对于刑罚,行政处罚是行政主体针对相对人违反行政法律规范的行为作出的惩罚;刑罚则是国家司法机关对触犯刑事法律规范的主体作出的相应制裁措施。前者侧重于财产和行为处罚,而后者侧重于对人身自由的限制。

相对于行政强制执行,行政处罚凸显出其制裁性的特征。行政强制执行是指特定的行政机关依法对不履行行政法上的义务的行政相对人采取强制措施,迫使其履行义务或达到与履行义务同等状态的行为。因此行政强制执行所要求行政相对人履行的义务是强制执行之前就已经负有的,强制执行本身只是实现相对人履行法定义务的严厉手段,而不是附加新的义务。行政处罚则表现为对相对人的违法行为进行制裁,使其承担由违法行为产生的新的负担。

相对于行政处分,行政处罚又具有外部性。行政处分是公务员基于职务委托的身份关系而承担的行政内部责任,而非作为行政权的行使者直接对相对人所承担的外部责任。而对于相对人,不存在这种内部责任的承担,其责任主体也是单一的,即违法者就是责任主体,直接对外承担责任。

依照我国《行政处罚法》的规定,公民、法人或者其他组织违反行政管理秩序的行为,应当给予行政处罚。法定的行政处罚的形式主要有六种:警告、罚款、没收违法所得或非法财物、责令停产停业、暂扣或吊销许可证(执照)、行政拘留。当然,《行政处罚法》并没有穷尽实践中所有的行政处罚形式。

行政许可相对人滥用权力,违法申请行政许可或违法实施行政许可的事项,会导致行政处罚法律责任的承担,具体来说有以下几种情形:

(1)对行政许可申请人行政处罚的情形:行政许可申请人隐瞒有关情况或者提供虚假材料申请行政许可的。包括两种情形:一类是隐瞒情况。根据《行政许可法》的规定,申请人必须向行政机关如实提供自己的情况。如果申请人明知自己不符合行政许可所要求的特定条件,隐瞒情况,就会导致行政机关作出错误的行政许可决定,进而会造成危害社会利益和公共利益的后果。[33]所以,行政许可申请人对于申请许可时故意隐瞒情况的行为,必须承担法律后果。一类是提供虚假材料。行政机关对很多行政许可申请的审查,经常都是依据申请人提供的各类证明许可条件的材料实行书面审查,所以一旦申请人提供虚假材料,就可能扰乱行政机关正常的审查活动,甚至会导致行政机关作出错误的许可决定,并进而危害社会利益和公共利益。[34]所以,行政许可申请人对于其提供虚假材料的行为应当承担法律责任。

(2)对行政许可被许可人课处行政处罚的情形:被许可人以欺骗、贿赂等不正当手段取得行政许可的,行政机关应当依法给予行政处罚;涂改、倒卖、出租、出借行政许可证件,[35]或者以其他形式非法转让行政许可的;超越行政许可范围进行活动的;[36]向负责监督检查的行政机关隐瞒有关情况、提供虚假材料或者拒绝提供反映其活动情况的真实材料的;法律、法规、规章规定的其他违法行为。[37]

(3)对其他个人或组织课处行政处罚的情形:公民、法人或者其他组织未经行政许可,擅自从事依法应当取得行政许可的活动的,行政机关应当依法采取措施予以制止,并依法给予行政处罚。

在社会生活中,公民、法人或者其他组织从事生产经营的活动,有两种情形:一种情形是不需要行政机关的介入和干预,对公共利益和社会利益不会造成危害,所以就不需要通过行政许可的方式进行管理。另一种情形,如果不通过行政机关实施行政许可以及监督检查,就有可能危害公共利益和社会利益,对于这种情形,行政机关就应当依法通过行政许可的方式予以干涉性管理。这里的"依法"是指依据法律、行政法规(包括必要时国务院发布的有关行政许可的决定)、地方性法规或者省级人民政府的规章。如果上述的规范性文件对有关事项的生产经营活动设定了行政许可,公民、法人或者其他组织没有取得行政机关的相关许可就从事该事项的生产经营等活动,即属于违法。比如公民未取得许可擅自从事捕捞、森林采伐、探矿和采矿等活动的行为。对于这些违法行为,行政机关应该依法采取措施予以制止,并依法给予警告、罚款、责令停产停业、没收违法所得直至行政拘留等行政处罚。但值得提出的是,这种情形下的行政处罚,虽然是以公民、法人或者其他组织的滥用权力为前提的,但是承担处罚责任的主体却不是行政许可行为的相对人,而是其他社会主体。这类社会主体的法律责任在这里界定是因为他们的法律地位类似于行政许可的相对人,并且,他们虽然不是行政许可行为的相对人,但却是由行政许可事项引起的行政监督行为的相对人,因此与行政许可相对人的法律责任一并提及。

2.刑事责任

这是指行政许可相对人以及违法行使行政许可事项的公民、法人或者其他组织应承担的刑事法律责任,是这一类主体由于法定事由所应承担的特殊法律责任。根据罪刑法定的原则,刑罚责任的承担是以责任主体犯罪构成要件的成立为前提的,即具备构成某种具体犯罪的主体、主观、客体及客观要件,并且有刑事法律规范的明确规定。

行政许可相对人和违法行使行政许可事项的公民、法人或者其他组织承担刑罚的情形有:

(1)被许可人以欺骗、贿赂等不正当手段取得行政许可或取得的行政许可属于直接关系公共安全、人身健康、生命财产安全事项,构成犯罪的。如构成伪造公文、印章罪或者行贿罪等罪名的,就应由司法机关按照《刑法》和《刑事诉讼法》的有关规定予以处理。在行政许可实施过程中,被许可人常见的犯罪行为是行贿。根据《刑法》第三百九十条的规定，在行政许可实施中，被许可人犯行贿罪的，处五年以下有期徒刑或者拘役；情节严重，使国家利益遭受重大损失的，处五年以上十年以下有期徒刑；情节特别严重的，处十年以上有期徒刑或者无期徒刑，可以并处没收财产；行贿人在被追诉前主动交待行贿行为的，可以减轻处罚或者免除处罚。

(2)被许可人有下列行为之一，构成犯罪的，依法追究刑事责任：涂改、倒卖、出租、出借行政许可证件，或者以其他形式非法转让行政许可的；㊳超越行政许可范围进行活动的；㊴向负责监督检查的行政机关隐瞒有关情况、提供虚假材料或者拒绝提供反映其活动情况的真实材料的；㊵法律、法规、规章规定的其他违法行为。被许可人在申请行政许可时都符合许可的各项条件，行政机关对行政许可的决定也并不违法，其得到的行政许可应当受到法律保护，并可依法从事行政许可事项的生产经营等活动。但是，被许可人在合法地取得行政许可后，所从事的与行政许可相关的活动却可能产生违法的情况，如果出现这些违法的情况，被许可人则应当承担相应的法律责任。

(3)公民、法人或者其他组织未经行政许可，擅自从事依法应当取得行政许可的活动，构成犯罪的。公民、法人或者其他组织从事的生产经营等活动，有两种情形。一种情形是，不需要行政机关的介入和干预，对公共利益和社会利益不会造成危害。对于这种情形，就不需要通过行政许可的方式予以管理。另一种情形是，如果不通过行政机关实施行政许可以及监督检查，就有可能危害公共利益和社会利益。对于这种情形，行政机关就应当通过行政许可的方式予以管理。当然，这种管理的方式必须依法进行。如果法律、行政法规(包括必要时国务院发布的有关行政许可的决定)、地方性法规或者省人民政府规章对有关事项的生产经营等活动设定了行政许可，公民、法人或者其他组织没有取得行政机关的相关许可即从事该事项的生产经营等活动，即属于违法。[41]对于这些违法行为，行政机关应当依法采取措施予以制止，并依法给予警告、罚款、责令停产停业、没收违法所得直至行政拘留等行政处罚。在违法主体上没有特殊要求，可以是任何公民、法人和其他组织。只要擅自从事了法律规定需要经过许可事项的人，都可以成为本条规定的违法行为的主体。这种违法行为的构成不需要有特定的危害后果，例如，没有取得和持有驾驶执照驾驶机动车辆就可以构成违法行为，并不需要出现交通事故才是违法。如果行为人的活动构成犯罪的，则应当由司法机关依法追究其刑事责任。[42]

3. 资格限制责任

除了上述的法律责任以外，行政许可的相对方还可能承担一种特殊的法律责任，即由于责任人的违法行为导致的一定期限内限制其行为能力的责任。如《行政许可法》第七十八、七十九条中分别规定了："行政许可申请人隐瞒有关情况或者提供虚假材料申请行政许可的……行政许可申请属于直接关系公共安全、人身健康、生命财产安全事项的，申请人在一年内不得再次申请该行政许可。""被许可人以欺骗、贿赂等不正当手段取得行政许可的……取得的行政许可属于直接关系公共安全、人身健康、生命财产安全事项的，申请人在三年内不得再次申请该行政许可。"这里所提的"申请人"，包括自然人，也包括法人或者其他组织。对行为能力的限制程度应理解为自然人在三年(一年)内不仅不能在本行政区域申请该项行政许可，到其他行政区域也不得申请该行政许可；法人或者其他组织在三年(一年)内不仅不能以原有的名称申请该项行政许可，变更名称之后，也不得在本行政区域或者其他行政区域申请该项行政许可。随着电子政务的逐步推广,行政机关将逐步实现信息共享,自然人在异地申请行政许可或者法人或其他组织变更名称之后继续申请该行政许可,在互联网上都会被发现。

关于资格限制法律责任的性质,学术界尚没有定论,笔者认为,以定性为行政处罚为宜,理由如此:在国外及其他地区的立法例和学术观点通常将资格限制视为行政处罚或秩序处罚;[43]我国在以往的立法和司法实践中,均将资格限制视为行政处罚;[44]资格限制符合行政处罚的基本特征;[45]视为行政处罚有利于保障相对人获得法律救济的权利。

4.忍受强制措施的责任

《行政许可法》第八十一条规定:“公民、法人或者其他组织未经行政许可,擅自从事依法应当取得行政许可的活动的,行政机关应当依法采取措施予以制止……”行政制止措施,是指行政机关采取的及时阻止违法行为对公共利益的威胁和危害的各类措施,其中包括行政强制措施和非强制措施。非强制性制止措施主要是行政机关的劝告、解释、提供信息,以使违法行为人了解其行为的违法性和法律后果,使违法行为人自己停止违法行为并消除违法后果。强制性制止措施是行政机关进行如人身拘禁、断电、断水迫使违法建筑不能进行等一类剥夺、限制违法行为人人身权、财产权等重要权利以制止违法行为的行政措施。采取强制性行政制止措施,行政机关必须以法律明确列举的授权为依据,并依照法定程序进行;法律没有明确列举规定的,行政机关应当依法申请人民法院实施。

注释:

①在古代汉语中,“责”同“责任”,其意义大致有四种。(1)求,索取;(2)诘

斥，非难；(3)义务；(4)处罚，处理。在现代汉语中，有学者以为责任一词有两种基本含义：一是"分内应做的事"，二是"没有做好应做的事而应承担的过失"。在英文中常被译为"责任"一词的单词有 duty，responsibility，culpability，liability，但却各有侧重，其中 duty 译为"义务，职责，责任"；responsibility 译成"责任，责任感，负担，职务，任务，能力，可靠性"；culpability 译为"应受处罚，有罪（行为）"；liability 译为"责任，义务，负担，不利，缺点，债务（复数），负债，赔偿责任"。

②林纪东：《法学绪论》，台湾五南图书出版公司 1983 年版，第 141 页。

③持这种观点的学者把法律责任定义为"义务"或"第二性义务"。例如，《布莱克法律词典》解释说，法律责任是"因某种行为而产生的受惩罚的义务及对引起的损害予以赔偿或用别的方法予以补偿的义务"。再如，张文显教授在吸收义务说的合理因素的基础上，把法律责任界定为"由于侵犯法定权利或违反法定义务而引起的、由专门国家机关认定并归结于法律关系的有责主体的、带有直接强制性的义务，亦即由于违反第一性法定义务而招致的第二性义务"。这个定义可称作"第二性义务说"。

④这种观点把法律责任定义为"处罚"、"惩罚"或"制裁"。如哈特所讲的"当法律规则要求人们作出一定的行为或抑制一定的行为时，（根据另一些规则）违法者因其行为应受到惩罚，或强迫对受害人赔偿"。再如，凯尔森认为："法律责任的概念是与法律义务相关联的概念，一个人在法律上对一定行为负责，或者他在此承担法律责任，意思就是，如果作相反的行为，他应受制裁。"

⑤这种观点把法律责任定义为某种不利后果。如有学者指出："法律责任是指一切违法者因其违法行为，必须对国家和其他受到危害者承担相应的后果。"

⑥这种观点把法律责任说成是一种主观责任。如认为责任乃是一种对自己行为负责、辨认自己的行为、认识自己行为的意义、把它看做是自己的义务的能力。

⑦法理学界通行"违反行政法规责任说"。如沈宗灵先生认为："行政法律责任是指因违反行政法或因行政法规规定而应承担的法律责任。"张文显先生认为："行政法律责任是指因违反行政法而应承担的法律责任。"行政法学界的主流观点则是"行政法律关系主体责任说"。如《行政法律责任适用全书》（行政卷）认为，行政法律责任，是指行政法律关系主体由于违反行政法律规范规定的义务，构成行政违法以及部分的行政不当而依法承担的法律上的消极后果。还有的学者将行政法律责任表述为："国家行政机关（通过国家机关工作人员）依照《行政法》在法定权限内，对公民、法人和其他组织的轻微行政违法行为所采取的强制措施和追究的法律责任以及国家行政机关自身在执法中因违法或不当而依法应负的法律责任。"

⑧应松年主编:《行政法与行政诉讼法词典》.中国政法大学出版社 1992 年版,第 209 页。

⑨王连昌主编:《行政法学》,中国政法大学出版社 1994 年版,第 325 页。

⑩罗豪才主编:《行政法学》,中国政法大学出版社 1996 年版,第 320 页。

⑪应松年主编:《行政法与行政诉讼法词典》,中国政法大学出版社 1992 年版,第 209 页。

⑫这里所说的《行政法》上的义务,不仅包括法律规范所确定的义务,而且包括行政许可决定和行政契约所确定的义务,还包括由于行政主体自身的行为而产生的义务。不仅包括积极行政义务,而且包括消极行政义务。前者指行政主体职责范围内应当做的事情,即“当为”;后者指消极行政义务要求的不作为,如果“不当为而为”,也属于违反《行政法》上的义务。

⑬参见汪永清主编:《中华人民共和国行政许可法释义》,中国法制出版社 2003 年 9 月第 1 版,第 223—224 页。

⑭社会对一定行为进行法律控制的最基本理由可以分为两个方面:一是社会秩序的需要,或者说是社会的自我防卫;二是为了社会主体自由和权利的保障与扩展。当然制度设计者以及学者们对社会主体权利与社会自我防卫的价值顺序安排有着不同的意见。有人把社会的良好秩序看得更为根本,认为如果没有必要的社会防卫手段,个体自由必会归于任性而受到损害,所以社会安全和秩序的存在与健康发展是个体权利拓展的基本前提。另有一些人则把个体自由看得更为根本,认为社会良好秩序及其存在的惟一合理根据便是个体的更自由发展,社会拥有自我防卫的手段是必要的,但必须有限度,设定限度的依据便是如何使个体得到最大限度的自由发展,即如何最大限度地发挥个体的主动性、创造性,而且也只有在这种情形中,社会本身才是最具活力、生命力的。参见肖金明主编:《行政许可要论》,山东大学出版社,2003 年 10 月第 1 版,第 291—292 页。

⑮哪些社会关系和行为必须纳入法律调整范围并设定相应的责任呢?穆勒提出过一个著名的原则,即伤害原则。他认为,凡属社会以强制和控制方法对付个人之事,不论所用手段是法律惩罚方式的物质力量或者公众意见下的道德压力,都要绝对以如下原则为准绳:人类之所以有理有权可以个别地或集体地对其中任何分子的行为自由进行干涉,惟一的目的就是自我防卫。也就是说,对于文明群体中的任一成员所以能施用一种权力反其意志而不失为正当,惟一的目的只是要防止对他人的危害。但这一原则的不足之处在于它并没有规范界定“伤害”的标准,即伤害与非伤害的界限过于模糊,同时也没有系统区分伤害的各种类别。为了弥补这一原则的不足,人们提出了一些补充性的原则,如以亲缘原则来限制一个人做有害于自己事情的权利,以冒犯原则来限制

传播某些出版物的权利,以立法道德主义原则来限制两性之间的某些权利。参见肖金明主编:《行政许可要论》,山东大学出版社,2003年10月第1版,第291—292页。

⑯这是指行政机关及其工作人员违反《行政许可法》第三十二条的规定,对申请人提出的属于该机关的职权范围,且申请材料齐全、符合法律、法规、规章规定的形式的行政许可申请事项,不予受理的情形。根据《行政许可法》第三十二条的规定,对申请人提出的行政许可申请,只要申请事项属于该行政机关职权范围,申请材料齐全、符合法律、法规、规章规定的形式,行政机关可以当场决定受理的,应当当场受理申请人的行政许可申请;对于申请材料不齐全或者不符合法律、法规、规章规定的形式的,申请人只要按照该行政机关的要求提交了全部补齐或者改正的申请材料,该行政机关也应当受理。

⑰行政机关及其工作人员在受理、审查、决定行政许可的过程中,应当履行《行政许可法》及其他相关法律、法规、规章规定的告知义务。行政机关及其工作人员是否履行这一义务,往往直接影响到申请人及利害关系人的权利。这些告知义务包括:(1)申请人所申请的行政许可事项依据法律、法规、规章不需要取得行政许可的,行政机关应当以书面形式告知申请人;(2)申请人所申请的行政许可事项依据法律、法规、规章不属于本行政机关职权范围的,行政机关应当告知申请人负责受理其申请的具体行政机关;(3)申请人的申请材料不齐全或者不符合法律、法规、规章规定的形式的,行政机关应当当场或者自当事人提出行政许可申请之日起五日内一次性告知申请人需要补正的全部内容;(4)行政机关对行政许可申请进行初步审查后,发现行政许可事项直接关系第三人重大利益的,应当告知第三人;(5)行政机关依法作出不予受理行政许可的书面决定的,应当告知申请人享有依法申请行政复议或者提起行政诉讼的权利;(6)行政机关在二十日内不能作出行政许可决定,经本行政机关主要负责人批准延长十日的,行政机关应当告知申请人延长期限的理由;(7)行政许可采取统一办理或者联合办理、集中办理方式的,行政机关在四十五日内不能办理结束,经本级人民政府批准延长十五日的,行政机关应当告知申请人延长期限的理由;(8)行政许可直接涉及申请人与第三人之间重大利益关系的,行政机关在作出行政许可决定前,应当告知申请人、利害关系人享有要求听证的权利;(9)举行听证的,行政机关应当在举行听证的七日前将举行听证的时间、地点通知申请人、利害关系人;(10)其他法律、行政法规、规章规定的行政机关及其工作人员应当履行的告知义务。

⑱应松年主编:《行政法与行政诉讼法词典》,中国政法大学出版社1992年版,第209页。

⑲这是指行政机关及其工作人员违反《行政许可法》的规定,在申请人提交

的申请材料不齐全、不符合法律、法规、规章规定的形式时,不告知申请人必须补正的内容;或者告知申请人必须补正的内容,但不是一次性告知全部内容,导致申请人反复增补、改正材料,浪费申请人的时间和精力,增加申请人的负担。

⑳行政机关在对申请人的申请材料进行审查后,作出不受理行政许可申请或者不予行政许可的决定的,应当向申请人说明不受理行政许可或者不予行政许可的理由和依据。

㉑这是指行政机关及其工作人员违反法律、行政法规、规章的规定,对于实施行政许可依法应当举行听证的事项不举行听证。根据本法,实施行政许可应当举行听证的事项有两类:一是行政机关应当主动举行听证的行政许可事项;二是应当事人的申请应当举行听证的行政许可事项。前者是指法律、法规、规章规定实施行政许可应当举行听证的行政许可事项,或者行政机关自己认为需要听证的其他涉及重大公共利益的重大行政许可事项;后者是指行政许可直接涉及申请人与第三人之间重大利益关系,申请人、利害关系人要求听证的行政许可事项。行政机关应当依法举行听证而不听证,有可能直接影响申请人及利害关系人的权利和利益。

㉒行政机关在受理申请人的行政许可申请后,应当对其进行实体审查,审查其是否符合法律、法规、规章规定的条件、标准,如果符合,行政机关就应当作出准予行政许可的书面决定;如果不符合,行政机关就应当作出不予行政许可的书面决定,并说明不予行政许可的理由和依据。行政机关实施行政许可必须遵守职权法定和不得越权原则。任何行政机关都必须在自己的许可权限范围内实施行政许可,对于不属于自己职权范围内的许可事项,不得实施行政许可行为。实践中,这类违法行为比较突出。比如,建设行政主管部门对不符合施工条件的建筑企业颁发建筑工程施工许可证,导致"豆腐渣"工程的出现。再比如,根据国务院颁布的《船舶和海上设施检验条例》的有关规定,只有国家船舶检验局及其委托、指定或者认可的检验机构,以及省级人民政府交通主管部门设置的地方船舶检验机构才有权实施船舶检验,但某县级人民政府交通行政主管部门即超越权限,擅自对大型船舶进行检验,对质量严重不合格的船舶也作出检验合格结论,最后导致海上交通事故的发生。

㉓行政机关在受理申请人的行政许可申请进行实体审查后,对符合法定条件、形式的,应当作出准予行政许可的书面决定。根据本法,对于符合条件的申请人不仅应当准予行政许可,还应当在法律、法规、规章规定的期限范围内作出准予行政许可的决定。除可以当场作出行政许可决定的外,行政机关应当自受理行政许可申请决定之日起二十日内作出行政许可决定。二十日内不能作出决定,经本行政机关主要负责人批准,可以延长十日。对于采取统一办理或者联合办理、集中办理的行政许可,行政机关办理的时间不得超过四十五日;四十

五日内不能办理结束的，经本级人民政府批准，可以延长十五日。行政机关作出准予行政许可决定的，应当自作出决定之日起十日内向申请人颁发、送达行政许可证件，或者加贴标签、加盖检验、监测、检疫印章。个别地方的行政机关在实施行政许可中搞地方保护和地区封锁，不允许外地的药品进入本地市场，不允许外地的个人或者企业进入本地进行项目投标，等等。对符合条件的申请人不予行政许可或者不在法定期限内作出行政许可，是长期行政许可实施中一个比较突出的问题，它直接损害了申请人的合法权益，降低了行政管理效率，损害了行政机关在人民群众心中的形象。

㉔根据《行政许可法》，对于有限自然资源的开发利用和有限公共资源的有效配置以及直接关系公共利益的特定行业的市场准入等需要赋予特定权利的行政许可事项，行政机关应当通过招标、拍卖等公平竞争的方式择优作出行政许可决定，比如，对于交通航线、海域使用、无线电频率、市政设施建设、出租车经营、电信经营、金融保险经营等等事项的行政许可，都应当通过招标、拍卖的方式进行；对于提供公众服务并且直接关系公共利益的职业、行业，需要确定具备特殊信誉、特殊条件或者特殊技能等资格、资质的行政许可事项，行政机关应当依法举行考试，根据考试成绩择优作出准予行政许可决定。实践中，这方面的违法情形比较严重。比如，在建筑施工方面，一些行政机关对应当实施招标、投标的工程项目，不实施招标、投标，或者将招标、投标作为走过场的形式，作出行政许可决定时并不以招标、投标的结果为依据。再比如，在国家举行的不少涉及公民资格认可的考试中，一些行政机关并不以考虑成绩择优作出行政许可决定。行政机关在招标、投标和考试等行政许可活动中的不公平行为，一个重要原因就是其中存在腐败现象。

㉕在对行政许可事项的监督检查中存在的主要问题是，行政机关重许可，轻监督检查。这主要表现在两个方面：一是不依法履行监督责任。比如，根据《计量法》的规定，县级以上人民政府计量行政部门对本行政区域的计量工作负有监督管理的职责，《计量法》第十二条规定："制造、修理计量器具的企业、事业单位，必须具备与所制造、修理的计量器具相适应的设施、人员和检定仪器设备，经县级以上人民政府计量行政部门考核合格，取得《制造计量器具许可证》或者《修理计量器具许可证》"，但个别政府的计量行政部门却疏于监督管理，不依法检查制造、修理计量器具的企业、事业单位，是否具备与所制造、修理的计量器具相适应的设施、人员和检定仪器设备，是否经县级以上人民政府计量行政部门考核合格，并取得《制造计量器具许可证》或者《修理计量器具许可证》，进而使本行政区域内的计量器具市场混乱，假冒伪劣计量器具充斥，严重影响了人民群众的正常生活。二是履行监督责任，但监督检查不力。比如，根据《土地管理法》第六十七条的规定，县级以上人民政府土地行政主管部门履行监督

检查职责时，有权要求被检查的单位或者个人提供有关土地权利的文件和资料；有权要求被检查的单位或者个人就有关土地权利的问题作出说明；有权进入被检查的单位或者个人非法占用的土地现场进行勘测；有权责令非法占用土地的单位或者个人停止违反土地管理法律、法规的行为。但是，对于某单位大量非法占用土地实施违法开垦和建筑，某县级人民政府土地行政主管部门接到举报后，虽然也去现场实施监督检查，但没有依据《土地管理法》的有关规定采取严厉措施及时制止违法开垦和建筑的行为，最终导致土地的破坏和国家财产的大量损失。

㉖比如，申请人不具备从事爆炸物等危险物品的生产条件和能力，行政机关却违法实施行政许可，导致申请人在生产过程中因不符合许可条件而发生的严重事故。再比如，申请人不符合排污许可所应当具备的法定条件，行政机关却违法向其发放排污许可证，导致申请人周围的利害关系人受到严重污染损害。在这些情况下，行政机关都应当依法对其违法实施行政许可的行为承担赔偿责任。

㉗比如，某行政机关对某工厂的生产状况、排污标准等没有经过认真检查，给该工厂违法实施了排放污染方面的行政许可，该工厂在生产过程中大面积排放污染物，不仅给工厂的生产造成巨大事故，而且给工厂周围的居民造成污染。在此情况下，工厂因为行政机关违法实施行政许可而受到的损失，应当由行政机关依照《国家赔偿法》的有关规定予以赔偿，但是，其周围利害关系人的情况就比较复杂。其周围的利害关系人不仅包括已经受到污染的利害关系人，还包括将要受到污染的利害关系人，而利害关系人因为污染而遭受的损失，不仅可以由行政机关予以国家赔偿，还可以从工厂获得有关的民事赔偿。

㉘在行政许可活动中，不按法定项目和标准收费、乱收费的现象比较严重，个别行政机关甚至只对收费的特别是高收费的行政许可感兴趣，对低收费或不收费的行政许可项目疏于认真实施，甚至怠于实施。这种现象其实是行政领域中的部门利益、小集团利益在作祟。

㉙国家工作人员利用职务上的便利，索取他人财物或者非法收受他人财物，为他人谋取利益的，是受贿罪。受贿罪的四个基本要件是：(1)主体是国家工作人员。国家工作人员是指国家机关中从事公务的人员，国有公司、企业、事业单位、人民团体中从事公务的人员和国家机关、国有公司、企业、事业单位委派到非国有公司、企业、事业单位、社会团体从事公务的人员，以及其他依照法律从事公务的人员。受国家机关、国有公司、企业、事业单位、人民团体委托管理、经营国有财产的人员，是其他依照法律从事公务的人员，以国家工作人员论处，可以构成本罪的主体。(2)主观方面是故意，具有非法占有他人财物的目的。(3)客体是国家工作人员职务行为的廉洁性。(4)客观方面表现为：一是，

利用职务上的便利，索取他人的财物的行为(不以为他人谋取利益为前提)或者非法收受他人的财物，并为他人谋取利益的行为。利用职务上的便利，是指利用本人职务上主管、分管、负责某项公共事务的职权所形成的便利条件。这里的财物应当不仅包括有形的可以用金钱计量的钱财，也包括无形的可以用金钱计量的物质性利益，如债权的设立、债务的免除以及其他形式的物质性利益。但不包括诸如提升职务、提供女色等非物质性利益。二是，索贿、受贿所得数额在5000元以上，或者索贿、受贿所得数额不到5000元但情节严重的。

行政机关工作人员在办理行政许可、实施监督检查时，索取或者收受他人财物或者其他利益，符合受贿罪的构成要件，只要索贿、受贿所得数额在5000元以上，或者索贿、受贿所得数额不到5000元但情节严重的，就应当以受贿罪论处。犯受贿罪的，根据情节轻重，分别按照下列规定处罚：(1)受贿数额在10万元以上的，处10年以上有期徒刑或者无期徒刑，可以并处没收财产；情节特别严重的，处死刑，并处没收财产。(2)受贿数额在5万元以上不满10万元的，处5年以上有期徒刑，可以并处没收财产；情节特别严重的，处无期徒刑，并处没收财产。(3)受贿数额在5000元以上不满5万元的，处1年以上7年以下有期徒刑；情节严重的，处7年以上10年以下有期徒刑。受贿数额在5000元以上不满1万元的，犯罪后有悔改表现、积极退赃的，可以减轻处罚或者免予刑事处罚，由其所在单位或者上级主管机关予以行政处分。(4)受贿数额不满5000元，但情节较重的，也构成受贿罪，处以两年以下有期徒刑或者拘役。

对于行政机关工作人员在办理行政许可、实施监督检查时，主动索取他人财物构成受贿罪的，要从重处罚。行政机关工作人员办理行政许可、实施监督检查，索取或者收受他人财物或者牟取其他利益，不构成犯罪的，依法给予行政处分。行政机关工作人员在办理行政许可、实施监督检查时，索取或者收受他人财物或者其他利益，数额不满500元，情节较轻，不构成犯罪的，由所在单位或者上级主管机关依法给予行政处分。

㉚行政机关工作人员实施行政许可有上述三种行为中的任何一种或者几种，致使公共财产、国家和人民利益遭受重大损失的，构成滥用职权罪、玩忽职守罪。

滥用职权罪，是指国家机关工作人员违反职责要求，任意行使职权或者超越权限行使职权，致使公共财产、国家和人民利益遭受重大损失的行为。构成玩忽职守罪，必须具备下列四个基本要件：(1)主体是特殊主体，只能是国家机关工作人员；(2)主观方面是故意；(3)客体是公务职责的公正、勤勉性和国家机关的正常职能活动；(4)客观方面表现为：行为人超越法定职权范围，擅自决定、处理无权决定的事项或者行为人不按照法定的条件、要求任意决定、处理其职权范围内的事项；行为导致公共财产、国家和人民利益遭受重大损失。所谓重大损失，一般是指造成1人以上或者3人以上重伤、造成直接经济损失数额巨大、造成严重政治影响等。

玩忽职守罪，是指国家机关工作人员严重不负责任，不履行职责或者不正确履行职责，致使公共财产、国家和人民利益遭受重大损失的行为。构成玩忽职守罪，必须具备以下四个基本要件：(1)主体是特殊主体，只能是国家机关工作人员；(2)主观方面是过失，即行为人应当预见到自己的行为会导致公共财产、国家和人民利益遭受重大损失，却由于疏忽大意没有预见到或者虽然预见但深信能够避免；(3)客体是公务职责的公正、勤勉性和国家机关的正常职能活动；(4)客观方面表现为：严重不负责任，不履行或者不正确履行职责；行为导致公共财产、国家和人民利益遭受重大损失。这里，重大损失的标准与滥用职权罪相同。

行政机关工作人员实施行政许可时，凡滥用职权或者玩忽职守罪的，处3年以下有期徒刑或者拘役；情节特别严重的，处3年以上7年以下有期徒刑。如果行政机关工作人员在实施行政许可时，因为贪图钱财、袒护亲友、照顾关系或者为其他私情徇私舞弊，滥用职权或者玩忽职守构成犯罪的，处5年以下有期徒刑或者拘役；情节特别严重的，处5年以上10年以下有期徒刑。国家工作人员徇私舞弊犯滥用职权罪、玩忽职守罪的同时，若收受了申请人的财物或者其他利益，往往还犯了受贿罪，这时应当数罪并罚。

㉛截留、挪用行政许可收费，情节严重的，构成挪用公款罪。私分、变相私分行政许可收费，情节严重的，构成贪污罪。挪用公款罪，是指国家工作人员利用职务上的便利，挪用公款归个人使用，进行非法活动，或者挪用公款数额较大、进行营利活动的，或者挪用公款数额较大、超过3个月未还的行为。构成挪用公款罪，必须具备以下四个要件：(1)主体是特殊主体，即国家工作人员；(2)客体是国家工作人员职务行为的廉洁性、国家的财经管理制度；(3)主观方面是故意；(4)客观方面表现为利用职务之便，挪用公款进行非法活动，实践中以5000元为追究刑事责任的数额起点；挪用公款数额较大、进行营利活动，实践中，挪用数额在1万元至3万元的，可以视为"数额较大"；挪用公款数额较大，超过3个月未还。

私分或者变相私分行政许可收费的，数额较大的，构成贪污罪。贪污罪是指国家工作人员利用职务上的便利，侵吞、窃取、骗取或者以其他手段非法占有公共财物的行为。构成贪污罪必须具备以下四个要件：(1)主体是国家工作人员；(2)客体是国家工作人员职务行为的廉洁性和公共财产；(3)主观方面是具有非法占有公共财物的目的；(4)客观方面表现为利用职务上的便利，侵吞、窃取、骗取或者以其他手段非法占有公共财物。贪污罪的起刑点一般为5000元。行政机关工作人员私分或者变相私分行政许可收费，数额在5000元以上，构成贪污罪。对犯贪污罪的,根据贪污的数额和情节轻重,分别依照下列规定处罚:(1)贪污数额在10万元以上的,处10年以上有期徒刑或者无期徒刑,可以并处没收财产;情节特别严重的,处死刑,并处没收财产。(2)贪污数额在5万元以上不满10万元的,处5年以上有期徒刑,可以并处没收财产;情节特别严重的,处无期徒刑,并处没收财产。(3)贪污数额在5000元以上不满5万元的,处1年以上7年以下有期徒刑;情节严重的,处7年以上10年以下有期徒刑。个人贪污数额在5000元以上不满1万元,犯罪后有悔改表现、积极退赃的,可以减轻处罚或者免予刑事处罚,由其所在单位或者上级主管机关给予行政处分。(4)个人贪污数额不满5000元,情节较重的,处2年以下有期徒刑或者拘役;情节较轻的,由其所在单位或者上级主管机关酌情给予行政处分。对于行政机关工作人员多次贪污未经处理的,按照累计贪污数额处罚。

㉜有关的罪名有徇私舞弊罪,如商检徇私舞弊罪、商检失职罪、滥用职权罪、玩忽职守罪、环境监管失职罪、放纵制售伪劣商品犯罪行为罪等。

(一)商检徇私舞弊罪、商检失职罪

《刑法》第四百一十二条规定了商检徇私舞弊罪和商检失职罪。国家商检部门、商检机构的工作人员徇私舞弊,伪造检验结果的,处五年以下有期徒刑或者拘役;造成严重后果的,处五年以上十年以下有期徒刑。前款所列人员严重不负责任,对应当检验的物品不检验,或者延误检验出证、错误出证,致使国家利益遭受重大损失的,处三年以下有期徒刑或者拘役。商检徇私舞弊罪是指国家商检部门、商检机构的工作人员徇私舞弊,伪造检验结果的行为。国家商检部门、商检机构的工作人员涉嫌在商品检验过程中,为徇私情、私利,对报检的商品采取伪造、变造的手段对商检的单证、印章、标志、封识、质量认证标志等作虚假的证明或者出具不真实的结论,包括将送检的合格商品检验为不合格,或者将不合格检验为合格等行为的,构成商检徇私舞弊罪。商检失职罪是国家商检部门、商检机构的工作人员严重不负责任,对应当检验的物品不检验,或者延误检验出证、错误出证,致使国家利益遭受重大损失的行为。涉嫌下列情形之一的,应予立案:(1)因不检验或者延误检验出证、错误出证,致使依法进出口商品不能进口或者出口,导致合同、订单被取消,或者外商向我方索赔或影响我方向外商索赔,直接经济损失达30万元以上的;(2)因不检验或者延误检验出证、错误出证,致使不合格商品进口或者出口,严重损害国家和人民利益的;(3) 3次以上不检验或者延误检验出证、错误出证,严重影响国家对外经贸关系或者国家声誉的。

(二)滥用职权罪、玩忽职守罪(见前注)

(三)环境监管失职罪

《刑法》第四百零八条规定了环境监管失职罪。负有环境保护监督管理职责的国家机关工作人员严重不负责任，导致发生重大环境污染事故，致使公私财产遭受重大损失或者造成人身伤亡的严重后果的，处三年以下有期徒刑或者拘役。环境监管失职罪是指负有环境保护监督管理职责的国家机关工作人员严重不负责任，不履行或不认真履行环境保护监管职责导致发生重大环境污染事故，致使公私财产遭受重大损失或者造成人身伤亡的严重后果的行为。涉嫌下列情形之一的，应予立案：(1)造成直接经济损失30万元以上的；(2)造成人员死亡1人以上，或者重伤3人以上，或者轻伤10人以上的；(3)使一定区域内的居民的身心健康受到严重危害的；(4)其他致使公私财产遭受重大损失或者造成人身伤亡严重后果的情形。

(四)放纵制售伪劣商品犯罪行为罪

《刑法》第四百一十四条规定了放纵制售伪劣商品犯罪行为罪。对生产、销售伪劣商品犯罪行为负有追究责任的国家机关工作人员，徇私舞弊，不履行法律规定的追究职责，情节严重的，处五年以下有期徒刑或者拘役。放纵制售伪劣商品犯罪行为罪是指对生产、销售伪劣商品犯罪行为负有追究责任的国家工商行政管理、质量技术监督等机关工作人员徇私舞弊，不履行法律规定的追究职责，情节严重的行为。涉嫌下列情形之一的，应予立案：(1)放纵制售假药，有毒、有害食品犯罪行为的；(2)放纵依法可能判处3年有期徒刑以上刑罚的生产、销售、伪劣商品犯罪行为的；(3)对生产、销售伪劣商品犯罪行为不履行追究职责，致使生产、销售伪劣商品犯罪行为得以继续的；(4)对生产、销售伪劣商品犯罪行为不履行追究职责，致使国家和人民利益遭受重大损失或者造成恶劣影响的；(5) 3次以上不履行追究职责，或者对3个以上有生产、销售伪劣商品犯罪行为的单位或者个人不履行追究职责的。

㉝比如，申请人要向行政机关申请从事食品生产经营方面的行政许可，但从事食品生产经营的活动中，有一个基本的要求即不得有严重传染性疾病，而申请人自身患有严重的传染性疾病，却向行政机关隐瞒这一情况，在获取许可后从事食品的生产经营，就会给公众的人身健康带来威胁。再如：《房地产开发企业资质管理规定》要求申请各资质等级企业必须是没有发生过重大工程质量事故，某房地产开发企业虽然发生过重大工程质量事故，但是为了获得所申请的资质，隐瞒了这个情况，则属于这类情形。

㉞比如，一建筑企业并不具备其从事申请等级的建筑资质的条件，却故意提供虚假材料，骗取行政机关的资质许可决定，然后从事大型建筑物的建筑活动，最后导致建筑物质量存在严重缺陷，以及公共财产的重大损失。

㉟涂改是指抹去证件原有的文字或者图形，并加上新的文字或图形，以期他人认为改动后的证件为合法证件的行为；倒卖一般是以盈利为目的，利用自己具备的有关条件和资格获得行政许可后，永久卖与不具备有关条件或者虽然

具备条件但没有提出申请的相对人;出租是指非法以行政许可证件的使用权来获得租金的非法行为,一般有一定期限;出借是指无偿将行政许可证件供他人使用的违法行为。行政许可是行政机关赋予特定的行政相对人的,如果该相对人涂改许可证,或者出借、出租、倒卖许可证,或者以其他形式非法转让行政许可,就背离了行政机关实施行政许可的初衷,使行政许可方面的生产经营等活动失去行政机关的监督管理,各种违法犯罪行为就可能发生。实践中,被许可人涂改许可证,主要目的是超越许可的条件和范围从事非法生产经营等活动。出借、出租、倒卖许可证,主要目的是通过不法手段从中牟利。被许可人对这些不法行为都应当承担法律责任。比如,《渔业法》第四十三条规定:"涂改、买卖、出租或者以其他形式转让捕捞许可证的,没收违法所得,吊销捕捞许可证,可以并处一万元以下的罚款。"

㊱行政许可是基于被许可人的资格和有关条件而授予的,与被许可人的行为能力是相称的,是权利能力与行为能力一致原则的体现。超越了行政许可范围,则有可能侵害他人或者社会的利益,严重的还会危及公共安全、人身健康以及财产安全。如《中华人民共和国建筑法》第十三条规定,从事建筑活动的建筑施工企业、勘察单位、设计单位和工程监理单位,按照其拥有的注册资本、专业技术人员、技术装备和已完成的建筑工程业绩等资质条件,划分为不同的资质等级,经资质审查合格,取得相应等级的资质证书后,方可在其资质等级许可的范围内从事建筑活动。如建筑施工企业二级资质的企业,如要承接需要一级资质企业承建的工程,就可能会造成工程质量隐患,对公共安全、人身健康和财产安全构成威胁。另如建筑工程施工许可,具备下列条件,才可以申领建筑工程施工许可:(1)已经办理该建筑工程用地批准手续;(2)在城市规划区的建筑工程,已经取得规划许可证;(3)需要拆迁的,其拆迁进度符合施工要求;(4)已经确定建筑施工企业;(5)有满足施工需要的施工图纸及技术资料;(6)有保证工程质量和安全的具体措施;(7)建设资金已经落实;(8)法律、行政法规规定的其他条件。如不符合以上要求,则难以保证建筑工程质量。

㊲如《食品卫生法》规定,食品生产经营过程不符合卫生要求的,责令改正,给予警告,可以处以5000元以下的罚款;拒不改正或者有其他严重情节的,吊销卫生许可证。

㊳本项中涉及到的罪名是伪造、变造、买卖证件罪。《刑法》第二百八十条第一款规定,伪造、变造、买卖或者盗窃、抢夺、毁灭国家机关的公文、证件、印章的,处三年以下有期徒刑、拘役、管制或者剥夺政治权利;情节严重的,处三年以上十年以下有期徒刑。

㊴比如,按照《律师法》的规定,司法行政主管部门许可律师执业的范围只能是一个律师事务所,但某律师同时在两个律师事务所以上执业,其行为即属

于违法。再比如，林业行政主管部门依据《森林法》的有关规定，所发放的森林采伐许可证都对采伐的范围有明确的要求，但有关个人或者单位却超越森林采伐证许可的范围采伐林木，其行为即构成违法。

㊵被许可人从事许可事项活动是为了谋取自身利益，有极大的可能过度追求其利益而损害公共利益，因此国家需要对被许可人正确使用行政许可的情况进行监督。例如，取得消防许可的单位，可能出于节约经营或者管理成本而疏于对消防设备的维护导致消防隐患，危害公共安全。因此，《行政许可法》在第六章专门设立监督检查制度。行政机关进行监督检查并作出评价处理的根据，是被许可人从事许可事项活动的事实。调查事实和取得反映这些事实的各种文件资料，是实现监督检查行政职能的关键环节。有不正当使用行政许可行为的当事人，往往通过不配合或者抵抗行政机关调查活动来掩盖其违法事实规避法律监督。为了保证行政调查活动的正常进行，本条特别规定当事人隐瞒有关情况、提供虚假材料或者拒绝提供反映其活动情况真实材料的，必须承担法律责任。比如，根据《药品管理法》的规定，药品监督管理机构有权要求药品生产单位提供相关的文件和资料，而药品生产单位却提供虚假材料或者拒绝提供反映其生产活动情况的真实材料的。

㊶比如，依照有关法律、法规的规定，从事捕捞、森林采伐、探矿和采矿等活动，都必须取得有关行政主管部门的行政许可，如果公民、法人或者其他组织未取得许可即擅自从事生产经营等活动，即属于违法。

㊷本条中规定的法律责任涉及的罪名主要有以下几种：

(一)非法行医罪和非法进行节育手术罪：

《刑法》第三百三十六条规定了非法行医罪和非法进行节育手术罪。未取得医生执业资格的人非法行医，情节严重的，处三年以下有期徒刑、拘役或者管制，并处或者单处罚金；严重损害就诊人身体健康的，处三年以上十年以下有期徒刑，并处罚金；造成就诊人死亡的，处十年以上有期徒刑，并处罚金。未取得医生执业资格的人擅自为他人进行节育复通手术、假节育手术、终止妊娠手术或者摘取宫内节育器，情节严重的，处三年以下有期徒刑、拘役或者管制，并处或者单处罚金；严重损害就诊人身体健康的，处三年以上十年以下有期徒刑，并处罚金；造成就诊人死亡的，处十年以上有期徒刑，并处罚金。《关于办理妨害预防、控制突发传染病疫情等灾害的刑事案件具体应用法律若干问题的解释》第十二条规定，未取得医师执业资格非法行医，具有造成突发传染病病人、病原携带者、疑似突发传染病病人贻误诊治或者造成交叉感染等严重情节的，依照《刑法》第三百三十六条第一款的规定，以非法行医罪定罪，依法从重处罚。如2002年，辽宁一家美容院经营者在未取得医生执业资格及医疗执业许可证的情况下，擅自开办医疗机构进行医疗美容手术，两名工作人员虽取得医生执业资格,但明知该美容院无合法证件而与其谋取共同的非法利益,在非医疗机构共同进行医疗美容手术,并致人死亡。为此,三被告人的行为均构成非法行医罪。

(二)擅自设立金融机构罪

《刑法》第一百七十四条第一款规定了擅自设立金融机构罪。未经中国人民银行批准,擅自设立商业银行或者其他金融机构的,处三年以下有期徒刑或者拘役,并处或者单处二万元以上二十万元以下罚金;情节严重的,处三年以上十年以下有期徒刑,并处五万元以上五十万元以下罚金。擅自设立金融机构罪是指,未经中国人民银行等国家有关主管部门批准,擅自设立金融机构,涉嫌下列情形之一的,应予追诉:1.擅自设立商业银行、证券、期货、保险机构及其他金融机构的;2.擅自设立商业银行、证券、期货、保险机构及其他金融机构筹备组织的。

(三)擅自发行股票、公司、企业债券罪

《刑法》第一百七十九条规定了擅自发行股票、公司、企业债券罪。未经国家有关主管部门批准,擅自发行股票或者公司、企业债券,数额巨大、后果严重或者有其他严重情节的,处五年以下有期徒刑或者拘役,并处或者单处非法募集资金金额百分之一以上百分之五以下罚金。单位犯前款罪的,对单位判处罚金,并对其直接负责的主管人员和其他直接责任人员处五年以下有期徒刑或者拘役。未经国家有关主管部门批准,擅自发行股票或者公司、企业债券,涉嫌下列情形之一的,应予追诉:(1)发行数额在五十万元以上的;(2)不能及时清偿或者清退的;(3)造成恶劣影响的。

(四)非法采矿罪

《刑法》第三百四十三条规定了非法采矿罪。违反《矿产资源法》的规定,未取得采矿许可证擅自采矿的,擅自进入国家规划矿区、对国民经济具有重要价值的矿区和他人矿区范围采矿的,擅自开采国家规定实行保护性开采的特定矿种,经责令停止开采后拒不停止开采,造成矿产资源破坏的,处三年以下有期徒刑、拘役或者管制,并处或者单处罚金;造成矿产资源严重破坏的,处三年以上七年以下有期徒刑,并处罚金。第三百四十六条规定,单位犯本节第三百三十八条至第三百四十五条规定之罪的,对单位判处罚金,并对其直接负责的主管人员和其他直接责任人员,依照本节各该条的规定处罚。《关于审理非法采矿、破坏性采矿刑事案件具体应用法律若干问题的解释》第一条规定,违反《矿产资源法》的规定非法采矿,具有下列情形之一,经责令停止开采后拒不停止开采,造成矿产资源破坏的,依照刑法第三百四十三条第一款的规定,以非法采矿罪定罪处罚:(1)未取得采矿许可证擅自采矿;(2)擅自进入国家规划矿区、对国民经济具有重要价值的矿区和他人矿区范围采矿;(3)擅自开采国家规定实行保护性开采的特定矿种。第二条规定,具有下列情形之一的,属于本解释第一条第1项规定的"未取得采矿许可证擅自采矿":(1)无采矿许可证开采矿产资源的;(2)采矿许可证被注销、吊销后继续开采矿产资源的;(3)超越采矿许可证规定的矿区范围开采矿产资源的;(4)未按采矿许可证规定的矿种开采矿产资源的(共生、伴生矿种除外);(5)其他未取得采矿许可证开采矿产资源的情形。第七条规定,多次非法采矿或者破坏性采矿构成犯罪,依法应当追诉的,或者一年内多次非法采矿或破坏性采矿未经处理的,按造成矿产资源破坏的数额累计计算。第八条规定,单位犯非法采矿罪和破坏性采矿罪的定罪量刑标准,按照本解释的有关规定执行。

㊸如台湾翁岳生编《行政法》一书认为,停止受理申报是对营业自由权进行限制的一种情形,其性质为行政秩序罚。行政秩序罚是由行政机关单方作出,针对相对人具体违法事件,产生处罚效果的公权力措施,是一种行政处分。而且因为直接对相对人产生不利益的法律后果,所以属于"负担行政处分"。

㊹如《中等专业教育自学考试暂行规定》(中华人民共和国国家教育委员会令〔1991〕第16号)第九章奖励和处罚第三十七条规定,中专自学考试应考者在考试中有夹带、传递、抄袭、换卷、代考等舞弊行为以及其他违反考试规则的行为,省考委视情节轻重,分别给予警告、取消考试成绩、停考1年至3年的处罚。

㊺行政许可行为是一种由有权行政主体依相对人申请作出的被动性的行政行为,在这一行为过程中,相对人的申请是导入整个许可过程的前提和必需,对于相对人来说,这种申请权实际上是一种与行政主体、行政活动息息相关的,是一种行政性的权利,对它的限制,虽然在《行政处罚法》中没有被明确界定,但也具备行政处罚的基本属性,即行政性、惩罚性、外部性等特征,应该属于行政处罚的一种特殊形式。行政处罚根据其内容,可划分为人身罚,如行政拘留;行为罚,如吊销营业执照;财产罚,如没收违法所得、非法财物;申诫罚,如警告。这些处罚显然属于"限制或剥夺违反行政法规范的行政相对人的行为能力(资格)的行政处罚",即行为罚的范畴。

主要参考文献

文章类

李春燕:《行政信赖保护原则研究》,载《行政法学研究》2001年第3期。

方世荣:《行政许可的涵义、性质及公正性问题探讨》,载《法律科学》1998年第2期。

朱芒:《日本的行政许可——基本理论和制度》,载《中外法学》1999年第4期。

郭道晖:《对行政许可是“赋权”行为的质疑——关于享有与行使权利的一点法理学思考》,载《法学》1997年第11期。

张步洪:《论行政许可的范围》,载《行政法学研究》1998年第2期。

杨解君:《行政许可的概念与性质略谈——与郭道晖先生共同探讨》,载《南京大学学报》2000年第3期。

邱瑞虹、王东风:《论行政许可设定权》,见《法制与社会发展》2000年第6期。

著作类

王名扬:《美国行政法》,中国法制出版社1995年版。

林纪东:《行政法新论》,茂荣印刷事业有限公司1985年改订版。

曾繁正等编译:《美国行政法》,红旗出版社 1998 年版。

[德]哈特穆特·毛雷尔《行政法学总论》,高家伟译,法律出版社 2000 年版。

[印]M.p.赛夫:《德国行政法——普通法的分析》(中译本),周伟译,五南图书出版公司 1991 年版。

[法]莫里斯·奥里乌:《行政法与公法精要》(上、下册)(中译本),龚觅等译,辽海出版社、春风文艺出版社 1999 年版。

[日]室井力主编:《日本现代行政法》(中译本),吴微译,罗田广校,中国政法大学出版社 1995 年版。

「日」西冈等著:《现代行政法概论》(中译本),康树华译,甘肃人民出版社 1990 年版。

[英]H.威廉.韦德:《行政法》(中译本),徐炳等译,中国大百科全书出版社 1997 年 1 月第 1 版。

[美]伯纳德·施瓦茨:《行政法》(中译本),徐炳译,群众出版社 1986 年版。

[英]W.韦德:《行政法》,徐炳等译,中国大百科全书出版社 1997 年版。

马怀德:《行政许可》,中国政法大学出版社 1994 年版。

罗文燕:《行政许可制度研究》,中国人民公安大学出版社 2003 年版。

杨解君主编:《行政许可研究》,人民出版社 2001 年 12 月第 1 版。

张正钊、韩大元主编:《中外许可证制度的理论与实务》,中国人民大学出版社 1994 年 1 月第 1 版。

乔晓阳主编:《中华人民共和国行政许可法释义》,中国物价出版社 2003 年 9 月第 1 版。

汪永清主编:《中华人民共和国行政许可法释义》,中国法制出版社 2003 年 9 月第 1 版。

汪永清主编:《中华人民共和国行政许可法教程》,中国法制出版社 2003 年 9 月第 1 版。

姜明安主编:《行政许可法条文精释与案例解析》,人民法院出版社 2003 年 10 月第 1 版。

李飞主编:《中华人民共和国行政许可法释解》,群众出版社 2003 年 9 月第 1 版。

肖金明主编:《行政许可要论》,山东大学出版社,2003 年 10 月第 1 版。

[附录]

中华人民共和国主席令

(第7号)

《中华人民共和国行政许可法》已由中华人民共和国第十届全国人民代表大会常务委员会第四次会议于2003年8月27日通过,现予公布,自2004年7月1日起施行。

中华人民共和国主席 胡锦涛

2003年8月27日

中华人民共和国行政许可法

（2003 年 8 月 27 日第十届全国
人民代表大会常务委员会第四次会议通过）

目　录

第一章　总则

第一条　为了规范行政许可的设定和实施，保护公民、法人和其他组织的合法权益，维护公共利益和社会秩序，保障和监督行政机关有效实施行政管理，根据宪法，制定本法。

第二条　本法所称行政许可，是指行政机关根据公民、法人或者其他组织的申请，经依法审查，准予其从事特定活动的行为。

第三条　行政许可的设定和实施，适用本法。

有关行政机关对其他机关或者对其直接管理的事业单位的人事、财务、外事等事项的审批，不适用本法。

第四条　设定和实施行政许可，应当依照法定的权限、范围、条件和程序。

第五条　设定和实施行政许可，应当遵循公开、公平、公正的原则。

有关行政许可的规定应当公布；未经公布的，不得作为实施行政许可的依据。行政许可的实施和结果，除涉及国家秘密、商业秘密或者个人隐私的外，应当公开。

符合法定条件、标准的，申请人有依法取得行政许可的平等权利，行政机关不得歧视。

第六条　实施行政许可，应当遵循便民的原则，提高办事效率，提供优质服务。

第七条　公民、法人或者其他组织对行政机关实施行政许可，享有陈述权、申辩权；有权依法申请行政复议或者提起行政诉讼；其合法权益因行政机关违法实施行政许可受到损害的，有权依法要求赔偿。

第八条　公民、法人或者其他组织依法取得的行政许可受法律保护，行政机关不得擅自改变已经生效的行政许可。

行政许可所依据的法律、法规、规章修改或者废止，或者准予行政许可所依据的客观情况发生重大变化的，为了公共利益的需要，行政机关可以依法变更或者撤回已经生效的行政许可。由此给公民、法人或者其他组织造成财产损失的，行政机关应当依法给予补偿。

第九条 依法取得的行政许可，除法律、法规规定依照法定条件和程序可以转让的外，不得转让。

第十条 县级以上人民政府应当建立健全对行政机关实施行政许可的监督制度，加强对行政机关实施行政许可的监督检查。

行政机关应当对公民、法人或者其他组织从事行政许可事项的活动实施有效监督。

第二章 行政许可的设定

第十一条 设定行政许可，应当遵循经济和社会发展规律，有利于发挥公民、法人或者其他组织的积极性、主动性，维护公共利益和社会秩序，促进经济、社会和生态环境协调发展。

第十二条 下列事项可以设定行政许可：

(一)直接涉及国家安全、公共安全、经济宏观调控、生态环境保护以及直接关系人身健康、生命财产安全等特定活动，需要按照法定条件予以批准的事项；

(二)有限自然资源开发利用、公共资源配置以及直接关系公共利益的特定行业的市场准入等，需要赋予特定权利的事项；

(三)提供公众服务并且直接关系公共利益的职业、行业，需要确定具备特殊信誉、特殊条件或者特殊技能等资格、资质的事项；

(四)直接关系公共安全、人身健康、生命财产安全的重要设备、设施、产品、物品，需要按照技术标准、技术规范，通过检验、检测、检疫等方式进行审定的事项；

(五)企业或者其他组织的设立等，需要确定主体资格的事项；

(六)法律、行政法规规定可以设定行政许可的其他事项。

第十三条 本法第十二条所列事项，通过下列方式能够予以规范的，可以不设行政许可：

(一)公民、法人或者其他组织能够自主决定的；

(二)市场竞争机制能够有效调节的；

(三)行业组织或者中介机构能够自律管理的；

(四)行政机关采用事后监督等其他行政管理方式能够解决的。

第十四条 本法第十二条所列事项,法律可以设定行政许可。尚未制定法律的,行政法规可以设定行政许可。

必要时,国务院可以采用发布决定的方式设定行政许可。实施后,除临时性行政许可事项外,国务院应当及时提请全国人民代表大会及其常务委员会制定法律,或者自行制定行政法规。

第十五条 本法第十二条所列事项,尚未制定法律、行政法规的,地方性法规可以设定行政许可;尚未制定法律、行政法规和地方性法规的,因行政管理的需要,确需立即实施行政许可的,省、自治区、直辖市人民政府规章可以设定临时性的行政许可。临时性的行政许可实施满一年需要继续实施的,应当提请本级人民代表大会及其常务委员会制定地方性法规。

地方性法规和省、自治区、直辖市人民政府规章,不得设定应当由国家统一确定的公民、法人或者其他组织的资格、资质的行政许可;不得设定企业或者其他组织的设立登记及其前置性行政许可。其设定的行政许可,不得限制其他地区的个人或者企业到本地区从事生产经营和提供服务,不得限制其他地区的商品进入本地区市场。

第十六条 行政法规可以在法律设定的行政许可事项范围内,对实施该行政许可作出具体规定。

地方性法规可以在法律、行政法规设定的行政许可事项范围内,对实施该行政许可作出具体规定。

规章可以在上位法设定的行政许可事项范围内,对实施该行政许可作出具体规定。

法规、规章对实施上位法设定的行政许可作出的具体规定,不得增设行政许可;对行政许可条件作出的具体规定,不得增设违反上位法的其他条件。

第十七条 除本法第十四条、第十五条规定的外,其他规范性文件一律不得设定行政许可。

第十八条 设定行政许可,应当规定行政许可的实施机关、条件、程序、期限。

第十九条 起草法律草案、法规草案和省、自治区、直辖市人民政府规章草案,拟设定行政许可的,起草单位应当采取听证会、论证会等形式听取意见,并向制定机关说明设定该行政许可的必要性、对经济和社会可能产生的影响以及听取和采纳意见的情况。

第二十条 行政许可的设定机关应当定期对其设定的行政许可进行评价;对已设定的行政许可,认为通过本法第十三条所列方式能够解决的,应当对设定该行政许可的规定及时予以修改或者废止。

行政许可的实施机关可以对已设定的行政许可的实施情况及存在的必要性适时进行评价,并将意见报告该行政许可的设定机关。

公民、法人或者其他组织可以向行政许可的设定机关和实施机关就行政许可的设定和实施提出意见和建议。

第二十一条 省、自治区、直辖市人民政府对行政法规设定的有关经济事务的行政许可,根据本行政区域经济和社会发展情况,认为通过本法第十三条所列方式能够解决的,报国务院批准后,可以在本行政区域内停止实施该行政许可。

第三章 行政许可的实施机关

第二十二条 行政许可由具有行政许可权的行政机关在其法定职权范围内实施。

第二十三条 法律、法规授权的具有管理公共事务职能的组织,在法定授权范围内,以自己的名义实施行政许可。被授权的组织适用本法有关行政机关的规定。

第二十四条 行政机关在其法定职权范围内,依照法律、法规、规章的规定,可以委托其他行政机关实施行政许可。委托机关应当将受委托行政机关和受委托实施行政许可的内容予以公告。

委托行政机关对受委托行政机关实施行政许可的行为应当负责监

督,并对该行为的后果承担法律责任。

受委托行政机关在委托范围内,以委托行政机关名义实施行政许可;不得再委托其他组织或者个人实施行政许可。

第二十五条 经国务院批准,省、自治区、直辖市人民政府根据精简、统一、效能的原则,可以决定一个行政机关行使有关行政机关的行政许可权。

第二十六条 行政许可需要行政机关内设的多个机构办理的,该行政机关应当确定一个机构统一受理行政许可申请,统一送达行政许可决定。

行政许可依法由地方人民政府两个以上部门分别实施的,本级人民政府可以确定一个部门受理行政许可申请并转告有关部门分别提出意见后统一办理,或者组织有关部门联合办理、集中办理。

第二十七条 行政机关实施行政许可,不得向申请人提出购买指定商品、接受有偿服务等不正当要求。

行政机关工作人员办理行政许可,不得索取或者收受申请人的财物,不得谋取其他利益。

第二十八条 对直接关系公共安全、人身健康、生命财产安全的设备、设施、产品、物品的检验、检测、检疫,除法律、行政法规规定由行政机关实施的外,应当逐步由符合法定条件的专业技术组织实施。专业技术组织及其有关人员对所实施的检验、检测、检疫结论承担法律责任。

第四章 行政许可的实施程序

第一节 申请与受理

第二十九条 公民、法人或者其他组织从事特定活动,依法需要取得行政许可的,应当向行政机关提出申请。申请书需要采用格式文本的,行政机关应当向申请人提供行政许可申请书格式文本。申请书格式文本中不得包含与申请行政许可事项没有直接关系的内容。

申请人可以委托代理人提出行政许可申请。但是,依法应当由申请人到行政机关办公场所提出行政许可申请的除外。

行政许可申请可以通过信函、电报、电传、传真、电子数据交换和电子邮件等方式提出。

第三十条 行政机关应当将法律、法规、规章规定的有关行政许可的事项、依据、条件、数量、程序、期限以及需要提交的全部材料的目录和申请书示范文本等在办公场所公示。

申请人要求行政机关对公示内容予以说明、解释的,行政机关应当说明、解释,提供准确、可靠的信息。

第三十一条 申请人申请行政许可,应当如实向行政机关提交有关材料和反映真实情况,并对其申请材料实质内容的真实性负责。行政机关不得要求申请人提交与其申请的行政许可事项无关的技术资料和其他材料。

第三十二条 行政机关对申请人提出的行政许可申请,应当根据下列情况分别作出处理:

(一)申请事项依法不需要取得行政许可的,应当即时告知申请人不受理;

(二)申请事项依法不属于本行政机关职权范围的,应当即时作出不予受理的决定,并告知申请人向有关行政机关申请;

(三)申请材料存在可以当场更正的错误的,应当允许申请人当场更正;

(四)申请材料不齐全或者不符合法定形式的,应当当场或者在五日内一次告知申请人需要补正的全部内容,逾期不告知的,自收到申请材料之日起即为受理;

(五)申请事项属于本行政机关职权范围,申请材料齐全、符合法定形式,或者申请人按照本行政机关的要求提交全部补正申请材料的,应当受理行政许可申请。

行政机关受理或者不予受理行政许可申请,应当出具加盖本行政机关专用印章和注明日期的书面凭证。

第三十三条 行政机关应当建立和完善有关制度,推行电子政务,在行政机关的网站上公布行政许可事项,方便申请人采取数据电文等方式提出行政许可申请;应当与其他行政机关共享有关行政许可信息,提高办事效率。

第二节　审查与决定

第三十四条　行政机关应当对申请人提交的申请材料进行审查。

申请人提交的申请材料齐全、符合法定形式,行政机关能够当场作出决定的,应当当场作出书面的行政许可决定。

根据法定条件和程序,需要对申请材料的实质内容进行核实的,行政机关应当指派两名以上工作人员进行核查。

第三十五条　依法应当先经下级行政机关审查后报上级行政机关决定的行政许可,下级行政机关应当在法定期限内将初步审查意见和全部申请材料直接报送上级行政机关。上级行政机关不得要求申请人重复提供申请材料。

第三十六条　行政机关对行政许可申请进行审查时,发现行政许可事项直接关系他人重大利益的,应当告知该利害关系人。申请人、利害关系人有权进行陈述和申辩。行政机关应当听取申请人、利害关系人的意见。

第三十七条　行政机关对行政许可申请进行审查后,除当场作出行政许可决定的外,应当在法定期限内按照规定程序作出行政许可决定。

第三十八条　申请人的申请符合法定条件、标准的,行政机关应当依法作出准予行政许可的书面决定。

行政机关依法作出不予行政许可的书面决定的,应当说明理由,并告知申请人享有依法申请行政复议或者提起行政诉讼的权利。

第三十九条　行政机关作出准予行政许可的决定,需要颁发行政许可证件的,应当向申请人颁发加盖本行政机关印章的下列行政许可证件:

(一)许可证、执照或者其他许可证书;

(二)资格证、资质证或者其他合格证书;

(三)行政机关的批准文件或者证明文件;

（四）法律、法规规定的其他行政许可证件。

行政机关实施检验、检测、检疫的，可以在检验、检测、检疫合格的设备、设施、产品、物品上加贴标签或者加盖检验、检测、检疫印章。

第四十条 行政机关作出的准予行政许可决定，应当予以公开，公众有权查阅。

第四十一条 法律、行政法规设定的行政许可，其适用范围没有地域限制的，申请人取得的行政许可在全国范围内有效。

第三节 期限

第四十二条 除可以当场作出行政许可决定的外，行政机关应当自受理行政许可申请之日起二十日内作出行政许可决定。二十日内不能作出决定的，经本行政机关负责人批准，可以延长十日，并应当将延长期限的理由告知申请人。但是，法律、法规另有规定的，依照其规定。

依照本法第二十六条的规定，行政许可采取统一办理或者联合办理、集中办理的，办理的时间不得超过四十五日；四十五日内不能办结的，经本级人民政府负责人批准，可以延长十五日，并应当将延长期限的理由告知申请人。

第四十三条 依法应当先经下级行政机关审查后报上级行政机关决定的行政许可，下级行政机关应当自其受理行政许可申请之日起二十日内审查完毕。但是，法律、法规另有规定的，依照其规定。

第四十四条 行政机关作出准予行政许可的决定，应当自作出决定之日起十日内向申请人颁发、送达行政许可证件，或者加贴标签、加盖检验、检测、检疫印章。

第四十五条 行政机关作出行政许可决定，依法需要听证、招标、拍卖、检验、检测、检疫、鉴定和专家评审的，所需时间不计算在本节规定的期限内。行政机关应当将所需时间书面告知申请人。

第四节 听证

第四十六条 法律、法规、规章规定实施行政许可应当听证的事项，或者行政机关认为需要听证的其他涉及公共利益的重大行政许可事项，行政机关应当向社会公告，并举行听证。

第四十七条 行政许可直接涉及申请人与他人之间重大利益关系的，行政机关在作出行政许可决定前，应当告知申请人、利害关系人享有要求听证的权利；申请人、利害关系人在被告知听证权利之日起五日内提出听证申请的，行政机关应当在二十日内组织听证。

申请人、利害关系人不承担行政机关组织听证的费用。

第四十八条 听证按照下列程序进行：

（一）行政机关应当于举行听证的七日前将举行听证的时间、地点通知申请人、利害关系人，必要时予以公告；

（二）听证应当公开举行；

（三）行政机关应当指定审查该行政许可申请的工作人员以外的人员为听证主持人，申请人、利害关系人认为主持人与该行政许可事项有直接利害关系的，有权申请回避；

（四）举行听证时，审查该行政许可申请的工作人员应当提供审查意见的证据、理由，申请人、利害关系人可以提出证据，并进行申辩和质证；

（五）听证应当制作笔录，听证笔录应当交听证参加人确认无误后签字或者盖章。

行政机关应当根据听证笔录，作出行政许可决定。

第五节 变更与延续

第四十九条 被许可人要求变更行政许可事项的，应当向作出行政许可决定的行政机关提出申请；符合法定条件、标准的，行政机关应当依法办理变更手续。

第五十条 被许可人需要延续依法取得的行政许可的有效期的，应当在该行政许可有效期届满三十日前向作出行政许可决定的行政机关提出申请。但是，法律、法规、规章另有规定的，依照其规定。

行政机关应当根据被许可人的申请，在该行政许可有效期届满前作出是否准予延续的决定；逾期未作决定的，视为准予延续。

第六节　特别规定

第五十一条　实施行政许可的程序，本节有规定的，适用本节规定；本节没有规定的，适用本章其他有关规定。

第五十二条　国务院实施行政许可的程序，适用有关法律、行政法规的规定。

第五十三条　实施本法第十二条第二项所列事项的行政许可的，行政机关应当通过招标、拍卖等公平竞争的方式作出决定。但是，法律、行政法规另有规定的，依照其规定。

行政机关通过招标、拍卖等方式作出行政许可决定的具体程序，依照有关法律、行政法规的规定。

行政机关按照招标、拍卖程序确定中标人、买受人后，应当作出准予行政许可的决定，并依法向中标人、买受人颁发行政许可证件。

行政机关违反本条规定，不采用招标、拍卖方式，或者违反招标、拍卖程序，损害申请人合法权益的，申请人可以依法申请行政复议或者提起行政诉讼。

第五十四条　实施本法第十二条第三项所列事项的行政许可，赋予公民特定资格，依法应当举行国家考试的，行政机关根据考试成绩和其他法定条件作出行政许可决定；赋予法人或者其他组织特定的资格、资质的，行政机关根据申请人的专业人员构成、技术条件、经营业绩和管理水平等的考核结果作出行政许可决定。但是，法律、行政法规另有规定的，依照其规定。

公民特定资格的考试依法由行政机关或者行业组织实施，公开举行。行政机关或者行业组织应当事先公布资格考试的报名条件、报考办法、考试科目以及考试大纲。但是，不得组织强制性的资格考试的考前培训，不得指定教材或者其他助考材料。

第五十五条　实施本法第十二条第四项所列事项的行政许可的，应当按照技术标准、技术规范依法进行检验、检测、检疫，行政机关根据检验、检测、检疫的结果作出行政许可决定。

行政机关实施检验、检测、检疫,应当自受理申请之日起五日内指派两名以上工作人员按照技术标准、技术规范进行检验、检测、检疫。不需要对检验、检测、检疫结果作进一步技术分析即可认定设备、设施、产品、物品是否符合技术标准、技术规范的,行政机关应当当场作出行政许可决定。

行政机关根据检验、检测、检疫结果,作出不予行政许可决定的,应当书面说明不予行政许可所依据的技术标准、技术规范。

第五十六条 实施本法第十二条第五项所列事项的行政许可,申请人提交的申请材料齐全、符合法定形式的,行政机关应当当场予以登记。需要对申请材料的实质内容进行核实的,行政机关依照本法第三十四条第三款的规定办理。

第五十七条 有数量限制的行政许可,两个或者两个以上申请人的申请均符合法定条件、标准的,行政机关应当根据受理行政许可申请的先后顺序作出准予行政许可的决定。但是,法律、行政法规另有规定的,依照其规定。

第五章 行政许可的费用

第五十八条 行政机关实施行政许可和对行政许可事项进行监督检查,不得收取任何费用。但是,法律、行政法规另有规定的,依照其规定。

行政机关提供行政许可申请书格式文本,不得收费。

行政机关实施行政许可所需经费应当列入本行政机关的预算,由本级财政予以保障,按照批准的预算予以核拨。

第五十九条 行政机关实施行政许可,依照法律、行政法规收取费用的,应当按照公布的法定项目和标准收费;所收取的费用必须全部上缴国库,任何机关或者个人不得以任何形式截留、挪用、私分或者变相私分。财政部门不得以任何形式向行政机关返还或者变相返还实施行政许可所收取的费用。

第六章　监督检查

第六十条　上级行政机关应当加强对下级行政机关实施行政许可的监督检查，及时纠正行政许可实施中的违法行为。

第六十一条　行政机关应当建立健全监督制度，通过核查反映被许可人从事行政许可事项活动情况的有关材料，履行监督责任。

行政机关依法对被许可人从事行政许可事项的活动进行监督检查时，应当将监督检查的情况和处理结果予以记录，由监督检查人员签字后归档。公众有权查阅行政机关监督检查记录。

行政机关应当创造条件，实现与被许可人、其他有关行政机关的计算机档案系统互联，核查被许可人从事行政许可事项活动情况。

第六十二条　行政机关可以对被许可人生产经营的产品依法进行抽样检查、检验、检测，对其生产经营场所依法进行实地检查。检查时，行政机关可以依法查阅或者要求被许可人报送有关材料；被许可人应当如实提供有关情况和材料。

行政机关根据法律、行政法规的规定，对直接关系公共安全、人身健康、生命财产安全的重要设备、设施进行定期检验。对检验合格的，行政机关应当发给相应的证明文件。

第六十三条　行政机关实施监督检查，不得妨碍被许可人正常的生产经营活动，不得索取或者收受被许可人的财物，不得谋取其他利益。

第六十四条　被许可人在作出行政许可决定的行政机关管辖区域外违法从事行政许可事项活动的，违法行为发生地的行政机关应当依法将被许可人的违法事实、处理结果抄告作出行政许可决定的行政机关。

第六十五条　个人和组织发现违法从事行政许可事项的活动，有权向行政机关举报，行政机关应当及时核实、处理。

第六十六条　被许可人未依法履行开发利用自然资源义务或者未依法履行利用公共资源义务的，行政机关应当责令限期改正；被许可人在规定期限内不改正的，行政机关应当依照有关法律、行政法规的规定予以处理。

第六十七条 取得直接关系公共利益的特定行业的市场准入行政许可的被许可人，应当按照国家规定的服务标准、资费标准和行政机关依法规定的条件，向用户提供安全、方便、稳定和价格合理的服务，并履行普遍服务的义务；未经作出行政许可决定的行政机关批准，不得擅自停业、歇业。

被许可人不履行前款规定的义务的，行政机关应当责令限期改正，或者依法采取有效措施督促其履行义务。

第六十八条 对直接关系公共安全、人身健康、生命财产安全的重要设备、设施，行政机关应当督促设计、建造、安装和使用单位建立相应的自检制度。

行政机关在监督检查时，发现直接关系公共安全、人身健康、生命财产安全的重要设备、设施存在安全隐患的，应当责令停止建造、安装和使用，并责令设计、建造、安装和使用单位立即改正。

第六十九条 有下列情形之一的，作出行政许可决定的行政机关或者其上级行政机关，根据利害关系人的请求或者依据职权，可以撤销行政许可：

(一)行政机关工作人员滥用职权、玩忽职守作出准予行政许可决定的；

(二)超越法定职权作出准予行政许可决定的；

(三)违反法定程序作出准予行政许可决定的；

(四)对不具备申请资格或者不符合法定条件的申请人准予行政许可的；

(五)依法可以撤销行政许可的其他情形。

被许可人以欺骗、贿赂等不正当手段取得行政许可的，应当予以撤销。

依照前两款的规定撤销行政许可，可能对公共利益造成重大损害的，不予撤销。

依照本条第一款的规定撤销行政许可，被许可人的合法权益受到损害的，行政机关应当依法给予赔偿。依照本条第二款的规定撤销行政许可可的，被许可人基于行政许可取得的利益不受保护。

第七十条 有下列情形之一的，行政机关应当依法办理有关行政许可的注销手续：

（一）行政许可有效期届满未延续的；

（二）赋予公民特定资格的行政许可，该公民死亡或者丧失行为能力的；

（三）法人或者其他组织依法终止的；

（四）行政许可依法被撤销、撤回，或者行政许可证件依法被吊销的；

（五）因不可抗力导致行政许可事项无法实施的；

（六）法律、法规规定的应当注销行政许可的其他情形。

第七章 法律责任

第七十一条 违反本法第十七条规定设定的行政许可，有关机关应当责令设定该行政许可的机关改正，或者依法予以撤销。

第七十二条 行政机关及其工作人员违反本法的规定，有下列情形之一的，由其上级行政机关或者监察机关责令改正；情节严重的，对直接负责的主管人员和其他直接责任人员依法给予行政处分：

（一）对符合法定条件的行政许可申请不予受理的；

（二）不在办公场所公示依法应当公示的材料的；

（三）在受理、审查、决定行政许可过程中，未向申请人、利害关系人履行法定告知义务的；

（四）申请人提交的申请材料不齐全、不符合法定形式，不一次告知申请人必须补正的全部内容的；

（五）未依法说明不受理行政许可申请或者不予行政许可的理由的；

（六）依法应当举行听证而不举行听证的。

第七十三条 行政机关工作人员办理行政许可、实施监督检查，索取或者收受他人财物或者谋取其他利益，构成犯罪的，依法追究刑事责任；尚不构成犯罪的，依法给予行政处分。

第七十四条 行政机关实施行政许可,有下列情形之一的,由其上级行政机关或者监察机关责令改正,对直接负责的主管人员和其他直接责任人员依法给予行政处分;构成犯罪的,依法追究刑事责任:

(一)对不符合法定条件的申请人准予行政许可或者超越法定职权作出准予行政许可决定的;

(二)对符合法定条件的申请人不予行政许可或者不在法定期限内作出准予行政许可决定的;

(三)依法应当根据招标、拍卖结果或者考试成绩择优作出准予行政许可决定,未经招标、拍卖或者考试,或者不根据招标、拍卖结果或者考试成绩择优作出准予行政许可决定的。

第七十五条 行政机关实施行政许可,擅自收费或者不按照法定项目和标准收费的,由其上级行政机关或者监察机关责令退还非法收取的费用;对直接负责的主管人员和其他直接责任人员依法给予行政处分。

截留、挪用、私分或者变相私分实施行政许可依法收取的费用的,予以追缴;对直接负责的主管人员和其他直接责任人员依法给予行政处分;构成犯罪的,依法追究刑事责任。

第七十六条 行政机关违法实施行政许可,给当事人的合法权益造成损害的,应当依照国家赔偿法的规定给予赔偿。

第七十七条 行政机关不依法履行监督职责或者监督不力,造成严重后果的,由其上级行政机关或者监察机关责令改正,对直接负责的主管人员和其他直接责任人员依法给予行政处分;构成犯罪的,依法追究刑事责任。

第七十八条 行政许可申请人隐瞒有关情况或者提供虚假材料申请行政许可的,行政机关不予受理或者不予行政许可,并给予警告;行政许可申请属于直接关系公共安全、人身健康、生命财产安全事项的,申请人在一年内不得再次申请该行政许可。

第七十九条 被许可人以欺骗、贿赂等不正当手段取得行政许可的,行政机关应当依法给予行政处罚;取得的行政许可属于直接关系公共安全、人身健康、生命财产安全事项的,申请人在三年内不得再次申请该行政许可;构成犯罪的,依法追究刑事责任。

第八十条 被许可人有下列行为之一的,行政机关应当依法给予行政处罚;构成犯罪的,依法追究刑事责任:

(一)涂改、倒卖、出租、出借行政许可证件,或者以其他形式非法转让行政许可的;

(二)超越行政许可范围进行活动的;

(三)向负责监督检查的行政机关隐瞒有关情况、提供虚假材料或者拒绝提供反映其活动情况的真实材料的;

(四)法律、法规、规章规定的其他违法行为。

第八十一条 公民、法人或者其他组织未经行政许可,擅自从事依法应当取得行政许可的活动的,行政机关应当依法采取措施予以制止,并依法给予行政处罚;构成犯罪的,依法追究刑事责任。

第八章 附则

第八十二条 本法规定的行政机关实施行政许可的期限以工作日计算,不含法定节假日。

第八十三条 本法自2004年7月1日起施行。

本法施行前有关行政许可的规定,制定机关应当依照本法规定予以清理;不符合本法规定的,自本法施行之日起停止执行。